Michael Moll

DIE SCHÖNSTEN ROUTEN DURCH DÄNEMARK

*„Das wunderbarste Märchen
ist das Leben selbst.“*
Hans Christian Andersen (1805–1875),
dänischer Märchendichter

002wd Abb.: mm

Die schönsten Routen durch DÄNEMARK

Impressum

Michael Moll
Die schönsten Routen durch Dänemark

erschienen im Reise Know-How Verlag Peter Rump GmbH, Bielefeld
Osnabrücker Straße 79, 33649 Bielefeld

Herausgeber: Klaus Werner

5, neu bearbeitete und aktualisierte Auflage 2019

Lektorat und Gestaltung: amundo media GmbH
Covergestaltung: Wayan Rump
Fotos: siehe Bildnachweis Seite 221
Stadtpläne: Anna Medvedev, Catherine Raisin, amundo media GmbH, der Verlag
Routenkarten: world mapping project
Druck und Bindung: mediaprint solutions GmbH, Paderborn

ISBN 978-3-8317-3293-7
Printed in Germany

Dieses Buch ist erhältlich in jeder Buchhandlung Deutschlands, Österreichs, der Schweiz, Belgiens und der Niederlande. Bitte informieren Sie Ihren Buchhändler über folgende Bezugsadressen:
Deutschland: Prolit GmbH, Postfach 1109, D-35461 Fernwald (Annerod) sowie alle Barsortimente
Schweiz: AVA Verlagsauslieferung AG, Postfach 27, CH-8910 Affoltern
Österreich: Mohr Morawa Buchvertrieb GmbH, Sulzengasse 2, A-1230 Wien
Niederlande, Belgien: Willems Adventure, www.willemsadventure.nl
Wer im Buchhandel trotzdem kein Glück hat, bekommt unsere Bücher auch über unseren Büchershop im Internet: www.reise-know-how.de

INHALTSVERZEICHNIS

Vorwort ... 8
GPS-Koordinaten in diesem Buch ... 9

Praktische Reisetipps von A bis Z **10**

Anreise (12); Barrierefreies Reisen (13); Diplomatische Vertretungen (14); Einkaufen (15); Einreisebestimmungen (17); Fähren/Storebæltbrücke (17); Feste und Feiertage (22); Flora und Fauna (22); Gasversorgung (23); Geld (23); Gesundheit (25); Haustiere (25); Informationen (26); Panne/Unfall (27); Parken und Rasten (28); Reisezeit (28); Sicherheit (29); Sprache (29); Straßen (30); Strom (31); Tanken (32); Telefon, Handy und Internet (32); Übernachten (33); Urlaubsaktivitäten (36); Verhaltenshinweise (38); Verkehrsregeln (38); Ver- und Entsorgung (39)

Route 1: Der Süden Jütlands mit Rømø und Fanø **40**

Streckenverlauf ... 42
Padborg und Kruså ... 42
Sønderborg ... 43
Nordborg ... 44
Aabenraa ... 45
Haderslev ... 47
Kolding ... 47
Vejen ... 49
Esbjerg ... 49
Insel Fanø ... 52
Ribe ... 53
Insel Rømø ... 56
Tønder ... 58
Camping- und Stellplätze entlang der Route ... 60

Route 2: Vom Ringkøbing Fjord bis zum Nissum Fjord 70

Streckenverlauf ... 72
Varde ... 72
Blåvand ... 72
Hvide Sande ... 73
Søndervig ... 74
Ringkøbing ... 75
Skjern ... 76
Billund ... 77
Give ... 78
Silkeborg ... 79
Ikast und Herning ... 80
Holstebro ... 81
Nissum Fjord ... 82
Lemvig ... 83
Halbinsel Salling ... 83
Campingplätze entlang der Route ... 85

Route 3: Der Norden Dänemarks 92

Streckenverlauf ... 94
Nykøbing M ... 94
Stenbjerg, Hanstholm, Thisted ... 95
Løkken ... 97
Hjørring ... 97
Hirtshals ... 99
Skagen ... 101
Frederikshavn ... 103
Sæby ... 105
Nørresundby ... 106
Campingplätze entlang der Route ... 107

Route 4: Die Halbinsel Djursland und Jütlands Westen 114

Streckenverlauf ... 116
Aalborg ... 116
Randers ... 120
Grenaa ... 121
Ebeltoft ... 123
Aarhus ... 125
Skanderborg ... 130
Horsens ... 130
Jelling ... 131
Fredericia ... 133
Campingplätze entlang der Route ... 134

Route 5: Rund um den Storebælt **138**

Streckenverlauf 140
Middelfart 140
Assens und Helnæs By 141
Faaborg 142
Svendborg 144
Abstecher auf die Inseln Tåsinge, Ærø und Langeland 145
Odense 148
Kerteminde 151
Nyborg 152
Korsør 152
Slagelse 155
Kalundborg 155
Roskilde 157
Campingplätze entlang der Route 159

Route 6: Schlösserroute und Kopenhagen **166**

Streckenverlauf 168
Frederikssund und Frederiksværk 168
Hillerød 169
Helsingør 171
København (Kopenhagen) 173
Campingplätze entlang der Route 187

Route 7: Inselleben von Bornholm bis Lolland **188**

Streckenverlauf 190
Køge 190
Bornholms Süden 190
Bornholms Norden 193
Stevns Klint und Faxe 194
Næstved und Vordingborg 195
Insel Møn 196
Nykøbing F 197
Insel Lolland 198
Campingplätze entlang der Route 200

Anhang **203**

Übersicht Campingplätze 204
Womo-Wörterliste Deutsch - Dänisch 212
Register 216
Der Autor 221
Routenatlas 222-255
Legende der im Routenatlas verwendeten Symbole 256

VORWORT

Ganz schwach kann ich mich noch erinnern, wie ich als kleines Kind mit meinen Großeltern an der deutschen Ostseeküste Urlaub machte. Dabei fuhren wir zum zollfreien Einkauf mit einem Schiff über die Kieler Bucht und kamen mit leckeren Bonbons und Lakritzen aus Dänemark zurück. Ob mich diese Erfahrung geprägt hat und ich mich deswegen gerne in Dänemark aufhalte, ist fraglich. Fest steht, an den Geschmack kann ich mich noch bis heute erinnern, ohne die Süßigkeiten jemals wieder gegessen zu haben. Weitere Besuche in Dänemark führten mich erst in den 1990er-Jahren nach Legoland und später mit dem Fahrrad auf die Insel Bornholm. Bei späteren Skandinavienreisen mit einem VW-Bus hielt ich mich auch oftmals und gerne im nördlichen Nachbarland auf. Seitdem weiß ich z. B., dass Dänemark nicht nur aus Flachland besteht, dass es in der Hauptstadt recht hektisch zugehen kann und dass Verkehrspolizisten auf der Insel Rømø außerordentlich freundlich sind. Letztere Erfahrung hat mich allerdings umgerechnet 75 € gekostet – und das war bereits vor Ewigkeiten im Jahr 2002 – man sollte eben die zahlreichen Verkehrsschilder beachten und in der Hauptsaison nicht versuchen, auf der Insel frei zu übernachten. Dies soll jedoch nicht vor einer Reise nach Dänemark abschrecken. Auf Rømø ist man einfach nur besonders streng und dies auch zu Recht.

Wie bei jedem Land gibt es natürlich auch über Dänemark zahlreiche Vorurteile. So sei Dänemark z. B. langweilig, teuer, nur etwas für Familien und eigentlich nur eine Durchgangsstation auf dem Weg in das „wahre" Skandinavien. Dass diese Vorurteile widerlegt werden können, zeigt sich in diesem Wohnmobil-Reiseführer. Interessante Städte wie Odense, Aalborg und natürlich Kopenhagen lassen keine Langeweile aufkommen, zahlreiche Schlösser präsentieren sich dem kulturbegeisterten Reisenden und spektakuläre Steilklippen wie auf der Insel Møn laden zu stundenlangen Spaziergängen ein.

Mit diesem Tourguide möchte ich meine Dänemark-Erfahrungen, die weit über den Geschmack von Lakritz und Bonbons hinausgehen, weitergeben. In den sieben Routen, die über zahlreiche Inseln durch das Königreich führen, sind alle individuellen Bedürfnisse berücksichtigt. So sind alle Campingplätze, alle mir bekannten Wohnmobilstellplätze, Ver- und Entsorgungsstationen sowie Trinkwasserstellen aufgeführt. Dies alles wird mit der Angabe von GPS-Daten abgerundet, sodass jeder Reisende, ob mit Karte oder Unterstützung von Satelliten, jeden erwähnten Ort genau und problemlos findet.

Ich wünsche Ihnen eine gute Reise und einen schönen Aufenthalt. Und übrigens: Lakritz schreibt sich in Dänemark *lakrids*.

Michael Moll

GPS-KOORDINATEN IN DIESEM BUCH

*Die GPS-Koordinaten in diesem Buch sind generell als **geografische Koordinaten** (Breite/ Länge; Lat./Lon.) in Dezimalgrad (hddd.ddddd) angegeben, also z. B. 56.74194, 8.86805. Das **Kartendatum** ist WGS84.*

Umrechnung der GPS-Koordinaten

*Bei vielen Geräten können Sie einfach für die Eingabe das Format auswählen, in dem die Koordinaten hier vorliegen. Wenn Sie die Angaben **von Dezimalgrad in Dezimalminuten** (dd°mm,mmm') umrechnen, so beachten Sie bitte, dass ein Grad 60 (nicht 100!) Minuten hat. Die Angaben in Dezimalgrad können daher nicht einfach durch Kommaverschiebung in Dezimalminuten umgewandelt werden! 56,74194°N sind nicht gleich 56°74,194', sondern 56°44,516'. Wer dies nicht beachtet, erhält beträchtliche Fehler. Ein Datenkonverter wie z. B. im Internet unter www.geoplaner.de erleichtert die Umrechnung beträchtlich.*

Nutzung der GPS-Koordinaten

Wer ein GPS-Gerät oder Navigationssystem benutzt, das Koordinaten-Eingaben akzeptiert, der kann sich von diesem Gerät direkt zu den jeweiligen Punkten führen lassen. Praktisch alle GPS-Handgeräte bieten diese Möglichkeit, während manche Navigationssysteme leider nur Eingaben von Adressen akzeptieren – und Park- oder Stellplätze haben nicht immer eine Adresse. Achtung: Möglicherweise müssen Sie die Koordinaten mit Komma statt Punkt in das Gerät eingeben.

*Einige **Internet-Kartendienste oder Routenplaner** wie Google Maps™ (www.google.de/ maps) zeigen nach Eingabe der geografischen Daten den gesuchten Punkt an, auf Wunsch mit Luftbildansicht und an vielen Stellen mit StreetView-Funktion. (Achtung: Google Maps™ benötigt die Eingabe mit Punkt als Dezimalzeichen, z. B. 56.74194 8.86805.) Das kann für die Beurteilung der Lage eines Camping- oder Stellplatzes natürlich sehr hilfreich sein.*

Koordinaten zum Download

Auf der Produktseite des Buches unter www.reise-know-how.de finden Sie alle Stellplatzkoordinaten aus diesem Buch als kml- oder gpx-Datei zum Download auf den PC. Von dort können Sie die gesamte Liste auf Ihr GPS-Gerät oder Navi übertragen. Benötigt Ihr Gerät ein anderes Datenformat, kann die Umrechnung beispielsweise auf den Internet-Seiten www.routeconverter.de oder www.gpsvisualizer.com erfolgen.

Service für Smartphones und Tablets

Durch Einscannen des QR-Codes auf dem Umschlag bzw. durch Eingabe der Internet-Adresse www.reise-know-how.de/wohnmobil-tourguide/daenemark19 wird ein für den mobilen Einsatz optimierter Internet-Dienst aufgerufen. Damit kann die Lage der Stellplätze auf einer Karte und die Route dorthin angezeigt werden. Voraussetzung ist eine Datenverbindung über das Mobilfunknetz oder WLAN.

162wd Abb.: mm

163wd Abb.: mm

164wd Abb.: mm

161wd Abb.: mm

PRAKTISCHE REISETIPPS VON A BIS Z

ANREISE

Bei der Planung der Anreise muss man sich zwischen zwei Möglichkeiten entscheiden. Diese wären entweder die Anfahrt über das Festland bei **Flensburg,** so wie es hier im Buch empfohlen ist, oder von der deutschen Ostseeküste aus auf das dänische Eiland Lolland. Letzteres wird gerne von Schwedenreisenden genutzt und dient in diesem Reiseführer für die Rückfahrt nach Deutschland. Eine Ausnahme bildet Bornholm. Wer nur die kleine Insel weit im Osten besuchen möchte, der wird in der Regel von Rügen aus starten, die Fahrt von Polen aus ist nur im Sommer mit einem Pkw-freien Passagierkatamaran möglich. Da Bornholm als Teil der Routen mit in diesem Buch aufgeführt ist, empfiehlt sich die Anreise dorthin vom dänischen Køge aus.

Des Weiteren bleibt noch zu klären, ob die Reise durch das Königreich Dänemark mit dem eigenen oder mit einem Mietwagen stattfinden soll. Wer lieber sein eigenes Dach über dem Kopf haben möchte, der kann das folgende Kapitel überschlagen.

MIETWAGEN

Auch unter Wohnmobilreisenden soll es solche geben, die die Anreise mit dem Fahrzeug vermeiden und lieber mit der Bahn anreisen und sich in Dänemark mit einem geliehenen Wohnmobil das Land anschauen möchten. Dieses Unterfangen hat natürlich seine Vor- und Nachteile. Der größte Nachteil ist wohl der Preis, denn das Leihen eines Mobils und die eigene Anreise dürften zu einem kostspieligen Abenteuer werden, besonders in der Hauptsaison. Außerdem besteht noch das Problem, dass man nicht nur sich, sondern auch sein Gepäck zum Startpunkt der Reise befördern muss. Und welcher Wohnmobilist reist schon gerne mehrere Wochen nur mit ein oder zwei Koffern voll Gepäck durch die Gegend, wenn es doch so viele Staumöglichkeiten gibt?

Anders sieht es aus, wenn man das Wohnmobil bereits in Deutschland ausleiht. Natürlich ist darauf zu achten, dass der Mietpreis eine **Vollkaskoversicherung** enthält und wie viele Kilometer man mit dem Wagen ohne Aufpreis fahren darf. Der **Mietpreis** ist abhängig von der Fahrzeugart und der Mietdauer. In der Regel werden die Fahrzeuge wochenweise vermietet. Bei den dänischen Wohnmobilvermietern liegen die Beträge in der Hauptsaison umgerechnet bei 800–1000 €.

Autovermieter

- **Camperworld,** Ejby Industrivej 2, 2600 Glostrup, www.camperworld.dk. Teilintegrierte und Alkovenfahrzeuge stehen zur Auswahl.
- **ADAC.** Unter www.adac.de/wohnmobile kann man online in mehreren deutschen Städten ein Wohnmobil anmieten. ADAC-Mitglieder erhalten Ermäßigung.

ROUTENPLANUNG

Um die Strecken so zu bereisen, wie in diesem Buch vorgeschlagen, bleibt nur die Möglichkeit, geradewegs nach Norden zu fahren und die längste Autobahn Deutschlands zu benutzen. Sei es nun von Füssen aus oder von Köln oder Leipzig, spätestens ab Hamburg heißt es für jeden Dänemarkreisenden, die letzten 150 km bis zur dänischen Grenze auf der A7 zu verbringen.

Reisende aus dem Westen Deutschlands erreichen in der Regel **Hamburg** über die A1 (Bremen) oder über die A2 (Hannover). Urlauber, die östlich der A7 leben, haben die Wahl, ebenfalls über Hannover nach Hamburg zu gelangen oder die **A24** zwischen Berlin und Hamburg zu nutzen.

Alternativ hierzu könnte man auch die beiden Fährmöglichkeiten auf die Insel Lolland nutzen, doch dann bliebe die Autobahn 7 für den Rückweg übrig, außer man nutzt noch zahlreiche Schiffsverbindungen innerhalb Dänemarks. Die beiden Fähren nach Lolland starten in Puttgarden auf Fehmarn und in Rostock.

Strecke nach Flensburg

Für Reisende aus dem Süden und Westen führt die Anreise in der Regel über Hamburg. Die Hansestadt ist bequem über die Autobahn 1 oder die Autobahn 7 zu erreichen, dann kommt man allerdings an das Nadelöhr **Elbtunnel,** in dem sich besonders bei Feierabend der Verkehr staut. Wer hier hindurch ist, der hat nur noch 150 km vor sich, bis er das Grenzschild nach Dänemark passiert. Je nach Abreiseort innerhalb Deutschlands, Österreichs oder der Schweiz empfiehlt sich noch eine Übernachtung in Höhe von Flensburg. So kann man am nächsten Morgen völlig ausgeruht damit beginnen, Dänemark zu erkunden.

200 Ostseecamp Glücksburg-Holnis

54.858680, 9.590294

Ruhiger Platz in unmittelbarer Nähe zur Flensburger Förde. **Lage/Anfahrt:** außerhalb von Glücksburg, umgeben von zahlreichen Feldern; über die Landstraße 199 von Flensburg kommend, liegt der Platz auf der linken Seite; **Platzanzahl:** 200; **Untergrund:** Wiese; **Ver-/Entsorgung:** Strom, Trinkwasser, Abwasser, Chemie-WC; **Sicherheit:** umzäunt; **Preise:** 25 €/Fahrz. inkl. 2 Personen plus 2,50 € Kurtaxe; **Geöffnet:** 1. April bis 29. Oktober; **Kontakt:** 24960 Glücksburg, Am Kurstrand 3, Tel. 04631 622071, www.ostseecamp-holnis.de.

Strecke nach Fehmarn

Wer die Routenvorschläge in diesem Buch rückwärts angeht, der muss zuerst nach **Fehmarn.** Aber auch für die Rückfahrt ist es natürlich gut zu wissen, wo es entlanggeht. Der Weg von oder zur Ostseeinsel Fehmarn verläuft auf jeden Fall über Lübeck. Reisende aus West- oder Süddeutschland wechseln spätestens bei Hamburg auf die Autobahn 1, während Urlauber aus dem ostdeutschen Raum in der Regel über die **Autobahn 20,** der sogenannten Ostseeautobahn, bei Lübeck auf die A1 wechseln. Dieser folgt man schließlich bis zu ihrem Ende, wo sie noch vor Heiligenhafen in die Bundesstraße 207 übergeht. Fehmarn ist über die **Fehmarnsundbrücke** mit dem deutschen Festland verbunden. Je nach Wetterlage sollte aber auf Hinweise geachtet werden, ob eine Überfahrt möglich ist. Zwischen 20- und 30-mal pro Jahr muss die Brücke wegen des starken Windes für mehrere Stunden gesperrt werden.

Schiffsverbindung

› **Scandlines Deutschland GmbH,** 18119 Rostock, Trelleborger Straße 5, Tel. 0381 54350, www.scandlines.de.

Strecke nach Bornholm

Um von Deutschland aus direkt auf die Ostseeinsel Bornholm überzusetzen, gibt es nur eine Möglichkeit. Von **Sassnitz** auf der Insel Rügen startet einmal täglich die Fähre der Gesellschaft **Bornholmslinjen.** Rügen erreicht man in jedem Fall über die Autobahn 20, von der man auf die Bundesstraße 96 in Richtung Stralsund wechselt. Schließlich kann man wählen, ob man südlich von Stralsund die Fähre bei Stahlbrode oder die schnellere Brückenverbindung direkt bei Stralsund benutzt. In beiden Fällen fährt man schließlich auf der Bundesstraße 96 über Burg auf Fehmarn nach Neu Mukran, wo das Schiff ablegt.

Schiffsverbindung

› **Molslinjen,** Hveensgade 4, 8000 Aarhus, Tel. 70101418, www.bornholmslinjen.de

BARRIERERFREIES REISEN

Reisende mit Handicap sollen sich in Dänemark in Zukunft noch sicherer fühlen als bisher. Das ist das Ziel des dänischen Vereins *Tilgængelighed for alle* (Erreichbarkeit für alle). Ein eigens entwickeltes Logo weist auf besonders handicap-geeignete touristische Einrichtungen hin. Seit dem Jahr 2004 werden dänische Tourismusunternehmen mit diesem Gütesiegel ausgezeichnet, dazu zählen beispielsweise der Tivoli in Kopenhagen oder das Legoland in Billund. Auch die meisten öffentlichen Verkehrsmittel sind für Reisende

mit Behinderungen ausgerichtet und z. B. mit niedrigen Einstiegsmöglichkeiten oder Fahrscheinautomaten, die im Sitzen bedient werden können, versehen. Mit der *Ledsagerkort,* was in etwa „Begleitkarte" bedeutet, können Begleitpersonen kostenlos mitfahren. Auch die meisten Theater und Museen in Dänemark haben spezielle Tarife für Behinderte und ihre **Begleitpersonen.** Kurz gesagt, das barrierefreie Reisen wird in Dänemark großgeschrieben, zahlreiche Sehenswürdigkeiten und Strände, die auch von Menschen mit einem Handicap besucht werden können, finden sich über das gesamte Land verteilt. Informationen zum oben beschriebenen Gütesiegel gibt es unter www.godadgang.dk.

DIPLOMATISCHE VERTRETUNGEN

DÄNISCHE BOTSCHAFTEN

› **Deutschland (auch für die Schweiz zuständig):** Kgl. Dänische Botschaft, 10787 Berlin, Rauchstr. 1, Tel. 030 50502000, http://tyskland.um.dk

› **Österreich:** Dänische Botschaft, 1015 Wien, Führichgasse 6, Tel. +43 (1) 5127904, http://oestrig.um.dk

VERTRETUNGEN IN DÄNEMARK

Deutsche Vertretungen

› **Botschaft der Bundesrepublik Deutschland,** 2150 København Nordhavn, Göteborg Plads 1, Tel. +45 35459900, www.kopenhagen.diplo.de, geöffnet: Mo., Di., Do., Fr. 9–12 Uhr, Mi. 13–16 Uhr

Österreichische Vertretungen

› **Botschaft der Republik Österreich,** 2100 Kopenhagen, Sølundsvej 1, Tel. +45 39294141, www.bmeia.gv.at/oeb-kopenhagen

Schweizer Vertretungen

› **Schweizer Botschaft,** 2900 Hellerup, Richelieus Allé 14, Tel. +45 33141796, www.eda.admin.ch

⌃ *Zum Strand für Behinderte*

› *Dänemark bietet eine große Auswahl an Backwaren*

EINKAUFEN

Dänemarks Anzahl an Lebensmittelketten ist überschaubar. Neben den beiden deutschen Discountern Lidl und Aldi existiert noch die Marke Brugsen, die sich je nach Größe in Dagli Brugsen und Super Brugsen aufteilt. Häufig sieht man auch Filialen der Firma Netto bzw. Rema 1000. Einkaufszentren sind meist nur in größeren Städten zu entdecken.

An vielen Geschäften steht geschrieben *Åben alle dage,* was bedeutet, dass auch am Sonntag geöffnet ist, in der Regel aber dann nur für wenige Stunden. In den meisten Fällen haben die Geschäfte sonst bis 21 Uhr oder sogar bis 22 Uhr geöffnet.

LEBENSMITTEL

Existieren typisch dänische Speisen? „Na klar!“, wird jetzt jeder Dänemarkkenner rufen, denn **Buko-Frischkäse** ist in Deutschland sehr bekannt und der Begriff vom **Smørrebrød** hat sich ebenfalls in den letzten Jahren etabliert. Zudem können diese beiden dänischen Produkte gut miteinander kombiniert werden, da es sich bei Smørrebrød um ein reich belegtes Brot handelt.

Darüber hinaus gibt es aber noch den sogenannten **Pølser,** bei dem es sich um das dänische Nationalgericht handelt. Allerdings nur, wenn der Pølser in einem weichen Brötchen steckt und mit Sauce oder Mayonnaise und Zwiebeln garniert ist – ein typisch dänischer Hotdog.

Den Pølser gibt es in verschiedenen Ausführungen. Mal wird er einfach in ein Brötchen hineingeschoben, mal liegt er zwischen zwei Brötchenhälften, doch geschmacklich gibt es hierbei keinen großen Unterschied. Wer Lust hat, kann sich alle Zutaten im Supermarkt kaufen. Selbst das merkwürdig aussehende Brötchen, bei dem die Füllung zu fehlen scheint, ist dort erhältlich. Wer Gefallen an dem Hotdog gefunden hat, kann auf Dauer so eine Menge Geld sparen, da er am Hotdogstand nicht unbedingt günstig ist.

Doch ein Land, das zwischen Nord- und Ostsee liegt, hat natürlich mehr zu bieten als Hotdogs und Butterbrote. Eine weitere typische Spezialität ist selbstverständlich der Fisch, speziell der **Hering.** Ob mariniert, gesalzen oder mit verschiedenen Saucen und Gewürzen angerichtet, landet der Hering verhältnismäßig oft auf dem Tisch der dänischen Bevölkerung.

Hotdog
Man nehme ein weiches Weizenbrötchen und toaste es ein wenig auf. Anschließend wird es der Länge nach aufgeschnitten und mit einem Wiener Würstchen gefüllt. Garniert wird das Würstchen mit einem Mix aus mildem Senf, Ketchup und einer dänischen Remouladensauce. Abschließend verfeinert man das Brötchen und die Wurst mit Röstzwiebeln sowie dünnen Scheiben von Gewürzgurken. Um jedoch den originalen Geschmack zu genießen, fahre man nach Dänemark und koste dieses Nationalgericht an einem der zahlreichen Hotdogstände, die sich in jeder Stadt befinden. Sämtliche Zutaten, inklusive der roten Würstchen, sind aber auch in den Supermärkten erhältlich, sodass man sich seinen eigenen Hotdog herstellen kann. Guten Appetit.

Smørrebrød
„Smørrebrød, Smørrebrød …", so schallte es in den 1980er-Jahren aus dem Fernseher, wenn die Puppenfigur des dänischen Kochs in der berühmten Muppet Show den Kochlöffel schwang. Gemeint ist mit Smørrebrød eine Scheibe Brot, die in erster Linie mit einer dicken Schicht Butter bestrichen ist. Darauf kommen in der Regel Käse- oder Wurstscheiben oder Eier und Fleisch. Der Fantasie sind keine Grenzen gesetzt.

Dänisches Design von Arne Jacobsen
Das Hamburger Gymnasium Christianeum, das Gebäude der Vattenfall GmbH in Hamburg und das SAS Royal Hotel in Kopenhagen haben eines gemeinsam: Sie wurden vom dänischen Designer Arne Jacobsen entworfen. Nach seinem Abschluss an der Königlich Dänischen Kunstakademie war er als Architekt tätig, entwarf jedoch auch zahlreiche Sitzgelegenheiten, die aufgrund ihres Designs Weltruhm erlangten. Für seine Arbeiten erhielt er im Jahre 1963 den Fritz-Schumacher-Preis.

Und zu dem Essen passt in der Regel ein leckeres, gekühltes **Bier.** Eine Tatsache, die man beinahe vergisst, ist, dass Dänemark über mehrere große und über die Landesgrenzen hinaus bekannte Biermarken verfügt. Da wäre zum Beispiel das Faxe-Bier oder die Carlsberg-Brauerei, zu der auch die in Deutschland sehr bekannte Marke Tuborg gehört.

DÄNISCHE PRODUKTE

Jedes Kind kennt dänische Produkte und viele Erwachsene erinnern sich ebenfalls daran, dass sie als Kind mit einem typisch dänischen Spielzeug ihre Kindheit verbrachten, dem **Legostein.** Außerdem ist Dänemark auch für **Lakritze** bekannt. Es gibt sie süß und salzig, mit Karamell und mit Salmiak in unterschiedlichen Formen und Größen. Empfehlenswert ist hier der Besuch eines Feinkostgeschäftes.

Weitere dänische Produkte haben in der Regel mit der **Design-Entwicklung** zu tun. Ob es sich hierbei nun um Möbel, Kunsthandwerk, Architektur oder industrielles Design handelt, Namen wie *Arne Jacobsen, Poul Kjærholm, Finn Juhl* und *Hans Wegner* haben das dänische Design weltweit bekannt gemacht.

PFANDSYSTEM

Ob der Inhalt mit oder ohne Kohlensäure, ob er Limonade oder Wasser, ob er alkoholfrei oder nicht ist: Dänemark verfügt über ein vorzügliches Pfandsystem, das keine Wünsche offenlässt. Wer in Skagen eine Flasche Wasser kauft, der kann sie auf Bornholm wieder abgeben. Einfach vor dem Einkauf in einen Automaten stecken, einen Knopf drücken und schon bekommt man einen Bon, den man beim Einkauf an der Kasse wieder abgibt. Das alles funktioniert auch geschäftsübergreifend. Es wird also nicht darauf geachtet, wo die Flasche gekauft wurde.

Lego

Wer kennt sie nicht? Aus fast keinem Kinderzimmer sind sie wegzudenken, die kleinen bunten Bausteine aus Kunststoff, mit denen sich zahlreiche Figuren, Autos, Häuser und ganze Landschaften zusammenbauen lassen. Die Rede ist von den berühmten Legosteinen.

Der Name Lego setzt sich aus dem dänischen Begriff „leg godt" zusammen, was so viel bedeutet wie „spiel gut". Gegründet wurden der Name und die Firma vom Schreinermeister Ole Kirk Christiansen, der sich ursprünglich auf Holzspielzeug spezialisiert hatte.

Die typischen Legosteine besitzen auf der Oberseite eine Hervorhebung, auf die ein anderer Stein aufgesetzt werden kann, da alle Steine auf der Unterseite hohl sind und sich wie Puzzleteile zusammenfügen lassen.

Trotz zahlreicher Weiterentwicklungen, neuer Ideen und Bausteinen für Modethemen wie z. B. Harry-Potter-Legosteine sind alle Teile aus der heutigen Produktion kombinierbar mit Steinen aus den 1960er-Jahren.

Zur Firma Lego gehört auch die Marke Duplo. Duplosteine sind doppelt so groß wie die herkömmlichen Steine und wurden Ende der 1960er-Jahre eingeführt, um das Verschlucken von Steinen bei Kleinkindern zu verhindern.

Am berühmtesten sind aber wohl die legendären Legofigürchen, die aus einem Kopf, einem Ober- und einem Unterkörper bestehen und ebenfalls auf jedem Legostein befestigt werden können.

Heute gibt es mehrere DVDs, in denen Legofiguren der Produktlinie Bionicle die Hauptrolle spielen, sowie zahlreiche Computerspiele mit virtuellen Legowelten. „Echte" Legowelten existieren bereits seit dem Jahr 1968. Im dänischen Billund (s. S. 77) wurde der erste Freizeitpark der Firma Lego eröffnet. Weitere folgten im englischen Windsor, im kalifornischen Carlsbad, in Florida sowie in Günzburg/Bayern.

EINREISEBESTIMMUNGEN

Dänemark gehört bereits seit 1973 zur Europäischen Union (damals noch EWG) und unterzeichnete im Jahr 1996 das **Schengener Abkommen,** das den Grenzübertritt innerhalb der EU regelt. Durch dieses Abkommen finden keinerlei Grenzkontrollen mehr statt, doch dies bedeutet nicht, dass keine Dokumente mitgenommen werden müssen. Es kann grundsätzlich trotzdem nach dem Personalausweis gefragt werden. Am 11. Mai 2011 hatte die damalige Regierung Dänemarks schließlich angekündigt, wieder Grenzkontrollen einzuführen, was in der EU auf scharfe Kritik stieß. Die Regelung wurde nach einem Regierungswechsel glücklicherweise noch im selben Jahr wieder abgeschafft. Seit der Flüchtlingskrise im Jahr 2015 muss man an den Grenzübergängen wieder mit Kontrollen und kurzen Wartezeiten rechnen.

Bei einer Einreise mit dem Wohnmobil müssen zudem natürlich der Fahrzeugschein und der Führerschein vorhanden sein. Ein Nationalitätskennzeichen ist nicht erforderlich, wenn das **Kfz-Kennzeichen** mit dem blauen Nationalitätssymbol ausgestattet ist, das im Übrigen ein europäisches Erkennungssymbol ist, welches es in Dänemark selbst noch nicht gibt.

FÄHREN, STOREBÆLTBRÜCKE

VORÜBERLEGUNGEN

Die größte Hängebrücke Europas – und nach zwei asiatischen Brücken sogar die drittgrößte der Welt – verbindet die beiden Inseln Fünen und Seeland. Zwischen diesen beiden Eilanden gibt es deshalb keine direkte Schiffsverbindung mehr. Wer jedoch ein

018wd Abb.: mm

Ø-pas bzw. Inselpass

Eine nette Idee ist der „Inselpass" (Ø = Insel), der auch auf Deutsch erhältlich ist. Hierin werden 37 dänische Inseln grafisch und inhaltlich kurz vorgestellt. Die Auswahl reicht von sehr kleinen Eilanden wie Strynø bis zu Bornholm und Lolland. Dabei kann man sich jeden Inselbesuch selbst abstempeln und versuchen, das Heft im Laufe der Zeit (üblicherweise im Laufe mehrerer Dänemarkreisen) mit Stempeln zu füllen und sich so ein kleines Andenken zu schaffen. Der Stempel besteht aus einer kleinen Messingtafel vor Ort, die sich mit einem Stift in das Heft durchpausen lässt. Entweder lädt man den Inselpass auf der Website von VisitDenmark herunter (https://issuu.com/sammenslutningen afdanskesmaoer/docs/__-pas_2017_tysk-engelske_udgave) oder man erhält ihn auf einer der Inselfähren.

ungutes Gefühl hat, über das lange Bauwerk zu fahren, welches sich schwungvoll über den **Großen Belt** erhebt, der hat die Möglichkeit, mit dem Schiff auf großen Umwegen zwischen den beiden größten Inseln Dänemarks zu pendeln. Hierfür muss man jedoch kleinere Brücken zwischen Fünen, Tåsinge und Langeland nutzen und von Langeland mit der Fähre nach Lolland übersetzen. Um lediglich die Kosten für die Storebæltbrücke (s. S. 21) zu sparen, lohnt sich dieser Umweg auf keinen Fall.

ROUTEN

Dänemark war und ist ein Seefahrerland. Einstmals eroberten und bereisten die Dänen ferne Länder, doch auch heute noch gehört

Kaum eine Reise durch Dänemark endet ohne Schifffahrt

Weltmeisterschaften im Straßenradrennsport

Nach 90 Jahren kehrte 2011 die Weltmeisterschaft im Straßenradrennsport an ihren ersten Austragungsort nach Kopenhagen zurück. Im Jahr 1921 fand das erste Radrennen dieser Art in der dänischen Hauptstadt statt, welches damals der schwedische Radsportler Gunnar Sköld für sich entscheiden konnte. Drei Jahre später gewann er die Bronzemedaille bei den Olympischen Spielen in Paris. Seit dem ersten Wettkampf fanden die Weltmeisterschaften im jährlichen Rhythmus an jeweils wechselnden Austragungsorten statt. In den Anfängen durfte sich die dänische Hauptstadt noch in den Jahren 1931, 1937 und 1948 als Veranstalter bezeichnen. 1956 wurde das Rennen in der Kleinstadt Ballerup, nur wenige Kilometer nordwestlich von Kopenhagen ausgetragen.

Seitdem fanden keine Weltmeisterschaften im Radrennsport mehr in Dänemark statt – bis zum Jahr 2011, als das Ereignis seinen 90. Geburtstag feierte und die Sportler ihre Radtouren am Rathaus von Kopenhagen starteten und dort auch nach insgesamt 260 Kilometern beendeten. Sieger wurde der britische Radsportler Mark Cavendish, der im Schnitt mit einer Geschwindigkeit von 45 km/h unterwegs war. Die Frauen absolvierten ihr Rennen über 140 Kilometer, welches die Italinierin Giorgia Bronzini für sich entscheiden konnte. Darüber hinaus gibt es noch Wettkämpfe im Einzelzeitfahren. Ein Däne hat in der mittlerweile fast 100-jährigen Geschichte der Weltmeisterschaft leider nicht gewonnen.

der Schiffsverkehr zum Alltag in Dänemark. Kein Wunder, hat das Land doch über 400 Inseln, von denen sehr viele bewohnt sind. Alle Inseln sind irgendwie miteinander verbunden, sei es durch Brücken oder durch Fährverbindungen, von denen es allein schon innerhalb des Landes nicht weniger als 40 gibt. Hinzu kommen noch die internationalen Schiffsrouten, daher würde eine Auflistung an dieser Stelle den Rahmen sprengen, zumal die meisten Fähren mehrmals täglich ablegen und innerhalb Dänemarks aufgrund der kurzen Distanzen nur wenige Minuten fahren. Die kürzeste Fahrzeit – zur Insel Fur – dauert z. B. nur rund 2 Minuten und zwischen Sundsøre und Hvjalpsund verkehrt das Schiff sogar bis zu 50-mal täglich. Manche Fähren wiederum fahren nur in der Hauptsaison, um eine nahe liegende Brücke zu entlasten.

TAGES- ODER NACHTPASSAGE?

Die Frage nach der Tages- oder Nachtpassage stellt sich kaum, da die Streckenverbindungen auf hoher See nach und innerhalb Dänemarks relativ kurz sind. Eine Ausnahme bildet hierbei das weit entfernte Bornholm, bei dem es jedoch keine Alternative gibt. Nur einmal täglich legt in **Køge,** südlich von Kopenhagen, das Schiff ab und nimmt Kurs auf Bornholms Hauptstadt **Rønne.** Die Fahrt dauert von 0.30 Uhr bis zum nächsten Morgen um 6 Uhr. Zurück geht es von 17 Uhr bis 22.30 Uhr. Es ist nicht zwingend vorgeschrieben, eine Kabine zu buchen, aber selbstverständlich besteht die Möglichkeit.

Die **Nachtpassage** hat natürlich den Vorteil, am nächsten Morgen ausgeruht die Insel zu erkunden. Zudem spart man sich die Übernachtung auf einem Campingplatz. Trotzdem sollte man vorher ausrechnen, ob sich die Überfahrt mit Wohnmobil lohnt. Wer nur für einen Tag nach Bornholm möchte, der sollte sein Fahrzeug besser in Køge stehen lassen (evtl. auf dem dortigen Campingplatz) und sich in Rønne am nächsten Morgen ein Fahrrad ausleihen.

Bei der abschließenden Rückfahrt von Dänemark nach Deutschland benutzt man die Fähren der Gesellschaft **Scandlines** auf der sogenannten **Vogelfluglinie** zwischen Rødbyhavn und Puttgarden auf Fehmarn. Auch hier stellt sich die Frage nach der Tageszeit kaum, da die Überfahrt lediglich 45 Minuten dauert. Man fährt am besten, wenn man dort ankommt, denn die Schiffe legen rund um die Uhr ab. In der Regel ist eine Buchung nicht notwendig.

Vogelfluglinie

› Der Begriff „Vogelfluglinie" erinnert an den Weg, den die Zugvögel seit Menschengedenken benutzen, um von ihrem Winterquartier im Süden zu den nördlich gelegenen Brutplätzen zu gelangen.

PREISE

Der Preis ist natürlich erst einmal davon abhängig, mit wie vielen Personen und was für einem Fahrzeug man sich bewegt: Ist es kleiner als sechs Meter oder größer? Dann stellt sich die Frage, wann die Überfahrt stattfinden soll? In den Ferien, am Wochenende, nachts oder tagsüber, Haupt- oder Nebensaison? Des Weiteren gibt es Sparangebote, Angebote für Camper und natürlich Ermäßigungen, wenn man direkt Hin- und Rückfahrt bucht, daher kann hier keine klare Aussage getroffen werden und es wird empfohlen, auf den entsprechenden Seiten im Internet (z. B. www.scandlines.de) seinen individuellen Preis zu ermitteln.

BUCHUNG

Für die Nutzung der oben beschriebenen kleinen Fähren zwischen den einzelnen Inseln Dänemarks ist keine Buchung vorgesehen. Man fährt einfach zum Ablegekai, wartet darauf, eingewiesen zu werden und zahlt entweder auf dem Schiff oder vorher. Da die meisten Schiffe mehrmals am Tag fahren, gibt es in der Regel keine Probleme, an das andere Ufer zu wechseln. Wie schon oben beschrieben, gilt dies auch für die Fahrt zwischen den Inseln Lolland und Fehmarn. Lediglich für eine Reise nach Bornholm kann, je nach gewünschter Jahreszeit, eine Buchung sinnvoll sein. Da das Schiff nur einmal täglich ablegt und es in der Hauptsaison im Sommer sehr voll werden kann, ist hier eine Buchung empfehlenswert. Diese sollte man direkt im Internet unter www.faergen.de vornehmen, da bei OnlineBuchungen Ermäßigungen angeboten werden.

EINSCHIFFUNG

Das Einschiffen verläuft in der Regel unproblematisch. Beim Erreichen des Hafengeländes muss man lediglich darauf achten, die richtige Fahrspur für das entsprechende Fahrzeug zu benutzen. Am Ende jeder Spur erscheint dann ein Kassenhäuschen, an dem das Ticket vorgelegt oder spätestens jetzt gekauft wird. Bei kleineren Fähren findet die Bezahlung erst auf dem Schiff statt. Den Anweisungen des Personals ist selbstverständlich Folge zu leisten. Es teilt mit, auf welcher Spur man sich einordnen und warten soll bzw. welche Spuren der Reihe nach auf das Schiff dürfen.

Im oder auf dem Schiff angekommen, soll man so dicht wie möglich an den Vordermann heranfahren und anschließend das Fahrzeug verlassen. Der Aufenthalt auf dem Fahrzeugdeck ist auf den großen Fährüberfahrten (Rødbyhavn–Puttgarden und Køge–Rønne) während der Überfahrt grundsätzlich untersagt.

DIE FÄHRLINIEN

Wie schon oben erwähnt, pendeln innerdänisch die verschiedensten Fährgesellschaften. Manche Fährlinien bedienen auch nur eine einzige Route wie zum Beispiel Askø-Bandholm Overfarten, die, wie der Name schon verrät, zwischen Askø und Bandholm auf Lolland verkehrt. Weitere Linien sind unter anderem Mols-Linien, Samsø Linien und Ravnsborg Færgefart. Bei diesen kleineren Gesellschaften handelt es sich zumeist um kleine, nicht überdachte Roll-On-Roll-Off-Schiffe, bei denen die Fahrt noch einen romantischen Charakter hat.

019wd Abb.: mm

Scandlines

Marktführer auf der Ostsee ist die Gesellschaft Scandlines, die drei deutsche Häfen ansteuert, wobei für eine Reise nach Dänemark nur die Häfen Puttgarden auf Fehmarn und Rostock in Frage kommen. Je nach Schiff können sich 600–1000 Passagiere die kurze Fahrzeit auf dem Sonnendeck, im Restaurant oder im Duty-free-Shop vertreiben.

Buchungszentrale

› **Scandlines Deutschland GmbH,** 18119 Rostock, Trelleborgstraße 5, Tel. 0381 54350, www.scandlines.de

Molslinjen

Die Gesellschaft besteht seit 2018 und ist ein Zusammenschluss mehrerer Fährgesellschaften, die Strecken innerhalb Dänemarks, aber auch die Route von Sassnitz auf Rügen nach Rønne und zwischen dem dänischen Køge und Rønne bedient. Zwei Autodecks, ein Bistro, ein Geschäft und ein Spielraum für Kinder sorgen für Abwechslung auf der Überfahrt.

Buchungszentrale

› **Molslinjen,** Hveensgade 4, 8000 Aarhus, Tel. +45 70101418, www.bornholmslinjen.de

DIE STOREBÆLTBRÜCKE

Die drittgrößte Hängebrücke der Welt verbindet nicht nur die Insel Fünen mit der Insel Seeland, sondern ist auch ein Erlebnis der besonderen Art. Von Nyborg kommend, fährt man zunächst einige Kilometer auf einer ebenen Strecke über dem Meer. Dabei sieht man vor sich schon die höchsten Punkte Dänemarks, die die beiden Spitzen der Pylonen markieren. Anschließend geht es bergauf, um die rund 1600 m lange Strecke zwischen den beiden Trägern zu überwinden. Das Bauprojekt unter Führung der Essener Firma Hochtief kostete mehr als alle bisherigen dänischen Brücken zusammen. Nur selten wird die Strecke für den Verkehr gesperrt, da die **Hauptwindrichtung** an dieser Stelle von West nach Ost verläuft und nur selten Seitenwind herrscht. Dennoch, verlassen sollte man sich hierauf nicht, schon gar nicht mit einem windanfälligen Wohnmobil.

Die Überfahrt kostet zwischen 35 € (Wohnmobil bis 3,5 Tonnen und unter 6 m Länge) und 135 € (über 3,5 Tonnen und über 10 m Länge). Die Fahrzeugdaten werden anhand des Fahrzeugscheins an der Mautstation geprüft. Diese befindet sich nur auf der östlichen Seite der Brücke, das heißt auf Seeland. Gezahlt werden kann mit Kreditkarte oder in bar auch mit Euro. Die **bemannten Kassenhäuschen befinden sich bei den rechten Fahrspuren** und sind mit gelben Hinweisschildern markiert. Bei den blauen Markierungen kann nur bargeldlos gezahlt werden, dort befinden sich auch keine Mitarbeiter. Die grünen *BroBizz*-Spuren sind nur für Autofahrer mit einem Abonnement, die ohne anhalten zu müssen direkt durchfahren können.

› www.storebaelt.dk/deutsch

Nicht nur zu offiziellen Anlässen wird die Flagge gehisst

FESTE UND FEIERTAGE

Die gesetzlichen Feiertage entsprechen in etwa denen in Deutschland. So sind der 1. Januar, der 25. sowie der 26. Dezember arbeitsfreie Tage. Hinzu kommen noch die beweglichen Feiertage wie Karfreitag, Ostermontag und Himmelfahrt. Der 1. Mai ist in Dänemark ein regulärer Arbeitstag, dafür wird wiederum der Gründonnerstag gefeiert und vier Wochen nach Ostern haben die Geschäfte auch am Buß- und Bettag geschlossen. Neben diesen christlichen Feiertagen gibt es in Dänemark noch den Tag der Verfassung, der am 5. Juni begangen wird. Dieser ist zwar nicht gesetzlich verankert, jedoch haben in der Regel an dem Nationalfeiertag die meisten Geschäfte geschlossen.

FLORA UND FAUNA

Die dänische Natur unterscheidet sich nur unwesentlich von der deutschen. Rehe, Dam- und Rothirsche, Füchse und Dachse sind nur einige der möglicherweise anzutreffenden Tiere. Auch Vögel kann man in Dänemark sehr gut beobachten. Vor allem an den Küsten sieht man Seeschwalben, Seetaucher und natürlich Möwen. Vorsicht gilt jedoch im Straßenverkehr! Fasane können plötzlich aus Feldern und Gebüschen am Straßenrand auftauchen und ihren letzten Versuch machen, eine Straße zu überqueren. Ich spreche aus Erfahrung und weiß, welche Schäden sie am Fahrzeug verursachen können.

An den Küsten Dänemarks leben **Seehunde.** Diese sieht man zumeist jedoch in der Nebensaison, da ein lauter Strand mit zahlreichen Menschen eher abschreckend auf die scheuen Tiere wirkt. Für den Urlauber meist unsichtbar sind zudem Heringe, Dorsche und Schollen, die sich rund um Dänemark im Wasser tummeln.

Die Flora des Landes kann man in zwei Bereiche teilen: zum einen das landwirtschaftlich geprägte Dänemark, vor allem im Landesinneren, zum anderen den Küstenbereich, mit zahlreichen **Heidelandschaften.** Besonders in den Sommermonaten leuchten diese in schönstem Violett, was z. B. auf der Insel Rømø sehr gut zu beobachten ist. Die Küsten der Nord- und Ostsee sind sehr unterschiedlich. An der Nordsee herrscht manch-

Grönland und die Färöer-Inseln

Für den Wohnmobilreisenden ist Grönland eher uninteressant. Auch die Färöer-Inseln dürften aufgrund der langen und teuren Überfahrt als spontanes Reiseziel ausfallen. Erwähnt werden sollen die beiden Regionen dennoch, da sie durch ihren Sonderstatus zu Dänemark gehören. Grönland ist die größte Insel der Erde. Der Name ist vom dänischen ***„Grønland“*** *abgeleitet und vermittelt den Eindruck, die Insel blühe pflanzenreich und sei fruchtbar. Beides könnte wohl möglich sein, wären da nicht die bis zu 3 km dicken Eisschichten auf der Landmasse, die trotz des anstehenden Klimawandels hoffentlich auch noch lange dort bleiben. Geografisch zählt Grönland zwar zu Nordamerika, politisch gehört die 2650 km lange und 1000 km breite Insel jedoch seit der ersten Hälfte des 19. Jahrhunderts zu Dänemark. Dies gilt allerdings nur außenpolitisch. Innenpolitisch ist Grönland unabhängig und gehört zudem seit 1985 aufgrund einer Volksabstimmung auch nicht mehr zur Europäischen Union. Im dänischen Parlament befinden sich jedoch zwei grönländische Abgeordnete. Wesentlich kleiner als Grönland sind die Färöer-Inseln, die sich zwischen Island, Norwegen und Großbritannien befinden. Von den Färöer-Inseln sitzen ebenfalls zwei Abgeordnete im dänischen Parlament und auch diese Inselgruppe ist kein Mitglied der EU. Rund 50.000 Färinger, wie die Einheimischen heißen, leben auf 18 Inseln verteilt, die sich gerade einmal auf rund 100 km im Nordatlantik ausstrecken.*

mal eine starke Brise und die Küste ist mit ihren langen, breiten Sandstränden eher flach. Direkt dahinter erscheinen schließlich die Dünen und die Heide. An der Ostseeküste dagegen gibt es die eine oder andere Steilküste und eher steinigen Strand, der bei Weitem nicht so breit ist wie der im Westen des Landes.

GASVERSORGUNG

Wer mit einem Wohnmobil reist, das mit zwei gefüllten 11-kg-Tausch-Gasflaschen ausgestattet ist (graue Flaschen), der kommt im Normalfall damit problemlos durch den gesamten Urlaub. Auch dann, wenn dieser vier Wochen lang ist, der Kühlschrank hauptsächlich mit Gas betrieben und ständig gekocht wird. Sogar einige Nächte, die im Norden dem einen oder anderen in der Nebensaison zu kühl sind, können damit geheizt werden. Wer aber annimmt, dass er mehr als zwei Flaschen braucht, der kann selbstverständlich auch eine dritte Flasche mitnehmen. Wichtig ist nur, dass unter der Flasche im Gepäckraum eine Entlüftung angebracht ist, damit im Fall der Fälle das Gas entweichen kann und nicht im Fahrzeuginneren bleibt.

Geht das Gas während des Dänemarkurlaubs doch zur Neige, stellt dies kein größeres Problem dar. Deutsche Flaschen können auf vielen Campingplätzen eingetauscht werden, was jedoch deutlich teurer als in Deutschland ist. Alternativ bietet die Firma Kosan Gas eine Vielzahl an Füllstationen an, die im Netz auch ohne Dänischkenntnisse gut einsehbar sind: www.kosangas.dk. Auf Deutsch wird dort auch erläutert, dass deutsche Flaschen bei Kosan nicht mehr getauscht, jedoch mit einem Adapter befüllt werden können. Den Adapter erhält man im Vorfeld der Reise im Campingzubehörgeschäft oder bei der Firma Kosan (http://kosangasnordic.com, Artikelnummer 30055).

Eine andere Möglichkeit ist der Kauf von sogenannten Selbsttankflaschen. Diese haben ebenfalls ein Volumen von 11 kg und können an jeder Autogastankstelle problemlos gefüllt werden. Allerdings dürfte sich die Anschaffung dieser Flasche für eine einzige Reise nicht lohnen, da der Preis bei über 200 Euro liegt und der Behälter alle zehn Jahre vom TÜV für weitere 90 Euro überprüft werden muss. Sinnvoller scheinen hier Womos mit einem fest eingebauten Gastank, der ebenfalls an den Gastankstellen befüllt werden kann.

› Eine Liste von entsprechenden **Autogastankstellen in Europa** findet man unter www.gas-tankstellen.de.

GELD

Das sogenannte „Euroland“ endet im Norden an der Grenze zu Dänemark, wo man noch mit der **Dänischen Krone** bezahlen kann. Bei einer Volksabstimmung im Jahr 2002 wurde die Einführung des Euro abgelehnt und so verbleibt die Krone im Wechselkursmechanismus II, der zwei Jahre lang Pflicht ist, bevor der Euro als Zahlungsmittel eingeführt werden kann. Die Dänische Krone (DKK oder auch dkr) ist jedoch fest an den Euro gebunden und so erhält man für einen Euro ca. 7,46 Kronen (Stand: Mitte 2019). Auf der Website www.oanda.com gibt es einen tagesaktuellen Umrechnungskurs.

Hat man früher vor einer Reise Geld in der heimatlichen Bank getauscht, so empfiehlt es sich heute, mit der eigenen EC- bzw. Maestro-Karte Geld am Bankautomaten abzuheben, von denen es im modernen Dänemark genügend gibt. Einige Geldinstitute statten ihre Geldkarten mittlerweile mit der Bezahlfunktion **„V Pay“** aus. An dänischen Bankautomaten wird diese Funktion akzeptiert.

Beim Abheben von Bargeld in Landeswährung wird manchmal angeboten, dass die Abrechnung mit dem eigenen Konto in Euro erfolgen kann. Das Verfahren ist als **Dynamic Currency Conversion (DCC)** bekannt. Wählt man diese Option, die ja sicherer er-

Kartensperrung

Bei Verlust der Debit-/Giro-, SIM- oder der Kreditkarte gibt es für Kartensperrungen eine deutsche Zentralnummer (unbedingt vor der Reise klären, ob die eigene Bank diesem Notrufsystem angeschlossen ist). Aber Achtung: Mit der telefonischen Sperrung sind die Karten zwar für die Bezahlung/Geldabhebung mit PIN gesperrt, nicht jedoch für das Lastschriftverfahren mit Unterschrift. Man sollte daher auf jeden Fall den Verlust zusätzlich bei der Polizei zur Anzeige bringen, um gegebenenfalls auftretende Ansprüche zurückweisen zu können.

In Österreich und der Schweiz gibt es keine zentrale Sperrnummer, daher sollten sich Besitzer von in diesen Ländern ausgestellten Debit- oder Kreditkarten vor der Abreise bei ihrem Kreditinstitut über den zuständigen Sperrnotruf informieren.

Generell sollte man sich immer die wichtigsten Daten wie Kartennummer und Ausstellungsdatum separat notieren, da diese unter Umständen abgefragt werden.

- *Deutscher Sperrnotruf: Tel. +49 116116 oder Tel. +49 3040504050*
- *Weitere Infos: www.kartensicherheit.de, www.sperr-notruf.de*

scheint, wird aber ein ungünstiger Wechselkurs zugrunde gelegt, der erhebliche Kosten verursachen kann. Deshalb sollte man Abhebungen immer in der Landeswährung vom eigenen Konto abbuchen lassen. Dann legt die eigene Bank den offiziellen Devisenkurs zugrunde.

Schwieriger wird es jedoch mit der Bezahlung an der Kasse eines Supermarktes. Während in Deutschland mittlerweile auch im Discounter mit der Karte gezahlt werden kann, so ist dies in Dänemark unüblich – außer man verfügt über eine dänische Kundenkarte bzw. über eine Karte mit einem DK-Symbol. Ausländische EC-, Maestro- und Kreditkarten werden im Supermarkt problemlos akzeptiert.

Es sind folgende Banknoten im Umlauf: 50-, 100-, 200-, 500- und 1000-Kronen-Scheine sowie Münzen zu 1, 2, 5, 10 und 20 Kronen. Zudem existieren als kleinste Einheit 50-Øre-Münzen, denn die dänische Krone wird in 100 Øre unterteilt. Dies hat zur Folge, dass **Beträge beim Bezahlen auf- oder abgerundet** werden. Beläuft sich der Wert der Waren also auf z. B. 143,83 Kronen, so macht man ein Verlustgeschäft, da man 144 Kronen zu zahlen hat und vergeblich auf sein Wechselgeld wartet. Gewinn macht man dementsprechend z. B. bei einem Betrag von 144,17 Kro-

166wd Abb.: as ©Comugnero Silvana - stock.adobe.com

„Skandinavische“ Kronen

Von 1878 bis Mitte der 1920er-Jahre gab es zwischen Dänemark, Norwegen und Schweden eine Währungsunion, in der die Krone als gemeinsame Währung genutzt wurde. In Dänemark wurde dadurch der Reichstaler („Riksdaler“) und in Schweden und Norwegen der „Speciestaler“ abgelöst. Nach dem Ende dieser Union entschied man sich in den drei einzelnen Staaten, den Namen „Krone“ für die jeweilige nationale Währung beizubehalten.

nen. Die bis dahin kleinste Münze mit einem Wert von 25-Øre wurde im Jahr 2008 abgeschafft.

GESUNDHEIT

Seit dem Jahr 2004 gibt es in allen EU-Ländern die **Europäische Krankenversicherungskarte,** die den Auslandskrankenschein damit abgelöst hat. Die sogenannte EHIC *(European Health Insurance Card)* hat im Ausland dieselbe Funktion wie die gewohnte Krankenkassenkarte im Inland. Abhängig von der Krankenkasse erhält man dabei eine Ersatzbescheinigung oder die EHIC-Funktion ist auf der Rückseite der gewöhnlichen Krankenkassenkarte aufgeführt.

Ist man also verletzt oder krank, so begibt man sich mit der Europäischen Versicherungskarte zum Arzt oder zu einem Krankenhaus und lässt sich dort behandeln. Die Art und der Umfang der zu erstattenden Leistungen, zu denen in der Regel ärztliche, zahnärztliche und die Krankenhausbehandlung gehören, richten sich nach den jeweiligen Rechtsvorschriften des Aufenthaltsstaates. Somit besteht Anspruch auf alle erforderlichen medizinischen Sachleistungen. Um jedoch das Risiko auszuschließen, auf Kosten sitzen zu bleiben, und auch um einen möglichen Rücktransport zu gewährleisten, empfiehlt sich weiterhin, eine zusätzliche Auslands-Krankenversicherung abzuschließen.

Einige Kronen-Münzen haben ein Loch in der Mitte

Das **Apothekensystem** in Dänemark gleicht dem in Deutschland. In jeder Ortschaft findet man Apotheken und wenn eine geschlossen hat, steht am Aushang, an welche nächstgelegene Apotheke man sich wenden kann.

HAUSTIERE

Seit dem Jahr 2004 existiert in der Europäischen Union der **Heimtierausweis,** mit dem gängige Impfungen nachgewiesen werden können. Gültig ist dieser jedoch nur, wenn das Tier gleichzeitig eine Kenn-zeichnung in Form einer Tätowierung oder eines Mi-

Viele Nordseestrände in Dänemark sind hundefreundlich

021wd Abb.: mm

krochips hat, entwurmt und gegen Tollwut geimpft ist. Damit ist die Einreise des Haustieres sehr vereinfacht und stellt keine Probleme dar. Nur wenn es sich bei dem Hund um einen Pitbull-Terrier oder einen Tosa handelt, wird es schwierig. Diese dürfen nicht nach Dänemark eingeführt werden. Alle anderen Hunde sind an den Stränden in der Zeit von April bis September an der Leine zu führen.

Auf den Schiffen innerhalb Dänemarks und auf der Fahrt von Rødby nach Fehmarn dürfen Haustiere ebenfalls mitgenommen werden, jedoch müssen alle Hunde auch hier an der Leine geführt werden.

INFORMATIONEN

IN DEUTSCHLAND/ÖSTERREICH/ SCHWEIZ

Dänemark ist gastfreundlich, sehr um den Tourismus bemüht und gibt Informationen und Prospekte in Hülle und Fülle heraus. Um es auf den Punkt zu bringen: Die touristische Infrastruktur lässt keine Wünsche offen. Für die deutschsprachigen Länder gibt es eine offizielle **Tourismuszentrale in Hamburg,** die notwendige Anfragen direkt beantwortet und den Dänemarkreisenden vor Fahrtantritt mit dem Notwendigsten versorgt.

Für Deutschland, Österreich und die Schweiz gilt folgende Adresse:

› **VisitDenmark,** Glockengießerwall 2, 20095 Hamburg, Tel. +49 (0) 1805 326463 (0,14 € je Minute, aus dem Mobilnetz teurer), www.visitdenmark.de

IN DÄNEMARK

Beinahe jeder dänische Ort bzw. jede dänische Region hat ein eigenes Touristenbüro, sodass man im Land über 150 dieser Einrichtungen finden kann. Alle sind sehr gut ausgestattet und bieten zahlreiche kostenlose Prospekte, Informationen und gelegentlich auch kostenlosen Internetanschluss, den man zur Recherche nutzen darf. Die Mitarbeiter sprechen allesamt Englisch, in vielen Fällen auch Deutsch.

Meistens sind die Informationsbüros so ausgestattet, dass man ein oder mehrere Regale für lokale Informationen und weitere Ständer für die anderen Regionen findet.

Die **Öffnungszeiten** der Büros sind zum Teil sehr unterschiedlich, in den Sommermonaten haben größere Büros sogar täglich von 8 bis 20 Uhr geöffnet. Da die Aufzählung sämtlicher Öffnungszeiten den Rahmen dieses Buches sprengen würde, sind nur die jeweils längsten (meist zwischen Ende Juni und Ende August) und die kürzesten Zeiten in der Nebensaison angegeben. Die Adressen stehen jeweils bei den Ortsbeschreibungen im Buch.

022wd Abb.: mm

Die Touristeninformationen sind gut ausgeschildert und geben zahlreiche Auskünfte

IM INTERNET

Im 21. Jh. ist eine Präsentation im weltweiten Datennetz unabdingbar. Daher findet man viele Informationen über Dänemark auch schon zu Hause am heimischen Computer. Neben den offiziellen Seiten finden sich natürlich auch Webseiten von Dänemark-Fans, die sich mit dem Thema befassen. Hier eine Aufstellung der wichtigsten Angebote

- **www.visitdenmark.de:** DIE Seite überhaupt, denn sie ist das offizielle Portal des dänischen Tourismusverbandes. Zahlreiche Informationen über die einzelnen Regionen und Städte sowie allgemeine Reise-Infos, Informationen zu Unterkunftsmöglichkeiten, Routenplaner und ein Formular zur Katalogbestellung werden angeboten. Und wer regelmäßig über neueste Änderungen informiert werden will, der kann selbstverständlich den Newsletter bestellen.
- **www.dk-forum.de:** Die nach eigenen Angaben am meisten besuchte private Webseite im deutschsprachigen Raum zum Thema Dänemark. Zahlreiche Artikel über verschiedenste Themen, ein Newsletter und ein gut besuchtes Forum, in dem man all seine Fragen loswerden kann, runden das Angebot ab.
- **www.danskecampingpladser.dk** bzw **www.daenischecampingplaetze.de:** Webseite des dänischen Campingrates, der Dachorganisation sämtlicher dänischer Campingverbände. Fast 500 Campingplätze werden hier, meist mit Kurzinfos in Form von Piktogrammen, vorgestellt.
- **www.denmark.dk:** Diese Seite wird vom dänischen Ministerium des Äußeren, also dem Außenministerium herausgegeben und richtet sich zwar in erster Linie an Journalisten und Wirtschaftsinteressierte, ist aber für Touristen nicht minder interessant.
- **www.kongehuset.dk:** leider nur auf Dänisch, Englisch und Französisch, aber dennoch nicht uninteressant. Diese Seite wird vom dänischen Königshaus präsentiert und bietet zahlreiche Informationen zu den königlichen Palästen und zur Geschichte der bisherigen Monarchen des Landes.
- **www.molls-reiseforum.de:** Der Autor dieses Buches bietet ebenfalls ein Reiseforum zum Informationsaustausch an.

Karten
Detaillierte Karten über die einzelnen Regionen erhält man in der Regel kostenlos in fast jedem Touristenbüro.

Zudem bietet jede Region und fast jede Ortschaft seine eigene mehrsprachige Website an. In der Regel findet man die Website unter www.stadtname.dk. Im Zweifelsfall bedient man sich einer Suchmaschine. Die Sonderbuchstaben å, æ und ø werden in der Regel entweder ohne diakritische Zeichen geschrieben oder mit aa, ae und oe übersetzt.

Viele der in diesem Reiseführer genannten Campingplätze haben eine eigene Website. Es werden von den Betreibern der Campingplätze nicht nur die neuesten Informationen gepostet, sondern es sind auch in sozialen Netzwerken wie Facebook oder Instagram entsprechende Seiten eingerichtet. Zu erreichen sind die Campingplätze in der Regel über die Suchfunktion des Netzwerks oder über die hauseigene Website.

PANNE/UNFALL

Kleine Pannen sollten vom Fahrzeugführer in der Regel selbst behoben werden können, zumal man als Wohnmobilist meistens einen geeigneten **Werkzeugkoffer** mit sich führt. Größere Pannen versucht man zu vermeiden, indem man vor Reiseantritt noch einmal alles gründlich durchcheckt. Sollte dennoch der Ernstfall eintreten und es muss der Pannendienst gerufen werden, ist eine **ADACplus-Mitgliedschaft** sehr zu empfehlen. Was vielleicht an dieser Stelle wie Werbung klingen mag, sind eigene Erfahrungen, da mir die „gelben Engel“ im Ausland tatsächlich schon mehrfach unkompliziert aus der Klemme geholfen haben. So kostet ein Anruf aus Dänemark nach München zwar etwas mehr, jedoch ist man mit deutschsprachigen Helfern verbunden, die für eine Weiterreise sorgen.

Notrufnummern

- **Polizei, Notruf und Feuerwehr:** Tel. 112
- **ADAC-Notrufzentrale München,** Tel. +49 (0) 89 222222 (24 Std. besetzt, Hilfe bei Panne, Unfall, Diebstahl, Verlust von Papieren, Kreditkarten u. a.)
- **Dänischer Pannendienst Falck:** Tel. 79424285

PARKEN UND RASTEN

Dänemark ist kein großes und weites Land. Das spürt man manchmal auch in den Ortschaften. Alles wirkt etwas eng und klein, eben „hyggelig“ (s. S. 30), wie der Däne sagen würde. Dies macht sich aber auch beim Parken bemerkbar. Das direkte Zentrum einer Großstadt sollte man besser nicht ansteuern, sondern eher in einem der umliegenden Wohnviertel einen Parkplatz aufsuchen, was selten ein Problem darstellt. Grundsätzlich sind Parkplätze in dänischen Städten **gut ausgeschildert.** Und spätestens auf dem Parkplatz steht ein Schild, wie lange und in welchem Zeitraum geparkt werden darf. Außerhalb der Städte findet man Parkplätze immer an Sehenswürdigkeiten. Vielfach sind diese kostenlos, bestehen aus einer Schotterfläche und laden zum Erholen ein. Man sollte aber genau hinschauen, denn es kommt nicht selten vor, dass bei einem Parkplatz ein Schild aufgestellt ist, welches das **nächtliche Parken** verbietet.

Ansonsten gibt es an den Landstraßen häufig kleine Rastplätze. Viele von ihnen sind nur Einbuchtungen an der Straße, an denen man zum Telefonieren oder für den Blick auf die Landkarte anhalten kann, doch es gibt auch schöne Plätze mit Tischen, Bänken, Mülleimern und Übersichtskarten der lokalen Region, an denen man eine erholsame Pause einlegen kann.

REISEZEIT

Dänemark kann man **ganzjährig** bereisen. Es gibt viele Campingplätze, die auch im Winter geöffnet haben, doch da das Land keine typische Wintersportregion ist, fehlt für viele der Reiz, in den Wintermonaten nach Dänemark zu reisen. Lohnenswert ist die Zeit in der Nebensaison, also die Monate April, Mai,

124wd Abb.: mm

Die Olsenbande

Die Olsenbande ist im Westen Deutschlands, in Österreich und der Schweiz recht unbekannt. Doch im Osten Deutschlands und auch in Polen kennt man die drei Kleinkriminellen Egon Olsen, Kjeld und Benny sehr gut. Zwischen 1968 und 1998 drehte man 14 sehr erfolgreiche Krimikomödien über eine Bande, deren illegale Tätigkeiten regelmäßig scheitern. Schon in den 1970er-Jahren sollte eigentlich der letzte Film gedreht werden, doch Fans und auch Schauspieler forderten mehrfach einen erneuten Dreh. Erst der 14. Film war der definitiv letzte, unter anderem auch, weil während der Dreharbeiten einer der Schauspieler und der Regisseur verstarben. In Kopenhagen wurde 2004 sogar die Straße, die am Gefängnis vorbeiführt, nach einem der Charaktere benannt: Egon Olsens Vej. Die Filme bestachen durch ihren Witz und ihre sogenannten Running Gags, die sich in ähnlicher Form ständig wiederholten. So erklärt der Kopf der Bande, Egon Olsen, in jeder Folge, er habe „einen Plan". Dieser Spruch prägte sich so sehr ein, dass im Herbst 1989 bei den Montagsdemonstrationen in der DDR sogar Plakate gesichtet wurden, die den Aufdruck trugen: „Egon, hast du einen Plan?" Gerichtet waren diese Plakate an Egon Krenz.

September und Oktober. In dieser Zeit gibt es noch sehr viele schöne sonnige Tage, an denen es zwar keine sommerlichen Temperaturen gibt, aber die ihren besonderen Reiz ausüben. Einsame Sandstrände, Ruhe und Erholung stehen in dieser Zeit im Vordergrund. Und gegen eine steife Brise, die man an der Nordsee erwarten kann, hilft einfach gute Kleidung.

Im Sommer hingegen wird es, ähnlich wie in Deutschland, sehr warm und trocken. Zwar sind die Strände dann gut besucht und auf so manchem Campingplatz fehlt es an Ruhe, doch dafür haben die Sehenswürdigkeiten des Landes geöffnet, von denen viele erst im Mai, manche sogar erst im Juni ihre Pforten öffnen.

SICHERHEIT

Dänemark kann als sicheres Reiseland betrachtet werden. Doch es gibt dennoch ein paar Sicherheitstipps, die man beachten sollte. So gehört zum Beispiel dazu, nicht auf Autobahnrastplätzen zu übernachten und das Fahrzeug immer abzuschließen. Auch am Strand sollten die Wertsachen nicht unbeaufsichtigt gelassen werden und in den Städten wie Kopenhagen oder Odense gelten natürlich die normalen Vorsichtsmaßnahmen wie in anderen europäischen Großstädten auch. Das bedeutet, keine Wertsachen zur Schau tragen und nichts sichtbar im Fahrzeug zurücklassen.

◁ An den Landstraßen gibt es häufig kleine Rastplätze

SPRACHE

Vor der Reise einen Dänisch-Sprachkurs zu belegen, lohnt sich für einen dreiwöchigen Urlaub nicht. Natürlich freut sich jeder Däne, wenn man wenigstens die grundlegenden Begriffe kennt und ansatzweise aussprechen kann. Doch die Verständigung klappt auch ohne Dänisch sehr gut. Die meisten Dänen sprechen oder verstehen **Deutsch** und wenn es damit mal nicht klappt, dann steht meist auch **Englisch** zur Verfügung.

Bei einem Blick auf das dänische Alphabet fallen einem aber sofort verschiedene Buchstaben auf, die man in deutschsprachigen Ländern nicht kennt: æ/Æ, ø/Ø und å/Å, die in dieser Reihenfolge am Ende des dänischen Alphabets stehen. Das æ ist vergleichbar mit dem deutschen Umlaut ä, während das ø wie

Das niedliche Adjektiv „hyggelig"

Dänemark ist hügelig? Nun ja, das Königreich gilt als eher flaches Land, dennoch findet sich in der dänischen Sprache vielmals das Adjektiv „hyggelig". Dieses bezeichnet auch keine Landschaftsformen, sondern ist vielmehr ein Ausdruck von Gemütlichkeit – dänischer Gemütlichkeit. Den Begriff kann man nicht so einfach ins Deutsche übersetzen, wahrscheinlich hat er auch deshalb schon bei Dänemarkfreunden Einzug in die deutsche Sprache gefunden. Ersetzt werden kann er beispielsweise mit den Adjektiven lieblich, malerisch, freundlich, niedlich, geborgen, vertraut oder angenehm. So kann das dänische Lebensgefühl als „hyggelig" bezeichnet werden oder auch das gesamte Land. Dementsprechend ist Dänemark also doch hyggelig? Eindeutig ja!

ein ö ausgesprochen wird. Lediglich das å hat mit dem ähnlich aussehenden deutschen a nichts gemein. Es spricht sich wie ein offenes o (wie z. B. in „vorn") aus. Erwähnt werden sollte die Rechtschreibreform, die vor vielen Jahren in Dänemark stattgefunden hat. Unter anderem sah sie vor, dass der Buchstabe aa durch å abgelöst wird und es wurde aus einer Stadt wie Aabenraa die Stadt Åbenrå. Da sich dadurch aber nicht nur die Schreibweise, sondern auch die Aussprache geändert hat, sind viele betroffene Gemeinden dazu übergegangen, die alte Schreibweise weiterzubenutzen. So ist es nicht ungewöhnlich, wenn in einer Stadt wie Aalborg bzw. Ålborg beide Schreibweisen zu lesen sind.

Einige wichtige dänische Begriffe

Guten Tag	*Goddag*
Auf Wiedersehen	*Farvel/På gensyn*
ja/nein	*ja/nej*
bitte/danke	*Undskyld/Tak*
geöffnet	*åben*
geschlossen	*lukket/sluttet*
Montag	*mandag*
Dienstag	*tirsdag*
Mittwoch	*onsdag*
Donnerstag	*torsdag*
Freitag	*fredag*
Samstag	*lørdag*
Sonntag	*søndag*
Einkaufszentrum	*indkøbscenter*
Hilfe	*hjälp*
Polizei	*politi*
Arzt	*læge*
Zahnarzt	*tandlæge*
Apotheke	*apotek*
Krankenhaus	*sygehus, hospital*
Null	*nul*
Eins	*en*
Zwei	*to*
Drei	*tre*
Vier	*fire*
Fünf	*fem*
Sechs	*seks*
Sieben	*syv*
Acht	*otte*
Neun	*ni*
Zehn	*ti*
Hundert	*et hundrede*
Tausend	*et tusinde*

STRASSEN

Auch die Straßenverhältnisse unterscheiden sich nicht sonderlich von denen in Deutschland. Auffällig ist die Randmarkierung auf den Landstraßen. Diese ist gestrichelt, was aber keine Bedeutung hat. An Kreuzungen regeln Markierungen auf dem Boden den Verkehr. Wer die kleinen weißen Dreiecke sieht, der muss Vorfahrt gewähren.

Positiv ist in Dänemark das Verhältnis zu **Radfahrern.** Sie werden nicht als „Verkehrsstörung", sondern als Teil des Verkehrs wahrgenommen. Zahlreiche Radwege innerhalb und außerhalb der Städte werden von nicht wenigen Radlern genutzt. An den Ampelkreuzungen finden sich auch Lichtsignale für Radfahrer und selbst innerhalb von Kreisverkehren gibt es im Rondell sogar eigene Kreisverkehre für Velofahrer.

BESCHILDERUNG

Die Beschilderung entspricht weitestgehend der in Deutschland, Österreich und der Schweiz. Hier gibt es keine großen Überraschungen. Einzig in den Städten sieht man Hinweisschilder mit der Bezeichnung O1 oder O2. Dabei handelt es sich um die Verkehrsführung auf den **Ringstraßen.** O1 ist in der Regel die Straße, die einmal rund um den engen Stadtkern verläuft. O2 ist dann schon weiter außerhalb und führt den Autofahrer meist sicher um die Stadt herum. Nur in der größten Stadt des Landes, in Kopenhagen natürlich, gibt es noch eine O3 und eine O4.

Ein weiteres Schild, das vielfach zu sehen ist, zeigt auf braunem Grund eine **Margeritenblume.** Sie kennzeichnet die gleichnamige Route, die sich auf über 3500 km durch ganz Dänemark erstreckt und an jeder Sehenswürdigkeit des Landes vorbeiführt. Wer dieser Blume folgen möchte und wirklich alles sehen will, der muss sehr viel Zeit mitbringen.

Zudem gibt es die beiden Hinweisschilder auf *Sving* und *Bump.* Was niedlich klingt, sind aber Gefahrenhinweise. Mit *Sving* ist eine Kurve gemeint und *Bump* macht es, wenn man zu schnell über die damit gemeinten Hügel zur Verkehrsberuhigung fährt. Und wer das Schild *Gågade* mit dem Fahrzeug passiert, hat etwas falsch gemacht. Es steht nämlich für eine Fußgängerzone.

Touristische Hinweisschilder an Autobahnen

Entlang der dänischen Autobahnen weisen große braun-weiße Schilder auf Sehenswürdigkeiten hin, die sich hinter den nächsten Abfahrten verstecken. Die nationale Verkehrsbehörde will landesweit mit 70 bis 80 dieser touristischen Hinweisschilder vor allem auf bedeutende Schlösser, Kirchen und Museen aufmerksam machen, die nicht mehr als zehn Kilometer von der Autobahn entfernt liegen.

STROM

In Dänemark gibt es **230-Volt-Wechselstrom** und es passen alle deutschen Stecker in die dänischen Steckdosen. Eine 10-m-Kabeltrommel ist für die Stromsäule auf dem Campingplatz meistens genug, weniger sollten es aber nicht sein. Manche der Plätze haben zu den üblichen dreipoligen CEE-Steckdosen auch die handelsübliche Steckdose als Alternativangebot.

024wd Abb.: mm

Kein anderes Land ist so fahrradfreundlich wie Dänemark

219wd Abb.: as © Dan Race

TANKEN

Die Versorgung mit Benzin oder Diesel ist auch nördlich von Flensburg kein Problem. In jeder größeren dänischen Ortschaft befindet sich mindestens eine Tankstelle, meistens handelt es sich um die Mineralölgesellschaften Statoil oder Q8. Doch selten haben die Tankstellen rund um die Uhr geöffnet. Die meisten schließen am späten Abend, das Betanken jedoch ist dank Tankautomaten weiterhin möglich. Diese kann man natürlich auch tagsüber benutzen, um sich den Weg in das Kassenhäuschen zu ersparen. Hierfür drückt man lediglich vor dem Betanken die Taste für Kartenzahlung („Kort“).

TELEFON, HANDY UND INTERNET

Seit Mitte 2017 gibt es in der EU keine Roaminggebühren mehr. Damit wird das Telefonieren und Surfen mit dem Handy im EU-Ausland so günstig wie zu Hause – es sei denn, man nutzt das Handy im Ausland über einen längeren Zeitraum hinweg, dann können je nach Anbieter Nutzungsobergrenzen gelten.

Die meisten **Telefonzellen** funktionieren mit einer Telefonkarte und können auch angerufen werden. Mit etwas Glück trifft man sogar auf eine *Telefonbogs,* die mit Euromünzen oder mit Kreditkarte funktioniert. Telefonkarten erhält man in verschiedenen Ausführungen mit einer unterschiedlichen Anzahl von Einheiten im Supermarkt oder in Zeitschriftenläden. Öffentliche Münztelefone existieren auch noch, haben allerdings den Nachteil, dass das eingeworfene Geld nicht mehr herauskommt, wenn die Verbindung nicht zustande kam.

Internetcafés sind mittlerweile auch in Dänemark zur Ausnahme geworden und nur noch sehr selten zu finden.

WLAN-Hotspots stehen mittlerweile an zahlreichen öffentlichen Orten wie Restaurants, Cafés, Kneipen, Bars und Hotels zur Verfügung.

Vorwahl nach Dänemark

Aus Deutschland, Österreich und der Schweiz: 0045 und dann direkt die achtstellige Telefonnummer, da in Dänemark keine Ortsvorwahlen existieren.

⊡ *Urlaubsfotos können dank der guten Netzabdeckung problemlos verschickt werden*

Vorwahlen aus Dänemark

- Deutschland 0049
- Österreich 0043
- Schweiz 0041

Handy

Speichern Sie in Ihrem Handy die Nummern Ihrer Freunde und Verwandten am besten direkt mit der deutschen Vorwahl, sonst machen Sie möglicherweise telefonische Bekanntschaft mit einem Dänen, der dieselbe Rufnummer innerhalb Dänemarks besitzt.

ÜBERNACHTEN

„Dänemark gehört zu Skandinavien und Skandinavien wird immer mit dem Jedermannsrecht verbunden. Und das Jedermannsrecht besagt, man darf mit dem Wohnmobil überall hin, wo man will." Diese Aussagen sind immer noch weit verbreitet, aber purer Unsinn. Das Jedermannsrecht findet hauptsächlich in Schweden Anwendung, richtet sich aber ohnehin eher an Wanderer oder Reisende im Outdoorbereich und nicht an Wohnmobilisten!

In Dänemark gilt grundsätzlich: Das Übernachten in einem Wohnmobil ist außerhalb von Campingplätzen und Stellplätzen verboten. Allerdings gilt auch: Das Erholen bzw. Ausruhen zur Wiedererlangung der Fahrtüchtigkeit nach Müdigkeit ist erlaubt. Jedoch gibt es immer wieder Zeitgenossen, die auf einem „handelsüblichen" Parkplatz die Markise ausfahren, Campingstühle und die dazugehörigen Tische aufstellen und ihre Bratwurst auf den Grill legen. Dies ist schlicht und einfach Camping und nicht erlaubt.

Aber in manchen Fällen ist es schwer, hier eine Grenze zu ziehen. Manche Behörden sprechen schon von Camping, wenn bloß das Ausstellfenster ein Stück auf ist. Denn streng genommen ändern sich dadurch die Außenmaße des Fahrzeugs und schon ist es nicht nur ein bloßes Parken. Daher gehen manche Kommunen auf Nummer Sicher und verbieten das nächtliche Parken von Wohnmobilen, was ja dann auch eindeutig ist.

Wer sich aber rücksichtsvoll und bescheiden gibt und sich zudem an die örtlichen ausgeschilderten Vorschriften hält, der wird wohl keine Probleme bekommen, seine Fahrtüchtigkeit bei Ermüdung wiederherzustellen – denn das ist sehr wohl gestattet. Dazu gehört natürlich auch, nicht direkt in Nachbarschaft zu einem Campingplatz zu übernachten. Dänemark ist kein großes Land, aber trotzdem groß genug, um ein ruhiges Eckchen zu finden, wo man im Wohnmobil übernachten kann.

CAMPING

Camping ist in Dänemark sehr populär und so kommt es nicht von ungefähr, dass in diesem verhältnismäßig kleinen Land rund 500 Campingplätze existieren. Die wohl größte Campingorganisation Dänemarks heißt DK-Camp mit fast 300 angeschlossenen Plätzen. Häufig sieht man aber auch die Dansk Camping Union (DCU), FDM-Camping mit 9 Plätzen sowie TopCamp, zu denen 18 Campingplätze gehören.

In der Vergangenheit wurden viele dänische Campingplätze vom **Campingrat** klassifiziert und mit unterschiedlichen Sterne-Angaben ausgezeichnet. Die Arbeit des Campingrates wurde jedoch unter anderem aus wirtschaftlichen Gründen eingestellt. Ein weiterer Grund war der vom Campingrat ausgestellte Campingpass, der auf manchen Campingplätzen verpflichtend war und damit gegen das Wettbewerbsgesetz verstieß.

Man wird natürlich auch noch in naher Zukunft **Sterne-Symbole** an den Campingplätzen sehen, besonders dann, wen n es sich um mehrere Sterne handelt. Doch eine aktuelle Bedeutung haben sie nicht mehr. Sie können nur darauf hindeuten, wie der Platz einst ausgezeichnet wurde. Allerdings erkennt man den Unterschied zwischen einem Einsterne- und einem Fünfsterneplatz ohne Weiteres. Letztere haben eine umfangreiche

025wd Abb.: mm

Ausstattung inkl. Waschmaschine, Trockner und Speiseraum sowie eine Rezeption, die täglich von 8 Uhr bis 22 Uhr besetzt ist. Auch die Parzellen sind deutlich größer als bei einem 1-Stern-Campingplatz.

Die meisten Campingplätze befinden sich an den Küsten der Nord- und Ostsee, wo man meist nicht lange suchen muss. Einige wenige findet man wiederum auch im Binnenland an Seen oder besonderen Sehenswürdigkeiten wie z. B. dem Legoland. Nur wenige Campingplätze befinden sich an beschaulichen Orten. Meistens sind diese Plätze verhältnismäßig klein, bieten aber dafür viel Ruhe.

In der Regel sieht man die Campingplätze schon von Weitem, da entweder an der Einfahrt oder auf dem Platz Fahnenstangen stehen. An diesen wehen dann Flaggen mit einem Campingsymbol und der Flagge der dazugehörigen Campingorganisation.

Mit dem **Camping Key Europe** kann man Rabatte erhalten und ist darüber hinaus auch versichert. Informationen über die Campingkarte gibt es auf der Website http://campingkeyeurope.com.

⊡ *Nicht immer ist freies Stehen gern gesehen. Zuwiderhandlungen können teuer werden.*

Bisher wurde das von vielen Campingplätzen angebotene Prinzip einer **vereinfachten Übernachtung** als **Quickstop** bezeichnet und war an die Uhrzeit (Anreise nach 20 Uhr und Abreise vor 10 Uhr) gebunden. Mittlerweile wird das etwas flexibler gehandhabt und DK-Camp bezeichnet diese Plätze nun als **DK-Stellplätze.** (Manche Campingplätze werben aber weiterhin mit dem Begriff Quickstop.)

Man sollte die DK-Stellplätze allerdings nicht mit klassischen Wohnmobilstellplätzen, wie man sie aus Deutschland kennt, vergleichen, sondern eher mit einer etwas vereinfachten Übernachtungsmöglichkeit auf bzw. an einem Campingplatz (meist vor der Schranke). Außerdem gelten die Preise in der Regel nur für zwei Personen. Ab der dritten Person im Wohnmobil fallen üblicherweise weitere Gebühren an. Eine Übersicht der über 120 Campingplätze, die DK-Stellplätze anbieten, findet man auf der Website http://dk-camp.dk, in zahlreichen Tourismusbüros liegt zudem eine Broschüre zu diesem Thema aus.

Darüber hinaus kategorisiert DK-Camp seine Campingplätze noch in Elite Camps und Små Pladser. Die 15 Elite-Camps sind im gesamten Land verteilt und legen großen Wert auf einen hohen Standard in Bezug auf Service, Hygiene und Einrichtung. Mit Små Pladser sind zwar keine Wohnmobilstellplätze gemeint, doch diese über 40 Campingplätze sind in der Regel kleine Familienbetriebe und daher oftmals „hyggeliger" (s. S. 30) als die großen Ferienzentren.

Die **Preisangaben** bei den Campingplätzen beruhen auf Preislisten des Jahres 2019. Die Angabe des Preises für ein Fahrzeug kann auf manchen Plätzen auch ersetzt werden durch den Preis einer Platzeinheit. Die Kosten für Personen kommen natürlich hinzu. Teilweise ist der Preis abhängig von der Lage des einzelnen Stellplatzes oder ob es sich um einen einfachen oder einen komfortablen Platz handelt. Da es den Rahmen sprengen würde, für jeden einzelnen Platz sämtliche Preis-Variationen aufzuführen sind in diesem Buch immer

Keine freie Übernachtung auf Rømø

Es war im August 2002, als ich mit einem alten VW-Bus durch Skandinavien reiste und mich in den letzten Tagen der Reise im Süden Dänemarks herumtrieb. Als abschließender Höhepunkt sollte die ausgiebige Erkundung der Insel Rømø stattfinden. Obwohl die Gemeinschaft der Rømø-Strandbesucher meinen Wagen bereits zweimal wieder aus dem Sand herausgezogen hatte, beschloss ich, die Nacht am Strand zu verbringen. Ich stellte den Wagen, wie viele andere auch, am Rand der Dünung ab und ignorierte die zahlreichen Verbotsschilder auf der gesamten Insel. Es war gegen halb eins in der Nacht, als es energisch gegen die Scheibe klopfte und eine freundliche Stimme rief: „Bitte aufmachen, Polizei!" Wenig später wechselten umgerechnet 75 Euro den Besitzer und ich bekam den Tipp, dass der Damm zwischen der Insel und dem Festland formal zu letzterem gehöre und auf dem Festland die einmalige Übernachtung erlaubt sei. So konnte ich also die Insel verlassen und versuchen, auf dem Parkstreifen des Dammes zu nächtigen. Ein Versuch blieb es deswegen, weil noch bis um 5 Uhr morgens Wohnmobile kamen, deren „gute" Verstecke auf der Insel durch die Polizeiaktion aufgespürt worden waren. Seitdem weiß ich, dass Rømø tagsüber ein Muss ist, nachts jedoch muss ich auf den Campingplatz oder das Festland.

die höchsten Preise angegeben. Das bedeutet, dass bei einer Reise in der Nebensaison mit weniger Kosten gerechnet werden kann. Die Hauptsaison verläuft in der Regel von Mitte Juni bis Ende August.

Dennoch können die Preise nur als Richtlinie gesehen werden, da kurzfristige Preiserhöhungen oder Umgestaltungen des Tarifs bzw. Ergänzungen durch Müllgebühren durch den Platzbetreiber nicht ausgeschlossen werden können.

Leider ist es in Dänemark noch weit verbreitet, Duschmünzen (bzw. Scheckkarten) auszugeben. Nur wenige Campingplätze bieten das Duschen im Preis mit an.

› www.dk-camp.dk

WOMO-STELLPLÄTZE

Immer noch selten sieht man in Dänemark klassische Wohnmobilstellplätze, wie man sie vielleicht aus Deutschland oder Frankreich kennt. Die Gründe liegen klar auf der Hand: Rund 500 Campingplätze in einem recht kleinen Land lassen kaum noch Platz für ausgewiesene Stellplätze, die zudem auch weniger Geld in die Gemeindekasse bringen. Eine Alternative sind jedoch die **Gäste- bzw. Jachthäfen,** bei denen man sich eine Erlaubnis zum freien Stehen holen kann, wenn ein Teil der dort vorhandenen Parkplätze nicht ohnehin schon für die Übernachtung mit dem Wohnmobil ausgewiesen wurde. Zahlreiche Ortschaften entlang den Küsten verfügen über einen kleinen Hafen, der meistens natürlich mit Strom und Toilette ausgestattet ist.

027wd Abb.: mm

Dänische Campingplätze kann man nur schwer übersehen

PINTRIP

Seit 2019 bietet Dänemark eine neue Übernachtungsmöglichkeit für Wohnmobilisten. Was man schon aus England, Frankreich und Deutschland kennt, wird nun in Form von Pintrip auch zwischen Nord- und Ostsee angeboten: Fast 200 **private Gastgeber** stellen ihr Grundstück für eine Übernachtung zur Verfügung, wenn man die **Pintrip-Vignette** vorweisen kann. Sie ist zusammen mit einem Reiseführer für 225 DKK auf www.pintrip.eu erhältlich und wird für ein Jahr ausgestellt.

Bjørn Dunkerbeck

Wer aus Dänemark stammt und 35 Weltmeistertitel errungen hat, der hat höchstwahrscheinlich mit dem Wassersport zu tun. So ist es bei Bjørn Dunkerbeck, der als erfolgreichster Windsurfer aller Zeiten gilt. Dunki, wie er liebevoll genannt wird, lebt heute in Spanien und Andorra, besitzt einen niederländischen Pass, spricht vier Sprachen und stellt eigene Surfbretter her. Er begann seine sportliche Karriere mit neun Jahren und konnte im Laufe der Zeit die Erfolge der Windsurflegende Robby Naish überbieten. Das Einzige, was er auf dem Surfbrett nicht gewinnen konnte, war ein Sieg bei den Olympischen Spielen.

URLAUBSAKTIVITÄTEN

WASSERSPORT

Eingezwängt zwischen Nord- und Ostsee und im Landesinneren einige Seen und Flüsse, da wundert es nicht, wenn man zahlreiche Badegelegenheiten vorfindet. Meistens sind diese auch ausgeschildert und manche, vor allem an der Küste, verfügen über Duschen und Toiletten. In der Hauptsaison achten Rettungsschwimmer an den hoch frequentierten Badestränden auf die Sicherheit der Badegäste und viele Strände sind aufgrund der guten Infrastruktur und der hohen Wasserqualität mit dem Siegel der **Blauen Flagge** ausgezeichnet.

Ein weiterer Zeitvertreib in Dänemark ist das **Angeln.** Zahlreiche Plätze bieten die Möglichkeit, die Leine auszuwerfen, doch es wird in Dänemark ein Angelschein benötigt. Dieser kann in allen Postämtern erworben werden und gilt z. B. für einen Tag oder eine Woche. Er kann auch online unter www.fisketegn.dk bestellt werden.

029wd Abb.: mm

RADFAHREN

Ganz ehrlich? Wer sein Fahrrad zu Hause lässt und nicht mit nach Dänemark nimmt, der verpasst etwas. Eine solch gute Infrastruktur gibt es höchstens in den Niederlanden oder in Estland. Hinzu kommt noch, dass das Land relativ flach ist. Zahlreiche Radwege durchkreuzen das gesamte Land. Vielfach

☒ *Begegnungen mit Radfahrern sind keine Seltenheit*

verlaufen sie auf eigenen Wegen und wenn nicht, dann gibt es eine extra markierte Spur auf der Straße. Auf dem Land hat man sogar Kreuzungen mit Kreisverkehren teilweise so perfekt gelöst, dass sich die Wege der Fahrrad- und Autofahrer gar nicht kreuzen. In Dänemark bedeutet Fahrrad fahren tatsächlich Entspannung für die ganze Familie. Darüber hinaus gibt es zahlreiche sogenannte Fahrradautobahnen. Die Strecke C99 führt über 17 km von Albertlund direkt in das Zentrum von Kopenhagen. Zahlreiche Tourenvorschläge für längere Fahrten, aber auch kurze Tagestouren erhält man auf der deutschsprachigen Website www.denmarkbybike.dk.

Dänemark und der Fußball

Ein dänisches Sommermärchen fand im Jahre 1992 in Schweden statt. Aufgrund des Balkankonfliktes wurde der damalige Staat Jugoslawien kurzfristig von der Fußball-Europameisterschaft ausgeschlossen. Als Ersatz wurde die dänische Nationalmannschaft eingesetzt, die in der Qualifikation nur Gruppenzweiter geworden war und somit nicht hätte teilnehmen dürfen. Die Dänen setzten sich im Turnier durch und erreichten schließlich das Finale. Dort trafen sie auf den damaligen Weltmeister Deutschland und gewannen das Spiel mit 2 : 0. Damit holte die eigentlich nicht qualifizierte Mannschaft den Titel des Europameisters zu sich nach Dänemark.

WANDERN

Egal, wo man sich befindet, überall trifft man auf Wanderwege. Ob es die kurze Route an einer Sehenswürdigkeit ist oder die größere Tour durch die nähere Umgebung: In Dänemark ist Wandern angesagt! Bei Wanderungen in der Nähe von **Militärübungsplätzen** sollte man auf die Ballone achten. Sind sie oben, dann wird scharf geschossen, anderenfalls hat man auf den Wanderwegen seine Ruhe.

Informationen über regionale Wanderwege haben die Touristeninformationen vor Ort.

Bjarne Riis

Der erste und bisher einzige Radsportler aus den skandinavischen Ländern, der die legendäre Tour de France gewann, heißt Bjarne Riis. 1964 im dänischen Herning geboren, begann seine Profikarriere bereits im Alter von 12 Jahren. Im Jahre 1996 holte er den berühmtesten Radsport-Titelgewinn nach Dänemark, doch schon zur Jahrtausendwende zog er sich aus dem aktiven Radsport zurück, da er im Jahr zuvor einen schweren Sturz erlitten hatte, von dem er sich nicht mehr erholen konnte. Seitdem ist er als sportlicher Leiter für ein eigenes Team verantwortlich. Im Mai 2007 gestand er – wie viele seiner Radkollegen – vor der Presse, dass sein damaliger Sieg unter Einfluss von Dopingmitteln zustande gekommen war.

DRACHEN STEIGEN LASSEN

Drachen steigen lassen ist nicht typisch dänisch, aber Dänemark bietet sehr gute Möglichkeiten, diesem Hobby nachzugehen. Lange, weite Sandstrände – viele davon fast menschenleer – und recht häufig ein guter Wind, der von der Nordsee her bläst. Im Juni findet alljährlich auf der Insel Fanø das **Drachenfestival** statt, während jedes erste Septemberwochenende den Drachenfans auf der Insel Rømø vorbehalten ist. Tausende Flugdrachen werden in die Höhe geschickt und es ist immer wieder faszinierend, die verschiedenen Formen und Farben am Himmel zu beobachten.

Wer keine Lust hat, stehend einen Drachen steigen zu lassen, der kann einen der **Kitestrände** benutzen. Der harte Sand bietet sehr gute Möglichkeiten, im Kitebuggy seine Runden zu drehen. Viele küstennahe Gemeinden haben daher schon extra Abschnitte ihrer Strände für Kitefans abgetrennt.

VERHALTENSHINWEISE

TRINKGELD

Es ist nicht üblich, Trinkgelder zu geben. Hierbei spielt es keinerlei Rolle, ob man nun beim Friseur sitzt oder im Café. Gezahlt wird nur das, was auf der Rechnung steht. Ein anderer finanzieller Posten, der in Deutschland anfallen würde, fällt in Dänemark ebenfalls weg: die Kurtaxe. Das Gesetz sieht vor, dass jede Küste und jeder Strand kostenlos von jedem Menschen betreten werden darf.

TÜREN UND TORE

Durch ganz Dänemark ziehen sich Wanderwege, von denen viele über Weiden und Wiesen führen. Häufig befinden sich dort Tiere, auch wenn man diese nicht immer sieht. Damit die Tiere nicht über die Wanderwege weglaufen können, gibt es mehrere Möglichkeiten, wie der Wanderer die Weiden betreten kann. An Verkehrswegen befinden sich in der Regel **Weidegitter** im Boden, die die Tiere nicht betreten können. Diese Variante kommt in Dänemark jedoch nicht so häufig vor. An Weidezäunen sieht man dagegen häufiger kleine Holzstufen, die den Wanderer auf die Höhe des Zaunes bringen und auf der anderen Seite wieder hinab. Eine weitere Variante sind Weidetore oder kleine Türchen, die im Regelfall mit einem Zugband automatisch geschlossen werden. Doch nicht immer funktioniert dies wirklich, dann ist es an dem Wanderer, Verantwortung zu zeigen und das Tor wieder ordnungsgemäß hinter sich zu verschließen. Daher bitte niemals Weidetore offen stehen lassen!

VERTRAUENSVERHÄLTNIS

Man radelt auf einem einsamen Feldweg entlang oder fährt mit dem Wohnmobil über eine bewaldete ruhige Nebenstraße und plötzlich sieht man am Wegesrand einen kleinen **Verkaufsstand**. Ein kurzer Blick hinein und man stellt fest, dass der Besitzer nicht in der Nähe ist, jedoch die Waren und eine kleine Kasse aufgestellt wurden. Manchmal besteht letztere sogar nur aus einer Schüssel, damit man sich sein Wechselgeld nehmen kann. Sein Wechselgeld selbst nehmen? Ja, denn die Preise stehen an den Waren, ob es nun Kartoffeln, Erdbeeren, frisch gebackener Kuchen oder selbstgemachte Marmeladen sind. Man nimmt sich einfach so viel man möchte und bezahlt laut Preisliste. Ein schöner Brauch, der natürlich auf Vertrauen basiert, und es wäre schade, wenn dies missbraucht würde. Daher die Bitte: Auch wenn es manchmal verlockend ist, sich kostenlos zu bedienen oder kostenlos ein Museum zu besichtigen (auch das gibt es), die Herstellung/Pflege kostet Geld und es wäre einfach unfair, nicht dafür zu zahlen. Langfristig würde es dann wohl soweit kommen, dass niemand mehr auf diese Art seine Waren anbietet. Und das wäre sehr schade, denn frischer bekommt man diese Produkte selten.

VERKEHRSREGELN

Im Großen und Ganzen entsprechen die dänischen Verkehrsregeln dem Standard der übrigen EU. So herrscht selbstverständlich Anschnallpflicht und das Tempolimit richtet sich nach der Beschilderung. Innerhalb geschlossener Ortschaften sind maximal 50 km/h und außerorts 80 km/h erlaubt. Beim Ortseingangsschild handelt es sich um ein weißes Schild, auf dem die Silhouette einer Stadt abgebildet ist. Fahrzeuge mit Anhänger dürfen auf Landstraßen 80 km/h und auf Autobahnen 100 km/h fahren. Diese Regelung gilt seit 2016 und setzt voraus, dass der Anhänger oder Wohnwagen eine Zulassung für das Fahren mit 100 km/h besitzt. Für die übrigen Fahrzeuge gelten auf den Autobahnen die vorgeschriebenen 110 oder maximal 130 km/h, je nach Beschilderung. Die **Geschwindigkeits-**

beschränkungen sollten zur Schonung des Reisebudgets strikt eingehalten werden, denn der „günstigste“ Verstoß beträgt umgerechnet 70 Euro. Bereits bei einem Tempo von 140 km/h wird das Doppelte fällig, vorausgesetzt, es waren 130 km/h erlaubt. Die Promillegrenze liegt auch in Dänemark bei 0,5 ‰.

ABWEICHENDE VERKEHRSREGELUNGEN

Es existieren auch einige Regeln, die dem Autofahrer aus den deutschsprachigen Ländern nicht vertraut sind. Eine davon beinhaltet einen Handgriff, den man bei jedem Fahrtantritt zu tätigen hat: Es herrscht das ganze Jahr hindurch die Pflicht, auch tagsüber das Abblendlicht einzuschalten, Standlicht reicht nicht aus.

Eine andere Pflicht besteht bei Stau auf der Autobahn. Hier hat man den nachfolgenden Verkehr mit Warnblinklicht zu warnen. Doch mit einem Stau ist in Dänemark, außer im Großraum Kopenhagen, kaum zu rechnen. Häufig sieht man auf den Straßen auch kleine weiße Dreiecke, auch Haifischzähne genannt. Wer diese vor sich hat, muss schlicht und einfach Vorfahrt gewähren.

Und schließlich darf ein Fahrzeug **mit deutschem Kennzeichen** nicht an Personen ausgeliehen werden, die in Dänemark ihren Wohnsitz haben. Diese Regel hat allerdings nichts mit der Verkehrssicherheit zu tun, sondern besteht aus steuerlichen Gründen.

VER- UND ENTSORGUNG

Mit Ver- und Entsorgungsstellen ist es ähnlich wie mit Womo-Stellplätzen. Auch wenn die Entsorgungsstationen in den letzten Jahren mehr wurden und sie in diesem Buch aufgeführt werden, sind es im Vergleich zu anderen Reiseländern immer noch sehr wenige. Es geht nach dem Motto: Wofür welche einrichten, wenn es jede Menge Campingplätze gibt? Aber auch hier wird man immer öfter an den Marinas fündig. Selbst an Marinas, an denen man nicht übernachten darf, besteht oftmals eine Entsorgungsmöglichkeit.

Manche machen es und manche werden es immer wieder machen. Sie leben nach dem Motto „Es ist ja nur Wasser und außerdem versickert es ja gleich“ und lassen einfach ihren Abwassertank geöffnet oder machen ihn in einem scheinbar unbeobachteten Moment auf. Wenn es wenigstens nur Wasser wäre, aber anscheinend wird vergessen, dass es sich auch um Spülmittel, Duschgel, Zahnpasta und Essensreste handelt.
Manche schütten ihr Zeug auch einfach mittels Schüssel aus der Tür ins Gebüsch und den Inhalt der Toilette gleich hinterher, getreu dem Motto „Sieht ja keiner und was weg ist, ist weg“.
Nicht nur, dass es verboten ist, es ist auch einfach eine Sauerei. Einmal der Natur gegenüber, andererseits dem Gastgeberland Dänemark.
Und zu guter Letzt schadet man mit diesem Verhalten dem Ruf der Wohnmobilreisenden und so darf man sich nicht wundern, wenn man in bestimmten Ländern oder Regionen bereits jetzt schon nicht mehr gern gesehen wird und dieser Fall eines Tages auch in Dänemark eintritt.
Zugegebenermaßen ist es in Dänemark nicht einfach, irgendwo außerhalb eines Campingplatzes zu entsorgen. Aber gegen einen kleinen Obolus hilft sicherlich auch mal eine Tankstelle weiter.
Und wer partout Campingplätze zur Übernachtung vermeiden möchte, der kann zumindest dort entsorgen. Auch hier ist in den meisten Fällen ein kleines finanzielles „Dankeschön“ hilfreich.
Wer also jemanden beim „Womo-Wasserlassen“ beobachtet, der sollte ihn einfach mal darauf ansprechen. Wenn derjenige demnächst auch nur ein einziges Mal aus Gewissensbissen ordentlich entsorgt, dann hat es sich schon gelohnt!

AUF DEM DÄNISCHEN FESTLAND ENTLANG DER GRENZREGION BIS KOLDING UND ERKUNDUNG DER ERSTEN DREI INSELN

Die Region Syddanmark umfasst das Grenzgebiet zu Schleswig-Holstein und die Insel Fünen, die jedoch erst in einer späteren Route bereist wird. Die nun gefahrene Strecke beginnt mit einer Fahrt über die in der Ostsee gelegene Insel Als. Anschließend wird das im Norden der Region liegende Kolding besucht, welches zu einer Besichtigung des Koldinghus im gleichnamigen Schloss einlädt. Weiter geht es an der ehemaligen Grenze zu Deutschland entlang, die noch bis 1920 von Kolding bis Esbjerg verlief. Hier sind nicht nur zahlreiche Museen sehenswert, sondern auch die vorgelagerte Insel Fanø, die von Esbjerg aus in wenigen Minuten erreichbar ist. Im Anschluss verläuft die Route in Ribe an der einzigen fünfschiffigen Kirche des Landes vorbei. Von dort sind es nur noch wenige Kilometer zur Ferieninsel Rømø, die durch einen Damm mit dem Festland verbunden ist und einen kilometerlangen Sandstrand besitzt, der mit dem Wohnmobil befahren werden darf. Im August finden auf der Insel beliebte Drachenfestivals statt.

167wd-as ©embeki - stock.adobe.com

☐ *Im Gebäude hinter dem Reiterdenkmal von Christian IX. befindet sich die Tourist-Info von Esbjerg (s. S. 51)*

ROUTE 1

DER SÜDEN JÜTLANDS MIT RØMØ UND FANØ

STRECKENVERLAUF

Strecke:
Flensburg - Padborg (7 km) - Kruså (1 km) - Sønderborg (28 km) - Nordborg (18 km) - Aabenraa (37 km) - Haderslev (21 km) - Kolding (39 km) -Vejen (24 km) - Esbjerg (50 km) - Insel Fanø (1 km) - Ribe (32 km) - Insel Rømø/Lakolk (39 km) - Tønder (45 km)

Streckenlänge:
Ohne Abstecher circa 342 km

PADBORG UND KRUSÅ

(8 km - km 8)

Den ersten Kontakt mit Dänemark hat man in **Padborg,** einem kleinen, fast unbedeutenden Ort, der direkt an der Grenze zu Deutschland liegt. Der Übergang ist jedoch eher fließend, denn in Pattburg, wie der Ort einstmals hieß, existieren eine deutsche Schule und ein deutscher Kindergarten.

Direkt neben Padborg befindet sich ein weiterer kleiner Grenzort, der sogar mit der deutsch-dänischen Grenze wirbt, **Kruså.** Es ist der östlichste Ort an der Grenze und ein beliebter Ausgangspunkt für Radtouren durch das Grenzgebiet von der Ostsee bis zur Nordsee. Dabei überquert der Radler auf einer Gesamtstrecke von 130 km über ein Dutzend Mal den Grenzverlauf. Beide Ortschaften liegen am Gendarmstien, einem 74 km langen Wanderweg entlang der Küste.

Wer sein Fahrrad nicht dabei hat oder sich nicht zu einer Radtour entschließen möchte, der hat in Kruså die Möglichkeit, ein ehemaliges deutsches Gefangenenlager zu besichtigen. In den letzten beiden Jahren des Zweiten Weltkriegs diente das **Frøslev-Lager** der deutschen Sicherheitspolizei in Dänemark hauptsächlich zur Inhaftierung von Widerstandskämpfern. Gebaut wurde es, um Deportationen von Dänen in Konzentrationslager auf deutschem Boden zu verhindern. Genützt hat es ca. 1600 Gefangenen leider nichts – sie wurden trotzdem deportiert. Rund 10.000 Gefangene konnten aber gerettet werden. Zu sehen gibt es in dem Bau, der zum Dänischen Nationalmuseum gehört und aus einem Hauptwachturm und zwei ehemaligen Gefangenenbaracken besteht, eine interessante Ausstellung über die Geschichte des Lagers.

Touristeninformation

› **Aabenraa Touristenbüro,** 6200 Aabenraa, Storegade 30, Tel. +45 74623500, www.visitaabenraa.dk

Sehenswertes

› **Frøslev-Lager Museum,** 6330 Padborg, Lejrvejen 83, Tel. +45 74676557. Die Gefangenenbaracke und der Hauptwachturm können besichtigt werden und befinden sich zum Teil noch im Originalzustand. Von Februar bis November Di–So 10–18 Uhr.

Essen

› **Holdbi Kro,** 6340 Kruså, Åbenråvej 24a, Tel. +45 74673000, www.ahb.dk. Täglich von 17.30–21 Uhr geöffnet, werden hier auf einem ehemaligen Bauernhof leckere Steaks angeboten.

Entsorgungsstation

› Gleich auf dem ersten Rastplatz auf der E45 hinter der deutsch-dänischen Grenze befindet sich in beiden Fahrtrichtungen eine Entsorgungsmöglichkeit für Wohnmobile. GPS: 54.82654, 9.330028

Campingplätze

1 Krusaa Camping og Hytter
2 Frigård Camping
3 Lærkelunden Camping
4 Gammelmark Strand Camping

Stellplatz

S1 **Stellplatz Kruså (54.872130, 9.454148).** Bei einem reetgedeckten Bauernhof mit freundlichen Besitzern, 100 DKK, Bygaden 18, 6340 Kruså.

▷ *Die Gefangenenbaracke des Frøslev-Lagers*

120wd Abb.: mm

SØNDERBORG

(28 km – km 36)

Die erste größere Stadt Dänemarks liegt schon nicht mehr auf dem Festland, sondern auf der mit einer Brücke verbundenen **Insel Als** und heißt **Sønderborg.** Zuvor durchquert man jedoch auf der Straße 8 in östlicher Richtung einige kleinere Dörfer und Weiler der Halbinsel Sundeved, die den nördlichen Abschnitt der Flensburger Förde (auf Dänisch: „Flensborg Fjord") bildet.

Entstanden ist die Gemeinde durch eine Festung, die *Valdemar II.* in der zweiten Hälfte des 12. Jh. erbauen ließ. Sie wurde später als Gefängnis, Lager, Krankenhaus und Kaserne genutzt. Heute befindet sich dort das Museum der Region Süd-Jütland mit Ausstellungen über die Seeschifffahrt und die Besetzung Dänemarks durch die Deutschen. Im Kontrast dazu befindet sich nicht weit von der Festung entfernt das **Deutsche Museum Nordschleswig,** in dem über die Geschichte der deutschen Minderheit in Dänemark berichtet wird. Untergebracht ist die Ausstellung mit der deutschen Bücherei im Verwaltungsgebäude einer ehemaligen Brauerei.

Schnell fällt auf, dass Sønderborg kaum historische Gebäude zu präsentieren hat. Dieser Umstand begründet sich durch den Deutsch-Dänischen Krieg im Jahr 1864, in dem der Ort stark zerstört wurde. Im Süden der Stadt, direkt am Alssund, befindet sich mit Blick auf die nach *König Christian X.* benannte Klappbrücke das Schloss. Diese Königsburg stand zwar auch schon vor den vernichtenden Bränden, die durch den Krieg verursacht wurden, hat ihr Äußeres jedoch seit ihrer Errichtung gegen Ende des 12. Jahrhunderts mehrfach verändert. Im Inneren befindet sich ein Museum, das die Geschichte Nordschleswigs präsentiert.

Mit Sønderborg hat man zum ersten Mal das dänische Festland verlassen und die erste der zahlreichen Inseln auf den vorgeschlagenen Routen erreicht. Durch ihre Lage kann die Stadt auch als Tor zur Insel Als bezeichnet werden, die sich im Osten erstreckt. Nach dem bereits erwähnten Deutsch-Dänischen Krieg war das Eiland bis 1920 Teil der preußischen Provinz Schleswig-Holstein und somit des Deutschen Reichs.

Nach Verlassen von Sønderborg erreicht man zunächst **Augustenborg,** das mit einem **Rokokoschloss** aufwarten kann. Biegt man dort auf die Straße 427 nach Süden ab, so sieht man bereits von Weitem den Leuchtturm, der sich am Damm zwischen Als und der **Halbinsel Kegnæs** erhebt. Kegnæs besticht im Süden durch einen schönen langen Sandstrand, ist aber sonst eher landwirtschaftlich geprägt.

Touristeninformation

› **Sønderborg Touristenbüro,** 6400 Sønderborg, Perlegade 50, Tel. +45 74423555, www.visitsonderborg.com, Mo–Fr 10–17 Uhr, Sa 10–13 Uhr, von Juli bis Mitte August Mo–Fr auch bis 17.30 Uhr.

Hans Christian Andersen:„Das kleine Mädchen mit den Schwefelhölzern“

Ein kleines Mädchen versucht an einem kalten Winterabend, Streichhölzer zu verkaufen, und friert elendig in ihrer kaputten Kleidung. Obwohl es ihr verboten ist, zündet sie ein Streichholz an, um sich zu wärmen. Dabei stellt sie sich vor, an einem warmen Ofen zu sitzen, und zündet weitere Hölzer an, bis sie tragisch stirbt.

Sehenswertes

› **Deutsches Museum Nordschleswig,** 6400 Sønderborg, Rønhaveplads 12, Tel. +45 74435423, www.deutsches-museum.dk. Sammlungen über die Entwicklungsgeschichte der deutschen Kultur in Nordschleswig. Geöffnet Mo 10–15 Uhr, Di 10–16 Uhr und Fr 10–13 Uhr.

Campingplätze

5 Sønderborg Camping
6 Madeskov Camping

NORDBORG

(18 km – km 54)

Auf dem Weg von Sønderborg bzw. Augustenborg nach Norden verlässt man die Straße 8 und trifft über die Straße 405 auf die Ortschaft **Nordborg,** die trotz der geringen Größe der Insel Als keinen Zugang zum Meer besitzt.

Geprägt ist die Stadt seit 1933 durch die ansässige Firma Danfoss, die im Bereich der Wärmeheiztechnik überregional bekannt ist. Im Jahr 2005 wurde neben dem Firmenge-

168wd Abb.: as©Manok - stock.adobe.com

bäude der Universe Wissenschaftspark errichtet, der sich hauptsächlich an Kinder richtet. Ausprobieren und Verstehen lautet die Devise dieses kleinen Freizeitparks und so werden technische und naturwissenschaftliche Themen in spielerischer Form erläutert.

Touristeninformation

› **Nordborg Touristenbüro,** 6430 Nordborg, Mads Clausens Vej 101, Tel. +45 74450592, www.visitsonderborg.com, Geöffnet: Mo–Fr 10–16 Uhr, in der Hauptsaison Mo–Fr 10–17 Uhr, Sa 10–13 Uhr

Touristeninformation

› **Augustenborg Touristenbüro,** 6440 Augustenborg, Storegade 28, Tel. +45 74471720, www.visitsonderborg.com, Juni bis Mitte September Mo–Fr 10–16 Uhr, Juli bis Mitte August auch Sa 10–12 Uhr.

Sehenswertes

› **Universe Wissenschaftspark,** 6430 Nordborg, Mads Patent Vej, geöffnet: April–Okt. tgl. 10–18 Uhr, sonst Mo–Fr 10–16 Uhr und am Wochenende 10–17 Uhr, Eintritt im Sommer: 195 DKK, Kinder 4–11 Jahre 180 DKK, unter 4 Jahre frei

Entsorgungsstation

› Gartnervænget, 6430 Nordborg, Wohnmobil-Parkplätze auf dem Parkplatz einer Tankstelle zwischen zwei Supermärkten. GPS: 55.056238, 9.741417

Campingplätze

7 Augustenborg Yachthavens Camping
8 Hertugbyns Camping
9 Augustenhof Strand Camping
10 Købingsmark Strand Camping
11 Lavensby Strand Camping
12 Naldmose Camping
13 Lillebælt Camping
14 Mommark Marina Camping
15 Lysabildskov Camping
16 Skovmose Camping
17 Drejby Strandcamping
18 Sønderkobbel Camping
19 Møllers Camping
20 Sønderby Strand Camping

036wd Abb.: mm

AABENRAA

(37 km – km 91)

Nach erneuter Überquerung des Alssundes bei Sønderborg führt die Straße 41 in nördliche Richtung nach **Aabenraa.**

Südlich der Stadt wechselt man auf die Straße 42 und passiert auch schon die ersten Hafenanlagen. Früher war der Ort eine bedeutende Hafenstadt und auch heute sind noch einige Reedereien in Aabenraa angesiedelt. Auf dem Weg ins Zentrum liegen erst der

Eine ehemalige Mühle auf der Insel Als dient heute als Museum

Dänemarks Farben können auch Blau und Gelb sein

033wd Abb.: mm

Jachthafen (Achtung Stellplatz! Der Beschilderung folgen.), dann der Südhafen, der Alte Hafen und schließlich der Industriehafen. Auf der linken Seite beginnt die Straße Møllemærsk, die zum unspektakulären **Schloss Brundlund** führt. Die weiß getünchte ehemalige Befestigungsanlage wurde auf Befehl von *Königin Margarete I.* erbaut und schließlich als Wohnsitz des Landrates benutzt. Heute beherbergt es im Inneren ein Kunstmuseum mit Werken, die hauptsächlich aus dem südlichen Jütland stammen. In Aabenraa sollte man außerdem die kleine Altstadt besichtigen, die einige hübsche alte Giebelhäuser sowie die sehenswerte St.-Nikolai-Kirche vorzuweisen hat.

Touristeninformation

› **Aabenraa Touristenbüro,** 6200 Aabenraa, Storegade 30, Tel. +45 74623500, www.visitaabenraa.dk, Mo–Fr 9–16 Uhr, Sa 9–12 Uhr, in der Hauptsaison Mo–Fr 9–17.30 Uhr, Sa 9–13 Uhr

Sehenswertes

› **Schloss Brundlund,** 6200 Aabenraa, Di–So 11–17 Uhr, der Eintritt ist frei. Das dazugehörige Café ist Anfang Mai bis Mitte Sept. jeden Sonntagnachmittag geöffnet.

Picknickplatz an der Straße 41 mit WC

› GPS: 54.95972, 9.68888

Campingplätze

21 Fjordlyst Camping
22 Skarrev Camping
23 Loddenhøj Camping
24 Sandskær Camping
25 Genner Hoel Camping

Stellplätze

S2 Stellplatz Kystvej (55.034239, 9.423565). Zwischen den beiden Hafengebäuden hindurch fahren und rechts abbiegen, Stellplatz hinter einer Schranke, 6200 Aabenraa, Kystvej 55 125 DKK, Tel. +45 74628985, März–Nov.

S3 Camper Stop Aabenraa (55.024626, 9.414688). Wohnmobilstellplatz mit 30 Stellflächen auf Rasen und Schotter. Ver- und Entsorgung vorhanden, Sanitärgebäude und Schranke. Der Stellplatz befindet sich im Süden des Ortes, nicht in Meeresnähe. Sønderskovvej 100, 6200 Aabenraa, 100 DKK.

Typische Architektur dänischer Gotteshäuser

Wohnmobilstellplatz am Kystvej in Aabenraa

037wd Abb.: mm

HADERSLEV

(21 km – km 112)

Ebenfalls schmale Altstadtgassen und hübsch restaurierte Fachwerkhäuser findet man im weiter nördlich gelegenen **Haderslev.** Das Örtchen ist etwas umständlich über die Autobahn zu erreichen oder auf dem direkten Weg, der Straße 170, die parallel verläuft. Bereits aus der Ferne ist der **Dom** zu erkennen, der bereits seit dem 13. Jahrhundert leicht erhöht über der Altstadt thront. Diese Backsteinkirche ist die größte von Nordschleswig und beherbergt ein Bronzetaufbecken, jedoch keine Altartafel. Rund um die Kirche lohnt es sich, ein wenig durch die verträumten Gassen zu wandeln, die die 20.000-Einwohnerstadt gemütlich wirken lassen.

Touristeninformation

› **Haderslev Touristenbüro,** 6100 Haderslev, Bispebroen 3, Tel. +45 73545630, www.visithaderslev.dk

Campingplätze

26 Sønderballe Camping
27 Gåsevig Strand Camping
28 Vikær-Diernæs Strand Camping

Stellplatz

S4 **Wohnmobilstellplatz im Jachthafen von Haderslev (55.248026, 9.500216).** Sydhavnsvej 1f, 6100 Haderslev, 110 DKK, nur von Mitte Mai bis Okt. zugänglich, Teil des Parkplatzes der Marina.

KOLDING

(39 km – km 151)

Auf halber Strecke zwischen Haderslev und Kolding befindet sich der kleine Ort Christiansfeld, der die Liste des UNESCO-Weltkulturerbes seit dem Jahr 2015 aufgrund der hier vorhandenen, sehr gut erhaltenen Siedlung der sogenannten Herrnhuter Brüdergemeine bereichert. Kolding gilt als Industrie- und Dienstleistungsstadt sowie als wichtiger Verkehrsknotenpunkt. Immerhin treffen hier Autobahnen aus vier Himmelsrichtungen aufeinander, was in Dänemark einmalig ist. Hinzu kommt der gleichnamige Fjord, der es der Schifffahrt ermöglicht, von Kolding aus südlich und auch nördlich der benachbarten großen Insel Fyn zu fahren. Als touristischer Höhepunkt einer Dänemarkrundreise kann die Stadt jedoch nicht bezeichnet werden. Sehenswert ist aber auf jeden Fall das Koldinghus, das zentral an einem See gelegene Schloss aus der Mitte des 13. Jahrhunderts. Bei einem Brand vor rund 200 Jahren wurden große Teile des Bauwerks zerstört. Nach dem Wiederaufbau bzw. der Restaurierung beherbergt es heute oberhalb der Stadt Kolding ein kulturhistorisches Museum. Koldinghus gehörte lange zu einem südlichen Vorposten Dänemarks, da bis zum Deutsch-Dänischen Krieg die Grenze zu Schleswig-Holstein am Südrand der Stadt verlief.

Südlich des Schlosses schließt sich die Altstadt Koldings an, die aber im Gegensatz zu anderen Städten Dänemarks eher unharmonisch und einfach ausfällt. Lohnenswert hingegen ist der **Geografische Garten,** der wesentlich weiter südlich, am Rande der Stadt liegt. Über 2000 verschiedene Gewächse, ob Baum oder Strauch, wachsen hier und können betrachtet werden. Das Besondere daran ist die Anordnung der Pflanzen, die ihrer Herkunft nach geografisch sortiert sind. Zudem existieren ein **Rosengarten** mit mehr als 200 verschiedenen Sorten sowie ein großer Bambushain.

Touristeninformation

› **Touristinformation Kolding,** 6000 Kolding, Akseltorv 8, Tel. +45 76332100, Mo, Do, Fr 9.30–20 Uhr, Di, Mi 9.30–17.30 Uhr, Sa 9.30–16 Uhr

Sehenswertes

› **Koldinghus,** 6000 Kolding, Markdannersgade 11, Tel. +45 76338100, täglich 10–17 Uhr, Eintritt: 95 DKK

› **Botanischer Garten Kolding,** 6000 Kolding, Christian 4 Vej 38, Tel. +45 75503880, Eintritt: 85 DKK

Womo-Reparaturen

› **FB Camping Service,** Industriparken 13, 6630 Rødding, Tel. +45 28749725. Rund 25 km westlich von Kolding befindet sich in einem Industriegebiet der Ortschaft Skodborg eine Werkstatt für Reparaturen speziell für Wohnmobile. GPS: 55.42565, 9.160655.

Entsorgungsstationen

› Auf der Autobahn E20 befindet sich zwischen den Ausfahrten 64 und 65 ein Rastplatz. In beiden Fahrtrichtungen kann entsorgt werden. GPS: 55.51389, 9.39818

› Auf der Autobahn E45, westlich von Kolding, befindet sich zwischen den Ausfahrten 64 (Kolding Vest) und 65 (Kolding Syd) ein Rastplatz. In beiden Fahrtrichtungen kann entsorgt werden. GPS: 55.475534, 9.42424

Stellplatz

S5 Stellplatz Kolding Lystbådehavn (55.488082, 9.501166). Skamlingvejen 5, 6000 Kolding, Tel. +45 75532722, Mai–Okt.; 110 DKK.

Campingplatz

29 Kolding City Camp

VEJEN

(24 km – km 175)

Von Kolding bzw. der Ostseeküste geht es nun westwärts zur Nordseeküste, wobei das dänische Festland einmal komplett durchquert werden muss. Die schnellste und einfachste Verbindung führt über die Autobahn E20. Wesentlich langsamer würde es per pedes gehen, was aufgrund eines eigens hierfür angelegten Wanderweges mit der Bezeichnung *Kyst til Kyst Stien* aber gut möglich wäre. In der gemütlichen Kleinstadt Vejen trifft dieser auf den von Nord nach Süd verlaufenden „Ochsenweg". Dieser auch als „Heerweg" bekannte Wanderweg entstand im Laufe der letzten Jahrhunderte als Handelsroute auf dem Reisende, Geschäftsleute und Pilger unterwegs waren.

Rund 10 km südlich von Vejen, über die Straße 403 erreichbar, befinden sich neben einem Planetarium die Seen von Jels. Diese bilden alljährlich in den ersten beiden Wochen im Juli die Kulisse für **Wikingerspiele.**

039wd Abb.: mm

In Dänemark findet man häufig Holzschnitzereien

Das Königsschloss Koldinghus stammt aus dem 12. Jahrhundert

Touristeninformation

› **Vejen Touristenbüro,** Sdr. Tingvej 10, 6630 Rødding, Tel. +45 73848520, www.visitvejen.dk, Mo–Fr 10–16 Uhr, Hauptsaison Mo–Fr 10–17 Uhr, Sa 10–12 Uhr

Campingplätze

30 Foldingbro Camping

31 Ribehøj Camping

32 Darum Camping

ESBJERG

(50 km – km 225)

Nach einer ruhigen Fahrt auf der Autobahn E20 erreicht man ihr westliches Ende an der Nordseeküste bei Esbjerg. War Kolding „auf der anderen Seite" Dänemarks touristisch weniger interessant, so ist dies in Esbjerg völlig anders. Neben den Sehenswürdigkeiten finden hier auch regelmäßig Veranstaltungen statt. Im Juni 2007 traten z. B. bei einem 1980er-Jahre-Festival berühmte Künstler wie *Nena, Belinda Carlisle* und *Alphaville* auf. Doch auch hier findet man Industrie sowie einen großen Containerhafen.

Direkt nebenan besteht die Möglichkeit, frühmorgens der **Fischauktion** im größten Fischereihafen Dänemarks beizuwohnen. Um die Hafenanlagen aus einer anderen Perspektive betrachten zu können, werden Hafenrundfahrten angeboten und zwischen den zahlreichen Fischtrawlern und Ausflugsschiffen verkehren zusätzlich Fähren nach England, auf die Faröer-Inseln und die vorgelagerte Insel Fanø. Wie viele dänische Städte, lässt sich auch Esbjerg, das vor gerade mal 150 Jahren gegründet wurde, gut zu Fuß besichtigen. Direkt an den Hafen grenzt das Zentrum mit den rechtwinklig angelegten Straßen rund um den Hauptplatz an der Kongensgade. Gegenüber vom Touristenbüro erhebt sich die Reiterstatue von *Christian IX.*, dessen Blick auf das Musikhaus gerichtet ist.

⊡ *Kunst am Strand: „Menschen am Meer“*

041wd Abb.: mm

Dort kann zugleich das **Kunstmuseum** der Stadt besucht werden oder man wagt den Aufstieg auf den **Wasserturm,** der einen schönen Blick auf den Hafen und auf das Zentrum bietet.

Doch das Wahrzeichen der Stadt befindet sich weiter außerhalb am Nordrand von Esbjerg, kann dort aber nicht übersehen werden: Vier Herren sitzen seit dem Jahr 1994 am Strand und blicken auf das Meer. Die acht Meter hohen Statuen der Skulpturengruppe **„Menschen am Meer"** wurden zum einhundertjährigen Bestehen der Stadt feierlich eingeweiht. Allerdings hat zu diesem Zeitpunkt niemand damit gerechnet, dass sie sich zu einem beliebten Fotomotiv und zum Wahrzeichen Esbjergs entwickeln würden. Segler können die vier Männer bei gutem Wetter aus einer Entfernung von 10 km erkennen.

Touristeninformation

› **Esbjerg Touristenbüro,** 6700 Esbjerg, Skolegade 33, Tel. +45 75125599, www.visitesbjerg.dk, Mo–Fr 10–17 Uhr, Sa 10–13 Uhr, in der Hauptsaison 9–17 Uhr, Sa 9.30–14.30 Uhr

Sehenswertes

› **Esbjerg Kunstmuseum,** 6700 Esbjerg, Havnegade 20, Tel. +45 75130211, www.eskum.dk, täglich 10–16 Uhr, Eintritt: 60 DKK

Einkaufen

› Jeden Mittwoch und Samstag ist Markt am Torvegade.

Essen und Trinken

› **Dronning Louise,** Torvet 19, www.dr-louise.dk. Dänische Küche mit Fassbier und Live-Musik in den Abendstunden.

› **Spisestuen,** Skolegade 21, www.spisestuen.com. Dänische Speisen im Weinlokal.

Entsorgungsstation

› Auf der Autobahn E20 befindet sich zwischen den Ausfahrten 70 und 71 östlich von Esbjerg auf beiden Seiten jeweils ein Rastplatz mit einer Entsorgungsmöglichkeit für Wohnmobile. GPS: 55.51878, 8.847856

Campingplätze

33 Esbjerg Camping
34 Sjelborg Camping

INSEL FANØ

(1 km – km 226)

Weniger als eine Viertelstunde dauert die Überfahrt von Esbjerg auf die Insel Fanø und lohnt sich nicht nur für Naturfreunde. Das Schiff legt an der Inselhauptstadt **Nordby** an. Dort lohnt ein Blick in die Kirche. Altar und Kanzel stammen aus dem 17. Jahrhundert und befinden sich in einem schlichten Innenraum, doch von der Decke hängen Schiffsmodelle herab, was darauf zurückzuführen ist, dass Seefahrer sehr gläubig waren und ihr erster Weg nach einer erfolgreichen Reise in die Kirche führte.

Weitere Modelle findet man im **Schifffahrts- und Trachtenmuseum.** Dort wird zudem das Leben der Seemänner und das ihrer Frauen, die sich zu Hause um Arbeit, Kindererziehung und Landwirtschaft kümmern mussten, dokumentiert.

Auf der einzigen Hauptstraße der Insel gelangt man nach Süden, hat zuvor jedoch Möglichkeit, zu den Campingplätzen abzubiegen, die sich in unmittelbarer Nähe zu den bis zu 18 km langen Sandstränden befinden. Wie an vielen Stränden der dänischen Nordseeküste können diese mit dem Fahrzeug befahren werden und so ist es kein Wunder, dass in der Hochsaison zahlreiche Wohnmobile am Strand zu sehen sind. Zu weit nördlich kann und darf man aber nicht fahren, denn dort erstreckt sich eine beeindruckend große **Sandbank,** auf der man gelegentlich Seehunde sehen kann.

Kleinere Dinge kann man an Tagen nach Stürmen finden, denn Fanø ist bekannt für seine Bernsteinfunde. Wenn also die Ebbe beginnt und sich das Nordseewasser ein wenig zurückzieht, dann kann der suchende Blick nach unten lohnenswert sein.

Auf dem Weg in den südlichen Teil der Insel durchquert man lange Heideflächen, an denen sich mehrere Parkplätze befinden und so lange und kurze Wanderungen möglich machen. Das Pendant zu Nordby nennt sich **Sønderho.** Dort befindet sich eine schöne holländische Mühle, von der man eine gute Rundumsicht hat. Auch in Sønderho gibt es ein Museum, das sich mit dem Leben von

171wd Abb.: as ©Frankix - stock.adobe.com

Seefahrerfamilien beschäftigt, das **Hannes Hus.** Benannt wurde es nach der Kapitänswitwe *Hanne,* die bis in die 1960er-Jahre in dem Haus wohnte. Das Innere des Gebäudes ist für den Besucher so hinterlassen worden, als wäre die Seemannsfamilie gerade eben erst ausgezogen.

Touristeninformation

› **Fanø Touristenbüro,** 6720 Fanø, Nordby, Skolevey 5, Tel. +45 70264200, www.visitfanoe.dk

Sehenswertes

› **Fanø Schifffahrts- und Trachtensammlung,** 6720 Fanø, Nordby, Hovedgaden 28, Tel. +45 21140043, www.fanoskibs-dragt.dk, Oktober 11–15 Uhr, März bis September 11–17 Uhr, Mo geschlossen, November bis Februar generell geschlossen, Eintritt: 30 DKK

Campingplätze

35 Rødgård Camping Fanø
36 Feldberg Familie Camping
37 Feldberg Strand Camping

Stellplatz

S6 Stellplatz Fanø Fiskesø v/Arne Pedersen (55.434459, 8.392261). Storetoft 30, 6720 Fanø. An einem kleinen See mit Picknicktischen vor den beiden Feldbergcampingplätzen darf man auf dem Grundstück übernachten; 100 DKK.

◁ Das „hyggelige" (s. S. 30) Dänemark erlebt man auch auf der Insel Fanø

▷ Kleinstadtidylle in Ribe, der ältesten Stadt Dänemarks

RIBE

(32 km – km 258)

In Esbjerg hat man Anschluss an Route 2, jedoch sollte der Rest dieser Routenempfehlung auf keinen Fall ausgelassen werden. Auf der Straße 24 erreicht man weiter südlich geradewegs die **älteste Stadt Dänemarks,** Ribe. Um das Jahr 700 handelte es sich noch um einen Handelsplatz der Wikinger, heute ist Ribe eine gemütliche Kleinstadt, die über keine zentrale Altstadt verfügt, da die ganze Stadt das Flair von Mittelalter versprüht. Doch an Wikingern kommt man auch im 21. Jahrhundert nicht vorbei, wenn man Ribe besucht. Rund einen Kilometer südlich liegt das Freigelände **Ribe VikingeCenter,** wo man sich dem Bogenschießen widmen oder auf einem Wikingermarktplatz bewegen kann. Interessant ist auch ein Gang durch das Ribe des frühen 9. Jahrhunderts, das hier nachgebaut wurde.

Etwas kleiner, aber nicht minder interessant ist das **Museum Ribes Vikinger** am Odins Plads in unmittelbarer Nähe von Ribes

042wd Abb.: mm

147wd Abb.: mm

Innenstadt. Da es sich bei beiden Ausstellungen um dasselbe Thema handelt, muss man aber ehrlicherweise zugeben, dass eine dieser Präsentationen ausreicht.

Im Zentrum, und schon bei der Anfahrt zu sehen, ist der **Dom von Ribe,** dessen 52 m hoher Turm zu besteigen ist. Von dort oben hat man einen herrlichen Panoramarundblick auf den Ort und die Umgebung. Direkt gegenüber an der Ecke ist das alte Rathaus zu sehen. Das Touristenbüro Ribes veranstaltet mehrere Stadtrundgänge, die jedoch themenbezogen sind. Neben einer herkömmlichen Führung gibt es im Juli und August jeden Mittwoch um 21.00 Uhr einen Geisterrundgang, bei dem von schauerlichen Dingen wie Königsmord und Hexenverbrennungen berichtet wird, und den 45-minütigen Nachtwächterrundgang, der ebenfalls in den Abendstunden stattfindet. Die Aufgabe des Nachtwächters bestand einstmals darin, die Stadt durch seinen wachsamen Blick vor Brand oder Flut zu schützen. Heute führt er Interessierte durch das abendlich beleuchtete Ribe.

Wer einen längeren Aufenthalt in Ribe und Umgebung plant und mehr als nur eine Sehenswürdigkeit entdecken möchte, für den empfiehlt sich unter Umständen der Kauf des sogenannten **Vadehavspas (Wattenmeerpass),** mit dem es eine Ermäßigung auf den Eintritt vieler Sehenswürdigkeiten und Ausflugsziele im Südwesten Dänemarks gibt. Informationen hierüber hält das Touristenbüro bereit.

Von Ribe ist es nicht mehr weit auf das gerade einmal 8 km² große Eiland **Mandø.** Etwa 70 Einwohner rund um einen Campingplatz trotzen auf der kleinen Insel, die durch einen Damm mit dem Festland verbunden ist, den Naturgewalten der Nordsee. Es gilt aber zu beachten, dass der Damm bzw. die Wegstrecke nur bei Ebbe befahrbar ist. Die Zeiträume, an denen man zur Insel gelangen

Beschaulich: die kleinen Gassen von Ribe

Ribe

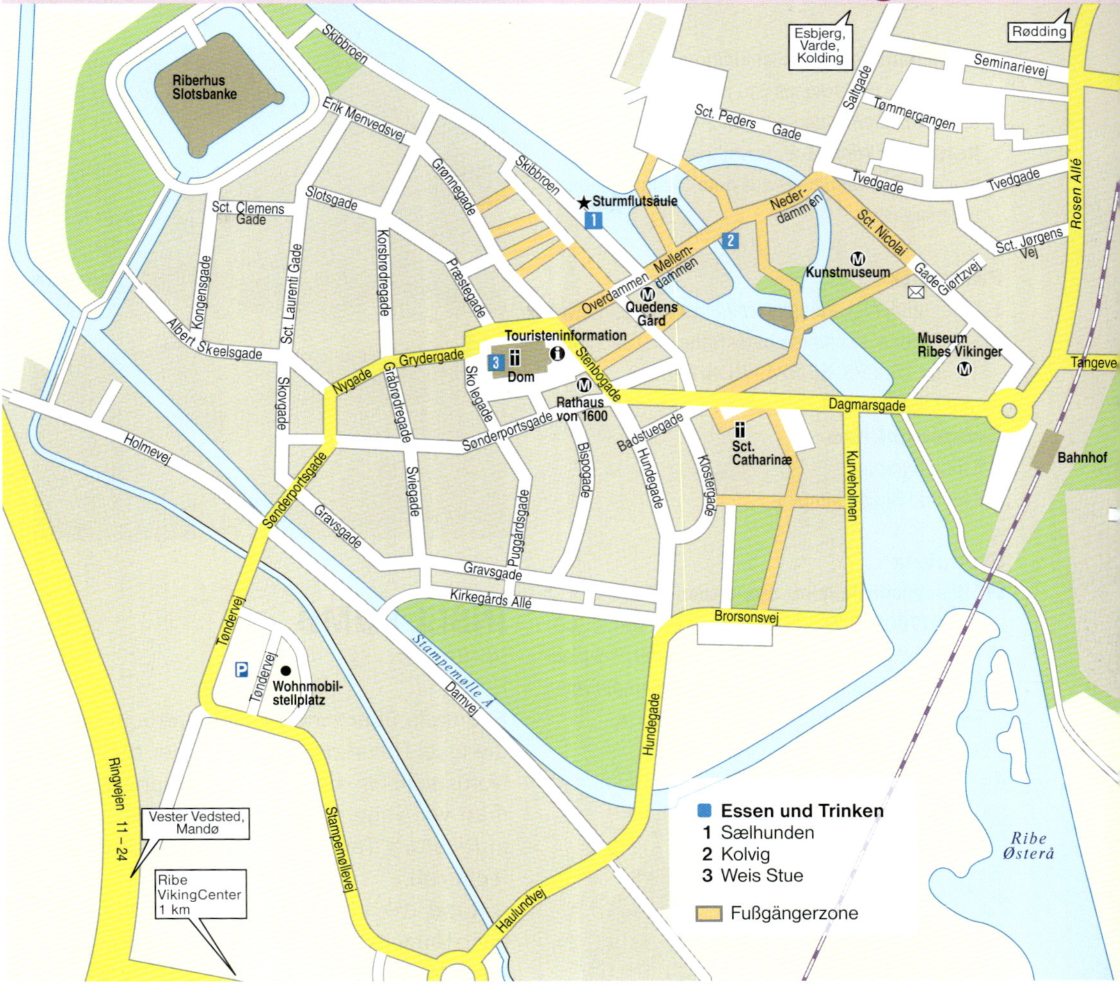

kann, werden am Ende der Straße auf dem Festland angezeigt und sind zwingend einzuhalten. Es gab in der Vergangenheit Wohnmobilfahrer, die diese Schilder ignoriert haben und sich dadurch selbst in Gefahr brachten. Das Leben und der Aufenthalt auf Mandø, wo es neben dem Campingplatz einige Ferienhäuser, ein Restaurant und das Mandøcenter gibt, ist eher ruhig.

Touristeninformation

› **Ribe Touristenbüro,** 6760 Ribe, Torvet 3,Tel. +45 75421500, www.visitribe.com, geöffnet: Mo–Fr 9.30–16.30 Uhr, Sa 10–13 Uhr, in der Hauptsaison Mo–Fr 9–18 Uhr, Sa 10–17 Uhr, GPS: 55.33027, 8.76333

Sehenswertes

› **Ribe VikingeCenter,** 6760 Ribe, Lustrupvej 4, www.ribevikingecenter.dk, Mai, Juni u. Sept.Mo–Fr 10–15.30 Uhr, Juli–Aug. täglich 11–17 Uhr, Eintritt: 130 DKK.

› **Museum Ribes Vikinger,** 6760 Ribe, Odins Plads, www.ribesvikinger.dk, von November–März geschlossen, sonst in der Hauptsaison Di–So 10–18 Uhr und Mi sogar bis 21 Uhr, in der Nebensaison 10–16 Uhr, Eintritt: 85 DKK.

Essen

› **Restaurant Sælhunden,** 6760 Ribe, Skibbroen 13, Tel. +45 75420946. Direkt an der Schiffsbrücke in einem 400 Jahre alten, rustikalen Gebäude wird eine große Auswahl an Fischgerichten geboten.

- **Restaurant Kolvig,** Mellemdammen 13, www.kolvig.dk. Mittags Sandwiches und abends europäische Küche im ehemaligen Kaufmannshof Kolvigsgård.
- **Restaurant Weis Stue,** Torvet 2, www.weisstue.dk. In einem Fachwerkhaus aus dem 17. Jahrhundert mit Biergarten.

Parkplatz

- Ribe, Tøndervej, Parkplatz mit Entsorgungsmöglichkeit, Toilette. In unmittelbarer Nähe der Landstraßen 11 und 24. GPS: 55.324976, 8.757743

Campingplätze

38 Ribe Camping
39 Mandø Brugs Camping

Stellplatz

S7 **Wohnmobilstellplatz Storkesøen Ribe (55.317008, 8.760268).** Haulundvej 164, 6760 Ribe, 150 DKK. Schöner, privat geführter Stellplatz an einem kleinen Angelteich. Zwar außerhalb von Ribe, doch der Dom ist nur 1,5 km entfernt.

146wd Abb.: mm

173wd Abb.: mm

INSEL RØMØ

(39 km – km 297)

Ebenfalls über einen Damm verbunden, ist die Insel Rømø die südlichste der dänischen Nordseeinseln. Um dort hinzugelangen, fährt man von Ribe südwärts auf der Straße 11 in Richtung Tønder und biegt bei **Skærbæk** rechts ab.

Rund 10 km lang führt der Damm je nach Uhrzeit durch die Nordsee oder das Wattenmeer, das im Jahr 2014 von der UNESCO in die Liste des Weltnaturerbes aufgenommen wurde. Der nördliche Abschnitt der Insel ist zum großen Teil militärisches Sperrgebiet, daher lohnt sich das Rechtsabbiegen an der ersten Kreuzung auf der Insel nur, wenn man

Auf Rømø parkt man nicht am Strand, sondern auf dem Strand – aber bitte nur tagsüber!

Der Dom zu Ribe präsentiert sich mit zwei unterschiedlichen Türmen

den Campingplatz Toftum anfahren oder den **Zaun aus Walknochen** sehen möchte. Dieser fast 250 Jahre alte Zaun befindet sich in Juvre und steht unter Denkmalschutz. Kurz davor liegt der frühere **Gutshof Kommandørgården,** in dem heute ein Teil des dänischen Nationalmuseums untergebracht ist.

Das lebhafte Zentrum der Insel ist das im Westen gelegene **Lakolk,** doch im Wesentlichen besteht der kleine Ort aus dem Campingplatz, Geschäften und Ferienhäusern. Am Ende der Straße befindet sich die Zufahrt zum festen Sandstrand, der nach Süden hin sehr weit befahren werden kann. Der Strand ist in Abschnitte unterteilt, unter anderem für Kite-Fahrer, Strandsegler und für Windsurfer, die sich dort ausbreiten können. Wie auch an allen anderen Stränden gelten die üblichen Verkehrsregeln und es ist natürlich Rücksicht zu nehmen.

Fährt man an der ersten Kreuzung hinter dem Damm nach Süden, also nach links, passiert man die kleineren Ortschaften **Kirkeby** und **Østerby.** Auf der rechten Seite der Straße wurden mehrere Parkplätze angelegt, um in den beiden dortigen Wäldern wandern zu können. Am Ende der Straße besteht die Möglichkeit, in das Nachbarland Deutschland zu reisen. Von Havneby aus legt das **Schiff nach Sylt** ab.

Touristeninformation

› **Rømø Touristenbüro,** 6792 Rømø, Nr. Frankel 1, Havnebyvej, Tel. +45 74755130, www.romo-tonder.dk

Picknickplätze an der Straße 11

› 55.29916, 8.74250
› 55.14972, 8.52916

Stellplätze

› Zum Campingplatz Skærbæk (40) gehört auch ein von Wald umgebender Wohnmobilstellplatz. Anreise jederzeit möglich, jedoch muss der Platz zwischen 12 und 14 Uhr frei sein. Die Übernachtung kostet 50 DKK. Entsorgung kostenlos, Frischwasser 30 DKK.

S8 **Stellplatz Oasen (55.094202, 8.541481).** Rømø Rømersvej 9, 6792 Rømø, www.oasen-roemoe.dk, Tel. +45 73 755200, 110 DKK, Strom, Ver- und Entsorgung vorhanden; ganzjährig geöffnet. Anfahrt: auf der Straße 175 Richtung Süden bis Sønderstrand, auf Höhe des Supermarktes rechts und sofort nach links abbiegen, nach rund 250 m wieder nach rechts zum Platz. Stellplatz der Familie Hansen, der mittlerweile aus drei verschiedenen Be-

Die Insel Rømø steht nicht nur für weite Strände, sondern auch für Wanderwege in blühender Heidelandschaft

045wd Abb.: mm

reichen besteht. Auf dem größten Platz werden die Fahrzeuge in zwei sehr großzügigen Reihen rund um einen künstlichen kleinen See angeordnet, sodass jeder auf diesen blicken kann. Zum Platz gehören ein vorbildliches Sanitärgebäude mit großzügigen Badezimmern, ein hochmodernes Bezahlsystem mittels Aufladekarte und ein Aufenthaltsraum. Im Süden der Insel, nicht in Strandnähe.

Campingplätze

40 Skærbæk Familie Camping
41 Lakolk Camping
42 Kommandørgårdens Camping

Am südlichen Ende von Rømø legen die Fähren von Sylt an

TØNDER

(45 km – km 342)

Um den letzten Ort dieser Route zu erreichen, folgt man in Skærbæk entweder der Straße 11 oder man biegt gleich hinter dem Damm am Kreisverkehr auf die Straße 419 und fährt mehr in Küstennähe Richtung Süden.

Wer diese Route wählt, der kann am **Windmühlenpark** nach rechts über das Meer blicken und die Nordspitze Sylts erkennen, zugleich ist dies der nördlichste Punkt Deutschlands. Im Übrigen soll man sich in Dänemark nicht von dem Begriff Windmühlenpark täuschen lassen. Es handelt sich nicht um alte, traditionelle Flügelwindmühlen, sondern um Windräder zur Stromerzeugung.

Tønder lag ursprünglich direkt an der Nordseeküste, doch durch Eindeichungen des Marschlandes gewann man Land und musste sich im Ort um eine neue Beschäftigung kümmern, da die Schifffahrt schließlich wegfiel. So kam es, dass Tønder lange Zeit die Tradition des Spitzenklöppelns bewahrte und sich auch heute noch alle drei Jahre Künstler und Sammler treffen, um dieses Handwerk im Rahmen eines Festivals fortzuführen.

Das Zentrum des Ortes besticht durch niedrige Giebelhäuser und kleine kopfsteingepflasterte Straßen wie beispielsweise die **Uldgade** und wird durch den Kongevej umrahmt. Auf dieser Hauptverkehrsstraße findet man das **Sønderjylland Kunstmuseum** und das **Tønder Museum,** welche sich mit nordischen Kunstwerken und Handwerksarbeiten der **Klöppelkunst** präsentieren.

Touristeninformation

› **Tønder Touristenbüro,** 6270 Tønder, Storegade 2–4, Tel. +45 74721220, www.romo-tonder.dk

Sehenswertes

› **Südjütlands Kunstmuseum und Tønder Museum,** 6270 Tønder, Kongevej 51, Tel. +45 74728989, Juni–August täglich 10–17 Uhr, sonst Mo geschlossen, Eintritt: 70 DKK, www.museum-sonderjylland.dk

Entsorgungsstation

› Südlich von Tønder befindet sich an der Landstraße 11 kurz vor der deutschen Grenze eine Tankstelle auf der linken Seite, an der entsorgt werden kann. Eine Übernachtung ist hier nicht erlaubt. Nur ein kleines Stück weiter kommt jedoch direkt an der Grenze ein Rastplatz mit Toilette und Imbiss. GPS: 54.909512, 8.907668

Campingplätze

43 Tønder Camping

44 Campingplatz Højer

Gemütliche Gassen, in denen Häuser dicht nebeneinander stehen, sind typisch für Dänemarks Kleinstädte

CAMPING- UND STELLPLÄTZE ENTLANG DER ROUTE

❶ Krusaa Camping og Hytter

54.85361, 9.40222

Großer, lebhafter Platz mit Pool, von Bäumen umrandet. **Lage/Anfahrt:** an der 170, im Norden der Stadt auf der linken Seite; **Platzanzahl:** 400; **Untergrund:** Wiese; fest; **Ver-/Entsorgung:** Strom, Trinkwasser, Abwasser, Chemie-WC; **Sicherheit:** bewacht; **Preise:** 78 DKK pro Person; **Geöffnet:** ganzjährig; **Kontakt:** 6340 Kruså, Åbenråvej 7, Tel. +45 74671206, www.krusaacamping.dk

❷ Frigård Camping

54.84236, 9.45824

Großer, lebhafter Platz mit Pool, durch einen Wald von der Ostsee getrennt, Quickstop. **Lage/Anfahrt:** von der 8 in Richtung Sønderborg rechts abbiegen, kurz darauf auf der linken Seite; **Platzanzahl:** 650; **Untergrund:** Wiese; fest; **Ver-/Entsorgung:** Strom, Trinkwasser, Abwasser, Chemie-WC; **Sicherheit:** bewacht; **Preise:** 100 DKK/Fahrz., 98 DKK pro Person, 40 DKK/Strom; **Geöffnet:** ganzjährig; **Kontakt:** 6340 Kruså, Kummelefort 14, Tel. +45 74678830, www.fricamp.dk

❸ Lærkelunden Camping

54.90111, 9.57083

Familiärer Platz mit direkter Anbindung an die Ostsee. **Lage/Anfahrt:** von der 8 in Richtung Sønderborg rechts abbiegen und kurz darauf auf der linken Seite; **Platzanzahl:** 250; **Untergrund:** Wiese; fest; **Ver-/Entsorgung:** Strom, Trinkwasser, Abwasser, Chemie-WC; **Sicherheit:** bewacht; **Preise:** 120 DKK/Fahrz., 90 DKK pro Person, 40 DKK/Strom; **Geöffnet:** 1. April bis 21. Oktober; **Kontakt:** 6300 Gråsten, Nederbyvej 17–25, Tel. +45 74650250, www.laerkelunden.dk

❹ Gammelmark Strand Camping

54.88619, 9.72822

Quickstop. großer, abgelegener Platz direkt an der Bucht von Sønderborg. **Lage/Anfahrt:** von der 8 in Richtung Sønderborg in Broager rechts abbiegen, später links in die Straße Gammelmark; **Platzanzahl:** 240; **Untergrund:** Wiese; fest; **Ver-/Entsorgung:** Strom, Trinkwasser, Abwasser, Chemie-WC; **Sicherheit:** bewacht; **Preise:** 115 DKK/Fahrz., 77 DKK pro Person, 4 DKK je kWh, Stellplatz vor der Schranke für zwei

Personen 160 DKK; **Geöffnet:** 1. April bis 21. Oktober; **Kontakt:** 6310 Broager, Gammelmark 20, Tel. +45 74441742, www.gammelmark.dk

5 Sønderborg Camping

54.90083, 9.79777

Kleiner, angenehmer Platz am Südrand der Stadt in unmittelbarer Nähe zum Jachthafen. **Lage/Anfahrt:** auf der Ringgade Richtung Hafen, der Platz liegt auf der rechten Seite; **Platzanzahl:** 150; **Untergrund:** Wiese; fest; **Ver-/Entsorgung:** Strom, Trinkwasser, Abwasser, Chemie-WC; **Sicherheit:** bewacht; **Preise:** 80 DKK pro Person, 30 DKK/Strom; **Geöffnet:** 1. April bis 23. September; **Kontakt:** 6400 Sønderborg, Ringgade 7, Tel. +45 74424189, www.sonderborgcamping.dk

6 Madeskov Camping

54.93527, 9.84578

Kleiner, ruhiger Platz zwischen Waldrand und Fjord. **Lage/Anfahrt:** am Kreisverkehr auf der Straße 8 hinter dem Ortsausgang von Sønderborg der Beschilderung folgen; **Platzanzahl:** 60; **Untergrund:** Wiese; fest; **Ver-/Entsorgung:** Strom, Trinkwasser, Abwasser, Chemie-WC; **Sicherheit:** bewacht; **Preise:** 85 DKK pro Person; **Geöffnet:** 15. März bis 21. Oktober; **Kontakt:** 6400 Sønderborg, Madeskov 9, Tel. +45 74421393, www.madeskovcamping.dk

7 Augustenborg Yachthavens Camping

54.94138, 9.87055

Sehr kleiner, ruhiger Platz am Jachthafen von Augustenborg. 19 Stellflächen mit einer Größe von 50 qm auf Rasen oder Kies. **Lage/Anfahrt:** auf der Straße 8 fährt man Richtung Fynshav und biegt an der Ausfahrt Augustenborg und vor dem Jachthafen links ab; **Platzanzahl:** 19; **Untergrund:** Schotter, Wiese; fest; **Ver-/Entsorgung:** Strom, Trinkwasser, Abwasser; **Sicherheit:** umzäunt; **Preise:** 140 DKK pro Stellfläche, 25 DKK/Strom; **Geöffnet:** 1. April–31. Okt.; **Kontakt:** 6440 Augustenborg, Langdel 6, Tel. +45 74471562, www.yachtvaerft.eu

So mancher Stellplatz bietet viel Platz und Erholung pur

175wd Abb.: mm

8 Hertugbyns Camping

54.94694, 9.85416

Quickstop. Kleiner, angenehmer Platz auf der Halbinsel bei Augustenborg mit der Möglichkeit, frischgefangenen Fisch zu genießen. **Lage/Anfahrt:** auf der Straße 8 fährt man in Richtung Fynshav und biegt an der Ausfahrt Augustenborg und hinter dem Jachthafen links ab; **Platzanzahl:** 70; **Untergrund:** Wiese; fest; **Ver-/Entsorgung:** Strom, Trinkwasser, Abwasser, Chemie-WC; **Sicherheit:** bewacht; **Preise:** 25 DKK Stellplatz, 65 DKK pro Person. 30 DKK Strom; **Geöffnet:** 15. März bis 21. Oktober; **Kontakt:** 6440 Augustenborg, Ny Stavnsbøl 1, Tel. +45 74471639, www.hertugbyens camping.dk

9 Augustenhof Strand Camping

55.07750, 9.71444

Quickstop. Kinderfreundlicher Platz im Norden der Insel Als, wenige Schritte zur Ostsee. **Lage/Anfahrt:** Nordborg westlich über die Straße Rugløkke verlassen und der Beschilderung folgen; **Platzanzahl:** 190; **Untergrund:** Wiese; fest; **Ver-/Entsorgung:** Strom, Trinkwasser, Abwasser, Chemie-WC; **Sicherheit:** bewacht; **Preise:** 30 DKK/Fahrz., 75 DKK pro Person, 35 DKK/Strom; **Geöffnet:** ganzjährig; **Kontakt:** 6430 Nordborg, Augustenhofvej 30, Tel. +45 74450304, www.augustenhof-camping.dk

10 Købingsmark Strand Camping

55.07861, 9.72861

Quickstop. Familiärer Platz an der Nordseite der Insel Als inmitten von Ferienhäusern, mit Anbindung an den Strand. **Lage/Anfahrt:** in Nordborg dem Købingsmarkvej bis zum Ende folgen; **Platzanzahl:** 100; **Untergrund:** Wiese; fest; **Ver-/Entsorgung:** Strom, Trinkwasser, Abwasser, Chemie-WC; **Sicherheit:** umzäunt; **Preise:** 27 DKK pro Fahrzeug, 70 DKK pro Person, 40 DKK/Strom, Stellplatz vor der Schranke für zwei Personen nach 20 Uhr 100 DKK; **Geöffnet:** 1. April bis 30. September; **Kontakt:** 6430 Nordborg, Købingsmarkvej 53, Tel. +45 74451870, www.koebingsmarkcamping.dk

11 Lavensby Strand Camping

55.07083, 9.79583

Quickstop. Ruhiger, abgelegener Platz, überwiegend Festcamper, direkt am Strand. **Lage/Anfahrt:** auf der Straße 405 südlich von Nordborg der Beschilderung folgen; **Platzanzahl:** 120; **Untergrund:** Wiese; fest; **Ver-/Entsorgung:** Strom, Trinkwasser, Abwasser, Chemie-WC; **Sicherheit:** umzäunt; **Preise:** 30 DKK pro Fahrzeug, 66 DKK pro Person, 33 DKK/Strom; **Geöffnet:** 1. April bis 30. Oktober; **Kontakt:** 6430 Nordborg, Arnbjergvej 49, Tel. +45 74451914, www.lavensby strandcamping.dk

175wd Abb.: mm

⑫ Naldmose Camping

54.99416, 9.97638

Quickstop. Familienfreundlicher Platz mit Minigolf zwischen Wald und der Ostsee. **Anfahrt:** auf der Straße 8 am Ortsanfang von Fynshav links ab, zweimal die nächste Straße rechts; **Platzanzahl:** 180; **Untergrund:** Wiese; fest; **Ver-/Entsorgung:** Strom, Trinkwasser, Abwasser, Chemie-WC; **Sicherheit:** umzäunt; **Preise:** 72 DKK pro Person, 35 DKK/Strom; **Geöffnet:** ganzjährig; **Kontakt:** 6440 Augustenborg, Naldmose 12, Tel. +45 74474249, www.naldmose.dk

⑬ Lillebælt Camping

54.98527, 9.98861

Kleiner, ruhiger Platz südlich des Fähranlegers zur Insel Fyn. **Lage/Anfahrt:** am Ortsanfang von Fynshav rechts abbiegen und später links in den Lillebæltvej; **Platzanzahl:** 150; **Untergrund:** Wiese; fest; **Ver-/Entsorgung:** Strom, Trinkwasser, Abwasser, Chemie-WC; **Sicherheit:** umzäunt; **Preise:** 85 DKK pro Person, 30 DKK/Strom; **Geöffnet:** 1. April bis 30. September; **Kontakt:** 6440 Augustenborg, Lillebæltvej 4, Tel. +45 74474840, www.lillebaeltcamping.dk

⊡ Ankommen, anhalten, aussteigen und direkt am Strand die Sonne genießen

⑭ Mommark Marina Camping

54.93250, 10.04333

Schmaler, langer Stellplatz am Jachthafen von Mommark. **Anfahrt:** auf Straße 8 Richtung Fynshav hinterm Kreisverkehr bei Sønderborg rechts ab, später links den Mommarkvej bis zum Ende; **Platzanzahl:** 100; **Untergrund:** Wiese; fest; **Ver-/Entsorgung:** Strom, Trinkwasser, Abwasser; **Sicherheit:** umzäunt; **Preise:** 70 DKK Stellplatz inkl. Strom, 70 DKK pro Person; **Geöffnet:** 1. März – 15. Okt.; **Kontakt:** 6470 Sydals, Mommarkvej 382, Tel. +45 74407700, www.mommarkmarina.dk

⑮ Lysabildskov Camping

54.88972, 10.05500

Quickstop. Familienfreundlicher Platz mit Pool, großem Spielplatz und Tennisanlage. **Lage/Anfahrt:** im Südosten der Insel Als der Beschilderung ab Mommark bzw. Sydals folgen; **Platzanzahl:** 190; **Untergrund:** Wiese; fest; **Ver-/Entsorgung:** Strom, Trinkwasser, Abwasser, Chemie-WC, WLAN gratis; **Sicherheit:** bewacht; **Preise:** 95 DKK pro Person, Strom 35 DKK; **Geöffnet:** 1. April bis 30. September; **Kontakt:** 6470 Sydals, Skovforten 4, Tel. +45 74404398, www.alscamping.dk

16 Skovmose Camping

54.87138, 10.01388

Angenehmer Platz am Ortsrand von Skovby mit Strandzugang. **Anfahrt:** auf Straße 8 Richtung Fynshav hinter dem Kreisverkehr bei Sønderborg rechts ab, am Ende rechts und zweite Straße links; **Platzanzahl:** 170; **Untergrund:** Wiese; fest; **Ver-/Entsorgung:** Strom, Trinkwasser, Abwasser, Chemie-WC; **Sicherheit:** bewacht; **Preise:** 27 DKK Stellfläche, 72,50 DKK pro Person, 27 DKK/Strom; **Geöffnet:** 1. April bis 30. Sept.; **Kontakt:** 6470 Sydals, Skovmosevej 8, Tel. +45 74404133, www.skovmose-camping.dk

17 Drejby Strandcamping

54.86055, 9.99916

Großer, lebhafter Platz an der Südspitze der Insel Als, direkt am Damm zur Insel Kegnæs. **Lage/Anfahrt:** auf der Straße 8 in Richtung Fynshav hinter dem Kreisverkehr bei Sønderborg rechts abbiegen, am Ende rechts, der Platz liegt auf der linken Seite; **Platzanzahl:** 460; **Untergrund:** Wiese; fest; **Ver-/Entsorgung:** Strom, Trinkwasser, Abwasser, Chemie-WC; **Sicherheit:** bewacht; **Preise:** 159 DKK/Fahrz., 78 DKK pro Person, 12 DKK für drei Kilowattstunden Strom; **Geöffnet:** 23. März bis 21. Okt.; **Kontakt:** 6470 Sydals, Kegnæsvej 85, Tel. +45 74404305, www.drejby.dk

18 Sønderkobbel Camping

54.85388, 9.95861

Kleiner, angenehmer Platz mit Zugang zum Strand und Blick auf die Flensburger Förde. **Lage/Anfahrt:** über den Damm von der Insel Als zur Insel Kegnæs, links in die Straßen Bredsten und Piledøppel; **Platzanzahl:** 130; **Untergrund:** Wiese; fest; **Ver-/Entsorgung:** Strom, Trinkwasser, Abwasser, Chemie-WC; **Sicherheit:** umzäunt; **Preise:** 82 DKK pro Person; **Geöffnet:** ganzjährig; **Kontakt:** 6470 Sydals, Piledøppel 2, Tel. +45 74405162, www.sonderkobbel.de

19 Møllers Camping

54.86333, 9.91388

Kleiner, ruhiger Platz in direkter Nachbarschaft zum Kegnæs Camping, ebenfalls mit Zugang zum Strand. **Lage/Anfahrt:** über den Damm von der Insel Als zur Insel Kegnæs, links in die Straße Damkobbel bis zur Kreuzung, dann rechts; **Platzanzahl:** 60; **Untergrund:**

Wiese; fest; **Ver-/Entsorgung:** Strom, Trinkwasser, Abwasser, Chemie-WC; **Sicherheit:** umzäunt; **Preise:** 76 DKK pro Person, Strom 25 DKK; **Geöffnet:** 9. März bis 7. Oktober; **Kontakt:** 6470 Sydals, Østerbyvej 51, Tel. +45 74405321, www.mollerscamping.dk

20 Sønderby Strand Camping

54.86555, 9.89166

Ruhiger Platz am Ortsrand von Sønderby auf der Insel Kegnæs. **Lage/Anfahrt:** über den Damm von der Insel Als zur Insel Kegnæs, auf der Hauptstraße bis zum Ende, hinter der Kirche von Sønderby links; **Platzanzahl:** 125; **Untergrund:** Wiese; fest; **Ver-/Entsorgung:** Strom, Trinkwasser, Abwasser, Chemie-WC; **Sicherheit:** bewacht; **Preise:** 84 DKK pro Person, 32 DKK/Strom; **Geöffnet:** 1. April bis 3. Oktober; **Kontakt:** 6470 Sydals, Sønderbygade 4–6, Tel. +45 74405313, www.sonderby.dk-camp.dk

21 Fjordlyst Camping

55.02472, 9.41444

Quickstop. Jugendherberge mit Campingmöglichkeiten am Südrand der Stadt Aabenraa. **Lage/Anfahrt:** von der Straße Rugkobbel abbiegen in den Sønderskovvej; **Platzanzahl:** 150; **Untergrund:** Wiese; fest; **Ver-/Entsorgung:** Strom, Trinkwasser, Abwasser, Chemie-WC; **Sicherheit:** bewacht; **Preise:** 45 DKK/Fahrz., 75 DKK pro Person, 35 DKK/Strom zzgl. 3,50 DKK je kWh; **Geöffnet:** ganzjährig; **Kontakt:** 6200 Aabenraa, Vandrerhj. Sønderskovvej 100, Tel. +45 74622699, www.fjordlyst.dk

22 Skarrev Camping

55.04666, 9.49916

Kleiner, ruhiger Platz am Nordrand des Aabenraa Fjords. **Lage/Anfahrt:** in Aabenraa der Beschilderung nach Avbæk folgen, der Campingplatz liegt weit außerhalb der Stadt; **Platzanzahl:** 60; **Untergrund:** Wiese; fest;**Ver-/Entsorgung:** Strom, Trinkwasser, Abwasser; **Sicherheit:** umzäunt; **Preise:** 50 DKK/Fahrz., 75 DKK pro Person, 35 DKK/Strom; **Geöffnet:** 1. April bis 23. September; **Kontakt:** 6200 Aabenraa, Skarrevvej 334, Tel. +45 74617421, www.lojtstrandcamping.dk

Übergang von der Straße zum Strand von Rømø

23 Loddenhøj Camping

55.10444, 9.52500

Sehr kleiner, ruhiger Platz mit Strandzugang und Blick auf Insel Barsø. Derselbe Betreiber wie Skarrev Camping 22. **Lage/Anfahrt:** in Løjt Kirkeby nordöstlich von Aabenraa nach Barsmark und links in den Loddenhøjvej einbiegen; **Platzanzahl:** 20; **Untergrund:** Wiese; fest; **Ver-/Entsorgung:** Strom, Trinkwasser, Abwasser; **Sicherheit:** umzäunt; **Preise:** 25 DKK pro Fahrzeug, 70 DKK pro Person, 30 DKK/Strom; **Geöffnet:** 1. April bis 23. September; **Kontakt:** 6200 Aabenraa, Loddenhøjvej 245, Tel. +45 74617090, www.lojtstrandcamping.dk

24 Sandskær Camping

55.11666, 9.49666

Quickstop. Großer, familienfreundlicher Platz an der Genner Bucht mit verhältnismäßig kleinem Strand. **Anfahrt:** in Løjt Kirkeby nordöstlich von Aabenraa Richtung Sandskær fahren; **Platzanzahl:** 290; **Untergrund:** Wiese; fest; **Ver-/Entsorgung:** Strom, Trinkwasser, Abwasser, Chemie-WC; **Sicherheit:** bewacht; **Preise:** 80 DKK pro Person, 37 DKK/Strom, Quickstop für zwei Pers. ohne Strom: 100 DKK; **Geöffnet:** 1. April bis 23. September; **Kontakt:** 6200 Aabenraa, Sandskærvej 592, Tel. +45 74617326, www.sandskaer.dk

25 Genner Hoel Camping

55.11027, 9.43916

Kleiner Platz zwischen Hauptstraße und Wald. **Lage/Anfahrt:** direkt an der Straße 170 von Aabenraa nach Haderslev, kurz vor Genner auf der rechten Seite; **Platzanzahl:** 50; **Untergrund:** Wiese; fest; **Ver-/Entsorgung:** Strom, Trinkwasser, Abwasser, Chemie-WC; **Sicherheit:** umzäunt; **Preise:** 30 DKK Stellfläche, 70 DKK pro Person, 30 DKK/Strom; **Geöffnet:** ganzjährig; **Kontakt:** 6200 Aabenraa, Haderslevvej 462–464, Tel. +45 74698927, www.gennerhoel.dk

26 Sønderballe Camping

55.13194, 9.47611

Kinderfreundlicher Platz nördlich der Genner Bucht. **Lage/Anfahrt:** von der Straße 170 von Aabenraa nach Haderslev rechts in den Sønderballevej, der Platz liegt auf der linken Seite; **Platzanzahl:** 175; **Untergrund:** Wiese; fest; **Ver-/Entsorgung:** Strom, Trinkwasser, Abwasser, Chemie-WC; **Sicherheit:** bewacht; **Preise:**

178wd Abb.: mm

50 DKK/Fahrz., 70 DKK pro Person, 30 DKK/Strom; **Geöffnet:** ganzjährig; **Kontakt:** 6100 Haderslev, Diernæsvej 218, Tel. +45 74698933, www.sonderballecamping.dk

27 Gåsevig Strand Camping

55.14250, 9.50138

Quickstop. Einsam gelegener und kinderfreundlicher Platz direkt an der Ostsee. **Lage/Anfahrt:** am Camping Sønderballe vorbei und an der nächsten Möglichkeit rechts; **Platzanzahl:** 230; **Untergrund:** Wiese; fest; **Ver-/Entsorgung:** Strom, Trinkwasser, Abwasser, Chemie-WC; **Sicherheit:** bewacht; **Preise:** 55 DKK/Fahrz., 75 DKK/Pers., 35 DKK/Strom; **Geöffnet:** 30. März–30. Sept.; **Kontakt:** 6100 Haderslev, Gåsevigvej 19, Tel. +45 74575597, www.gaasevig.dk

28 Vikær-Diernæs Strand Camping

55.14972, 9.49583

Großer, belebter Platz an der Ostseeküste. **Lage/Anfahrt:** von der Straße 170 von Aabenraa nach Haderslev rechts nach Diernæs und der Beschilderung folgen; **Platzanzahl:** 330; **Untergrund:** Wiese; fest; **Ver-/Entsorgung:** Strom, Trinkwasser, Abwasser, Chemie-WC; **Sicherheit:** bewacht; **Preise:** 73 DKK/Fahrz., 75 DKK pro Person, 35 DKK/Strom, Quickstop 150 DKK; **Geöffnet:** 1. April bis 21. Oktober; **Kontakt:** 6100 Haderslev, Dundelum 29, Tel. +45 74575464, www.vikaercamp.dk

29 Kolding City Camp

55.46305, 9.47333

Kleiner Platz mitten im Industriegebiet am Südrand von Kolding. **Lage/Anfahrt:** auf der Straße von Kolding nach Haderslev liegt der Platz kurz vor dem Ortsteil Vonsild auf der linken Seite; **Platzanzahl:** 150; **Untergrund:** Wiese; fest; **Ver-/Entsorgung:** Strom, Trinkwasser, Abwasser, Chemie-WC; **Sicherheit:** bewacht; **Preise:** 65 DKK/Fahrz., 98 DKK pro Person, 40 DKK/Strom; **Geöffnet:** ganzjährig; **Kontakt:** 6000 Kolding, Vonsildvej 19, Tel. +45 75521388, www.dancamps.com

30 Foldingbro Camping

55.44111, 9.00000

Quickstop. Ruhiger Platz zwischen zwei kleinen Seen. **Lage/Anfahrt:** auf der Straße 32 zwischen Kolding und Ribe auf halbem Weg im Weiler Foldingbro; **Platzanzahl:** 40; **Untergrund:** Wiese; fest; **Ver-/Entsorgung:** Strom, Trinkwasser, Abwasser, Chemie-WC; **Sicherheit:** bewacht; **Preise:** 30 DKK/Fahrz., 75 DKK pro Person, 35 DKK/Strom; **Geöffnet:** ganzjährig; **Kontakt:** 6650 Brørup, Kongeåvej 1, Tel. +45 75381078, www.foldingbro.dk

Große Campingplätze wie hier Lakolk Camping 41 bieten allen erdenklichen Komfort

㉛ Ribehøj Camping
55.43527, 8.91277

Sehr kleiner, ruhiger Platz mit Golfplatz und kleinem Angelsee. **Lage/Anfahrt:** auf der Straße 32 zwischen Kolding und Ribe auf halbem Weg im Weiler Foldingbro rechts abbiegen, der Platz liegt hinter einer Linkskurve auf der linken Seite; **Platzanzahl:** 40; **Untergrund:** Wiese; fest; **Ver-/Entsorgung:** Strom, Trinkwasser, Abwasser, Chemie-WC; **Sicherheit:** umzäunt; **Preise:** 30 DKK/Fahrz., 65 DKK pro Person; **Geöffnet:** ganzjährig; **Kontakt:** 6683 Føvling, Ribevej 34, Tel. +45 75398532, www.ribehoejcamping.dk

㉜ Darum Camping
55.43416, 8.64083

Kleiner, ruhiger Platz zwischen Ribe und Esbjerg, umgeben von Bäumen. **Lage/Anfahrt:** auf der Straße 24 von Ribe nach Esbjerg bei Store Darum links in den Alsædvej abbiegen; **Platzanzahl:** 80; **Untergrund:** Wiese; fest; **Ver-/Entsorgung:** Strom, Trinkwasser, Abwasser, Chemie-WC; **Sicherheit:** umzäunt; **Preise:** 45 DKK pro Fahrzeug, 80 DKK pro Person, 30 DKK Strom zzgl. 3 DKK je kWh; **Geöffnet:** ganzjährig; **Kontakt:** 6740 Bramming, Alsædvej 24, Tel. +45 75179116, www.darumcamping.dk

㉝ Esbjerg Camping
55.51250, 8.38833

Familienfreundlicher Platz mit Pool am Nordrand von Esbjerg. **Lage/Anfahrt:** auf der Küstenstraße an den Skulpturen „Menschen am Meer" vorbei, nach 4 km rechts in den Gudenåvej, Einfahrt nach 800 m auf der linken Seite; **Platzanzahl:** 190; **Untergrund:** Wiese; fest; **Ver-/Entsorgung:** Strom, Trinkwasser, Abwasser, Chemie-WC; **Sicherheit:** bewacht; **Preise:** 75 DKK/Fahrz., 75 DKK pro Person, 3,55 DKK je kWh; **Geöffnet:** ganzjährig; **Kontakt:** 6710 Esbjerg Vest, Gudenåvej 20, Tel. +45 75158822, http://esbjergcamping.dk

㉞ Sjelborg Camping
55.54320, 8.33895

Großer, komfortabler Platz. **Lage/Anfahrt:** von der Straße 463 Richtung Oksbøl bei Kokspang links in den Kokspang Hedevej einbiegen; **Platzanzahl:** 450; **Untergrund:** Wiese; fest; **Ver-/Entsorgung:** Strom, Trinkwasser, Abwasser, Chemie-WC; **Sicherheit:** bewacht; **Preise:** 85 DKK pro Person, 30 DKK/Strom; **Geöffnet:** 5. April bis 16. September; **Kontakt:** 6710 Esbjerg Vest, Sjelborg Strandvej 11, Tel. +45 75115432, www.sjelborg.dk

㉟ Rødgård Camping Fanø
55.42666, 8.39083

Quickstop. Lebhafter Platz mitten auf der Insel Fanø. **Lage/Anfahrt:** vom Fährhafen dem Postvejen folgen und rechts in den Kirkevejen einbiegen; **Platzanzahl:** 270; **Untergrund:** Wiese; fest; **Ver-/Entsorgung:** Strom, Trinkwasser, Abwasser, Chemie-WC; **Sicherheit:** bewacht; **Preise:** 90 DKK pro Person, Stellplatz vor der Schranke ab 20 Uhr für zwei Personen 140 DKK; **Geöffnet:** 1. Mai bis 31. August; **Kontakt:** 6720 Fanø, Kirkevejen 13, Tel. +45 75163311, www.rodgaard-camping.dk

㊱ Feldberg Familie Camping
55.42888, 8.39166

Lebhafter, großer Platz mitten auf der Insel Fanø. **Lage/Anfahrt:** vom Fährhafen dem Postvejen folgen und rechts in den Kirkevejen einbiegen; **Platzanzahl:** 350; **Untergrund:** Wiese; fest; **Ver-/Entsorgung:** Strom, Trinkwasser, Abwasser, Chemie-WC; **Sicherheit:** bewacht; **Preise:** 89 DKK pro Person, 36 DKK/Strom, Stellplatz vor der Schranke 120 DKK; **Geöffnet:** 1. April bis 21. Oktober; **Kontakt:** 6720 Fanø, Kirkevejen 5, Tel. +45 75163680, www.feldbergfamiliecamping.dk

㊲ Feldberg Strand Camping
55.42298, 8.38421

Kleinerer Platz auf Fanø, gehört zum Feldberg Familie Camping, jedoch weniger für Kinder gedacht. **Lage/Anfahrt:** vom Fährhafen dem Postvejen folgen und rechts in den Kirkevejen einbiegen; **Platzanzahl:** 85; **Untergrund:** Wiese; fest; **Ver-/Entsorgung:** Strom, Trinkwasser, Abwasser, Chemie-WC; **Sicherheit:** bewacht; **Preise:** 98 DKK pro Person, 37 DKK/Strom; **Geöffnet:** 1. April bis 21. Oktober; **Kontakt:** 6720 Fanø, Kirkevejen 39, Tel. +45 75162490, www.feldbergstrandcamping.dk

㊳ Ribe Camping
55.34194, 8.76666

Quickstop. Campingplatz mit Pool und Streichelzoo am Waldrand nördlich von Ribe. **Lage/Anfahrt:** auf der

Straße 11 Richtung Esbjerg und links in den Farupvej einbiegen; **Platzanzahl:** 210; **Untergrund:** Wiese; fest; **Ver-/Entsorgung:** Strom, Trinkwasser, Abwasser, Chemie-WC; **Sicherheit:** bewacht; **Preise:** 90 DKK/Fahrz., 85 DKK pro Person, 37 DKK/Strom, Stellplatz vor der Schranke 125 DKK; **Geöffnet:** ganzjährig; **Kontakt:** 6760 Ribe, Farupvej 2, Tel. +45 75410777, www.ribecamping.dk

39 Mandø Brugs Camping

55.27388, 8.53888

Sehr kleiner, ruhiger Platz. **Lage/Anfahrt:** auf der Westseite der Insel Mandø, der Inselhauptstraße folgen, nur bei Ebbe erreichbar (Details s. Internet-Seite); **Platzanzahl:** 40; **Untergrund:** Wiese; fest; **Ver-/Entsorgung:** Strom, Trinkwasser, Abwasser, Chemie-WC; **Sicherheit:** umzäunt; **Preise:** 78 DKK pro Person, Strom 35 DKK; **Geöffnet:** 1. April bis 31. Oktober; **Kontakt:** 6760 Ribe, Mandø Byvej 1, Tel. +45 75445102, www.mandoebrugs.dk

40 Skærbæk Familie Camping

55.16777, 8.78416

Angenehmer Platz in Waldrandlage nordöstlich von Skærbæk. **Lage/Anfahrt:** von der Straße 11 im Norden von Skærbæk in den Ullerupvej abbiegen, am Ende links, der Platz liegt hinter dem Wald auf der rechten Seite; **Platzanzahl:** 125; **Untergrund:** Wiese; fest; **Ver-/Entsorgung:** Strom, Trinkwasser, Abwasser, Chemie-WC; **Sicherheit:** bewacht; **Preise:** 70 DKK pro Person, 30 DKK/Strom, Quickstop 100 DKK; **Geöffnet:** ganzjährig; **Kontakt:** 6780 Skærbæk, Ullerupvej 76, Tel. +45 74752222, http://skaerbaekfamiliecamping.dk-camp.dk

41 Lakolk Camping

55.14583, 8.49337

Sehr großer, lebhafter Platz direkt hinter der Dünung. **Lage/Anfahrt:** nach Überquerung des Dammes geradeaus weiter bis zum Strand, vor der Strandzufahrt auf der rechten Seite; **Platzanzahl:** 800; **Untergrund:** Wiese; fest; **Ver-/Entsorgung:** Strom, Trinkwasser, Abwasser, Chemie-WC; **Sicherheit:** bewacht; **Preise:** 100 DKK pro Person, 39 DKK/Strom, Stellplatz vor der Schranke 150 DKK; **Geöffnet:** 1. April bis 21. Oktober; **Kontakt:** 6792 Rømø, Lakolk, Tel. +45 74755228, www.lakolkcamping.dk.

42 Kommandørgårdens Camping

55.09973, 8.54258

Großer, lebhafter Platz auf der Ostseite der Insel Rømø. **Lage/Anfahrt:** nach Überquerung des Dammes an der

179wd Abb.: mm

ersten Kreuzung (Tankstelle) links, der Platz liegt nach 5 Kilometern auf der linken Seite; **Platzanzahl:** 550; **Untergrund:** Wiese; fest; **Ver-/Entsorgung:** Strom, Trinkwasser, Abwasser, Chemie-WC; **Sicherheit:** bewacht; **Preise:** 75 DKK/Fahrz., 82 DKK pro Person, 35 DKK/Strom, Quickstop nach 20 Uhr für zwei Personen 125 DKK; **Geöffnet:** ganzjährig; **Kontakt:** 6792 Rømø, Havnebyvej 201, Tel. +45 74755122, www.kommandoergaarden.dk

43 Tønder Camping

54.93444, 8.87944

Kleiner, ruhiger Platz. Wenige Gehminuten zum Zentrum von Tønder. **Lage/Anfahrt:** im Zentrum auf den Sønderlandvej, kurz hinter der Brücke auf der linken Seite; **Platzanzahl:** 75; **Untergrund:** Wiese; fest; **Ver-/Entsorgung:** Strom, Trinkwasser, Abwasser, Chemie-WC; **Sicherheit:** bewacht; **Preise:** 80 DKK/Pers., 35 DKK/Strom; **Geöffnet:** 1. April–28. Okt.; **Kontakt:** 6270 Tønder, Holmevej 2a, Tel. +45 74721849, www.tsfc.dk

44 Campingplatz Højer

54.985692, 8.663690

Westlich von Tønder, auf Höhe von Kampen/Sylt wurde im Juni 2019 ein neuer Stellplatz eröffnet. Er befindet sich auf dem Grundstück eines ehemaligen Campingplatzes und bietet 50 Wohnmobilen eine Fläche. Übliches Camping wird auf weiteren 68 Plätzen aber auch angeboten. **Lage/Anfahrt:** auf der 419 in Richtung Emmerlev Sogn; **Platzanzahl:** 57; **Untergrund:** Schotter, **Ver-/Entsorgung:** Strom, Trinkwasser, Abwasser, Chemie-WC; **Sicherheit:** umzäunt; **Preise:** 125 DKK für zwei Personen, 2,50 DKK je kWh; **Geöffnet:** ganzjährig; **Kontakt:** Vadehavscamping, Emmerlev Klev 1, 6280 Højer, Tel. +45 92444343, www.stellplatz-vadehav.dk

Ein ungeschriebenes Gesetz besagt, dass man das Fahrzeug am Rand des Strands abstellt

DER RINGKØBING FJORD, LØVEPARKEN UND DAS HIMMELBJERGET

An der Nordsee verläuft die Strecke auf die schmale Landzunge mit dem Namen Holmsklint. Kilometerlanger Sandstrand und weite Dünen trennen die Nordsee vom Ringkøbing Fjord, dem größten Binnengewässer Dänemarks. Bei Hvide Sande geht es über eine Hebebrücke auf die nördliche Halbinsel bis Søndervig. Dort wird das Meer vorübergehend verlassen und die Reiseroute führt in das Landesinnere bis an den Rand der Silkeborger Seenlandschaft. In Billund liegt das bei Groß und Klein beliebte Legoland und wer Lust hat, kann mit seinem Wohnmobil im Zoo- und Safaripark bei Givskud auf Safari gehen. Auf dem Weg zum Nissum Fjord spürt man die Ruhe, die Ornithologen bevorzugen, um brütende Vögel im Naturreservat zu beobachten. Schließlich kann man in Lemvig eine interstellare Reise antreten. Ein maßstabsgerechtes Modell unseres Planetensystems findet sich über das gesamte Stadtgebiet verstreut. Vorbei an der Klosterhede Plantage, dem größten aufgeforsteten Wald Dänemarks, verläuft die Strecke über Holstebro, Viborg und Skive auf die Halbinsel Salling.

180wd Abb.: as ©stefanie - stock.adobe.com

▷ *Der Blåvandshuk Fyr auf der gleichnamigen Landzunge (s. S. 72) ist der westlichste Leuchtturm des Landes*

ROUTE 2

VOM RINGKØBING FJORD BIS ZUM NISSUM FJORD

STRECKENVERLAUF

Strecke:
Esbjerg – Varde (11 km) – Blåvand (29 km) – Hvide Sande (77 km) – Søndervig (14 km) – Ringkøbing (9 km) – Skjern (24 km) – Billund (54 km) – Give (28 km) – Silkeborg (48 km) – Ikast und Herning (36 km) – Holstebro (34 km) – Nissum (46 km) – Lemvig (23 km) – Halbinsel Salling (60 km)

Streckenlänge:
Ohne Abstecher circa 493 km

VARDE

(11 km – km 11)

Auf dieser Route gibt es weniger kulturelle Höhepunkte als in der vorherigen. Der Schwerpunkt der Region liegt für den Reisenden vielmehr in der Natur und den langen Sandstränden der Nordsee. Startet man Route 2 in Esbjerg, so passiert man die Statuen „Menschen am Meer" und biegt wenig später rechts auf die Straße 475 nach Varde ab. Reisende, die die Route 1 in Tønder beendeten, müssen wieder nach Ribe zurück, wo sie über die Straße 11 bis Varde fahren.

Bereits im Mittelalter hatte **Varde** zwei Kirchen, was darauf schließen lässt, dass der Ort damals eine gewisse Bedeutung hatte. Heute ist sie eine typisch dänische, ruhige Ortschaft, verfügt jedoch über keinerlei Sehenswürdigkeiten oder Attraktionen und wird vom **Fluss Varde Å** durchquert.

Touristeninformation

› **Varde Touristenbüro,** 6800 Varde, Otto Frellos Plads 1,Tel. +45 75223222, www.visitvarde.dk, Mo–Fr 10–17 Uhr, Sa 9.30–12.30 Uhr

☐ *Viele Nordseestrände sind sehr weitläufig und dürfen mit dem Auto befahren werden*

BLÅVAND

(29 km – km 40)

Für die Strecke nach Blåvand geht es zunächst über die Straße 181 nach Westen, doch schon nach 2 Kilometern biegt man am Kreisverkehr links auf die Straße 431 nach Blåvand ab. Am Ende der Straße befindet man sich am **westlichsten Punkt Dänemarks,** wenn man von Grönland und den Faröer-Inseln absieht. Der dortige **Leuchtturm** kann aus einer Entfernung von 50 km noch gesehen werden. In unmittelbarer Nähe von Blåvand und dem Leuchtfeuer sind zahlreiche **Bunkeranlagen** aus dem Zweiten Weltkrieg zu sehen. Diese Relikte sind an vielen Stellen der dänischen Nordseeküste zu finden und sollten ein Teil des Atlantikwalles werden. Auf der kleinen Straße zwischen Blåvand und Ho weiter im Osten ist die **Bunkeranlage Tirpitz-Stillingen** für den Besucher freigegeben. Grundsteinlegung war im Sommer 1944, im September des folgenden Jahres sollte die Anlage rund um den Geschützraum fertiggestellt werden, doch die Geschichte nahm zum Glück eine Wendung.

Touristeninformation

› **Blåvand Touristenbüro,** 6857 Blåvand, Fyrvej 106, Tel. +45 75271800, Mo–So 10–15 Uhr, in der Hauptsaison Mo–So 10–17 Uhr

Sehenswertes

› **Tirpitz-Stillingen,** 6857 Blåvand, Tane Hedevej 40, Tel. +45 75278427, tgl. 11–17 Uhr, in der Nebensaison nur bis 16 Uhr, Eintritt: 145 DKK, www.vardemuseum.dk

Südlich von Blåvand und Ho dehnt sich die flache **Halbinsel Skallingen** aus. Sie steht unter Naturschutz und dient als Vogelreservat. Auf dem weiteren Weg nach Norden kann man entweder zurück zum Kreisverkehr und der Straße 181 nordwärts folgen oder auf kleinen Nebenstraßen in Küstennähe entlangfahren.

Touristeninformation

› **Blåvand Touristenbüro,** 6857 Blåvand, Fyrvej 106, Tel. +45 75271800, Mo–So 10–15 Uhr, in der Hauptsaison Mo–So 10–17 Uhr

Campingplatz

45 Hvidbjerg Strand Camping

Die Küste sieht man während der Fahrt zwar nicht, außer man besucht die Badeorte Vejers Strand, Grærup Strand oder Henne Strand, an denen man zum Teil abermals mit dem Fahrzeug auf den Strand fahren darf, doch die Fahrt geht durch eine sehr schöne unbewohnte Heidelandschaft. Unbewohnt deshalb, weil hier das dänische Militär gelegentlich Übungen abhält, wie die tiefen Panzerspuren in der Landschaft verraten. Dennoch, wenn keine Manöver stattfinden, lohnt sich eine Fahrt hier entlang schon wegen der (scheinbar) unberührten Natur. Zur Orientierung sollte man sich immer nach der Beschilderung Richtung Nørre Nebel richten, bis man wieder auf die Straße 181 trifft.

Campingplätze

46 Vejers Familie Camping
47 Vejers Strand Camping
48 Stjerne Camping I/S
49 Børsmose Strand Camping
50 Henne Strand Camping
51 Henneby Camping
52 Lyngboparken Naturistcamping
53 Houstrup Camping
54 Nymindegab Familie Camping
55 Tipperne Camping

HVIDE SANDE

(77 km – km 117)

Bei **Nymindegab** können im **Walhaus** die Überreste eines in der Nähe gestrandeten Pottwales besichtigt werden. Gleichzeitig liegt diese Ortschaft am südlichen Ende des **Holmsland Klit,** einer Nehrung, die das Wasser der Nordsee vom Ringkøbing Fjord abtrennt. Nordöstlich von Nymindegab ragt das **Vogelschutzgebiet Tipperne** in den Fjord hinein. Ein Betreten dieser mit Schilf bewachsenen Landzunge ist zum Schutz der hier brütenden Tiere nur eingeschränkt möglich und sollte besser vermieden werden.

Die Straße 181 verläuft geradewegs nach Norden zwischen den Dünen der Nehrung hindurch. Die Nordsee ist von der Straße aus durch die Dünung nicht zu sehen, während man auf der rechten Seite den Fjord ständig sehen kann. Es stehen aber genügend Parkmöglichkeiten zur Verfügung, um zwischendurch rechts oder links anzuhalten und eine

046wd Abb.: mm

Hans Christian Andersen: „Der standhafte Zinnsoldat“

Einer von 25 Zinnsoldaten, der dadurch auffällt, dass er nur ein Bein hat, verliebt sich in eine Papierpuppe, die augenscheinlich auch nur ein Bein besitzt. Durch zufällige Irrwege kommt er weit herum und landet schließlich wieder zu Hause, wo er mit seiner Angebeteten den gemeinsamen tragischen Tod stirbt.

der Dünen zu erklimmen, von der man dann in beide Richtungen blicken kann.

Hvide Sande liegt in etwa auf der Hälfte der Nehrung und beherbergt eine Klappbrücke, unter der sich eine Schleuse befindet. Sie trennt das Meerwasser von dem des Fjords, da in Hvide Sande ein Durchbruch in der Nehrung geschaffen wurde. Diese Wasserverbindung hat also keinen natürlichen Ursprung. Ansonsten ist die Ortschaft berühmt durch die **Fischauktionen,** die allmorgendlich um 7 Uhr beginnen.

Etwas weiter nördlich von Hvide Sande erhebt sich aus den Dünen ein Leuchtturm, dessen Besteigung möglich und wegen des herrlichen Panoramas empfehlenswert ist. Die Dünen der breiten weißen Strände gelten als Wahrzeichen von Hvide Sande.

Touristeninformation

› **Hvide Sande Touristenbüro,** 6960 Hvide Sande, Nørregade 2b, Tel. +45 97311866, www.hvidesande.dk

Einkaufen

› **Fischgeschäft Edgar Madsen,** 6960 Hvide Sande, Metheasvej 11. Große Auswahl an frisch angeliefertem Fisch oder Räucherfisch.

› **Havnens Røgeri,** 6960 Hvide Sande, Strandgade. Große Räucherei mit Frischfischverkauf.

Campingplätze

56 Nordsø Camping og Badeland
57 Holmsland Klit Camping
58 Hvidesande Camping
59 Nørre Lyngvig Camping

Stellplatz

S10 Stellplatz Hvide Sande (55.997877, 8.121964). Tungevej, 6960 Hvide Sande. Direkt hinter einer Düne befindet sich dieser Stellplatz mit Ver- und Entsorgungsanlagen sowie Toiletten als Teil eines Parkplatzes. 150 DKK.

SØNDERVIG
(14 km – km 131)

Am nördlichen Rand der Nehrung zwischen Meer und Fjord befindet sich der kleine Badeort **Søndervig,** der über einen weiten Strand verfügt. Im Zweiten Weltkrieg wurden natürlich auch an dieser Stelle Bunkeranlagen der deutschen Wehrmacht errichtet. Heute wird in Søndervig alljährlich das **Sandskulpturenfestival** veranstaltet. Zahlreiche Künstler

Ausblick auf den Ringkøbing Fjord in Hvide Sande

lassen ihrer Kreativität freien Lauf und fertigen sehr detaillierte Skulpturen an oder bilden berühmte Gesichter nach, die bis zu 4 m hoch sein können. Das Festival findet in der Regel von Mitte Juni bis Anfang September statt.

Campingplatz

60 Søndervig Camping

RINGKØBING

(9 km – km 140)

Die Stadt am Nordufer, die dem **Fjord** seinen Namen gibt, ist ein beliebter Ausgangspunkt für Windsurfer. Auf dem Fjord herrscht ständig eine gute Brise, das Wasser jedoch ist ruhig und flach. Um Ringkøbing zu erreichen, nutzt man am Einkaufszentrum in Søndervig den Abzweig nach rechts auf die Straße 15 und folgt dieser bis in das Zentrum, das mit seinen kleinen Gassen einen gemütlichen Charakter hat. Sehenswert ist das Äußere der **gotischen Kirche,** deren Turm eine Besonderheit aufweist: Das Fundament ist von der Grundfläche her kleiner als die Turmspitze.

Touristeninformation

› **Ringkøbing Touristenbüro,** 6950 Ringkøbing, Torvet 22, Tel. +45 70227001, www.visitvest.dk, Mo–Fr 9.30–16, Sa 10–13 Uhr, Hauptsaison 9–17 Uhr, Sa 10–14 Uhr

Campingplatz

61 Ringkøbing Camping

Stellplätze

S11 Stellplatz Ringkøbing Havn (56.086237, 8.240593). Fiskerstræde, 6950 Ringkøbing. Ruhig gelegener Stellplatz auf Schotterrasen direkt am Wasser. 120–150 DKK, Toilettenhäuschen nutzbar.

S12 Stellplatz Ringkøbing-Vesterled (56.093704, 8.237127). Im Westen der Stadt an der Ortseinfahrt. Schotterparkplatz, kostenpflichtig 21–9 Uhr (70 DKK).

In Dänemark trifft man überall auf Wasser – so wie hier am Ringkøbing-Fjord

SKJERN

(24 km – km 164)

Von Ringkøbing aus führt die Route zunächst einmal wieder ein ganzes Stück weit nach Süden, sodass beinahe der gesamte Fjord umrundet wird. Den Ort selbst verlässt man ostwärts auf der Straße Richtung Videbæk, doch schon nach kurzer Zeit erscheint die Abzweigung nach rechts zur jüngsten Stadt Dänemarks.

Skjern erhielt erst im Jahr 1958 Stadtrechte und beherbergt rund 7000 Einwohner. Im Ort selbst gibt es keine herausragende Sehenswürdigkeit, selbst die Kirche ist typisch dänisch und ohne große Besonderheiten, doch einmal im Jahr ist Skjern Treffpunkt von Oldtimerliebhabern. Regelmäßig werden rund 100 Veteranenliebhaber erwartet, die ihre Fortbewegungsmittel voller Stolz präsentieren. Zugegeben, 100 Oldtimer klingen eigentlich eher nach einem kleinen, gemütlichen Nachmittagstreff, doch weit gefehlt. Es handelt sich um Oldtimer der Lüfte und das Treffen wird vom ortsansässigen **Veteranen- und Flugmuseum** veranstaltet. Allein das Museum präsentiert zusätzlich noch rund 50 Fluggefährte aus dem letzten Jahrhundert, vom Hubschrauber bis zum Rettungsflugzeug, 16 davon sind sogar noch heute flugfähig.

Sehenswertes

› **Dänische Veteranen- und Flugzeugsammlung,** 6900 Skjern, Lufthavnsvej 4, Tel. +45 97369333, www.flymuseum.dk, geöffnet: Mai–Oktober täglich 11–17 Uhr, Eintritt: 80 DKK

Alternativ besteht die Möglichkeit, Skjern auf eine besondere Art und Weise zu verlassen. Denn hier werden kleine Touren für die gesamte Familie mit der Draisine auf einem ausgedienten Bahngleis angeboten – ein schönes Erlebnis für Jung und Alt.

› Astrup Købmandshandel, Højevej 25, Astrup, 6900 Skjern, Tel.: +45 97364010. 4 Std. für 150 DKK, 6 Std. für 200 DKK www.vsvmj.dk

Campingplatz

62 Grindsted Aktiv Camping

0S0wd Abb.: Lego

BILLUND

(54 km – km 218)

Wenig aufregend und zugegebenermaßen recht eintönig ist die Landschaft auf dem weiteren Weg nach Billund. Sich zu verfahren ist kaum möglich, da man schlicht der Straße 28 folgen muss. Dabei umrundet man zunächst **Tarm** und durchquert später **Grindsted.**

Für die nächsten Besichtigungspunkte sollte man allerdings viel Zeit einplanen, insbesondere wenn im Heck des Wohnmobils Kinder mit erwartungsfrohen Gesichtern sitzen. Dabei spielt der Ort Billund selbst weniger eine Rolle, genauso wenig der internationale Flughafen, über den die Stadt verfügt. Es handelt sich vielmehr um die Attraktionen rund um den Spielzeughersteller **LEGO,** der in Billund gegründet wurde. 1968 wurde LEGOLAND Billund eröffnet und feierte schnell Erfolge, sodass weitere Parks in den USA, England und Deutschland eröffnet wurden. Im LEGOLAND gibt es viele Attraktionen, u. a. das sogenannte Miniland, in dem zahlreiche Modelle von Sehenswürdigkeiten aus aller Welt, aber hauptsächlich aus Dänemark, mit Abermillionen Legosteinen nachgebaut wurden. Des Weiteren gibt es verschiedene Themenparks wie das Piratenland oder das Abenteuerland. Manche sind auch unter dem Begriff einer ganzen LEGO-Produktpalette aufgebaut, so z. B. das DUPLO Land.

2017 wurde dann mitten in Billund das **LEGO House,** das sich selbst „Home of the Brick" nennt, eröffnet. Schon an der Architektur des Gebäudes wird klar, um was es innen geht: Auf 12.000 m² kann man in sechs „Experience Zones" mit ca. 25 Millionen LEGO-Steinen kreativ werden.

Miniland fasziniert kleine und große Besucher des Freizeitparks in Billund

Südlich von Skjern überquert man bei einer Wanderung den gleichnamigen Fluss

Sehenswertes

- **LEGOLAND Billund,** 7190 Billund, Nordmarksvej 6–9, Tel. +45 75331333, www.legoland.dk. Die Öffnungszeiten variieren sehr stark und sind abhängig von Jahreszeit, Ferienzeit und Kalendertag, GPS: 55.73611, 9.13194. Bis zu 15 % Rabatt erhält man, wenn man vorab online ein Ticket bestellt.
- **LEGO House,** 7190 Billund, Ole Kirks Vej 1, www.legohouse.com. Die Öffnungszeiten variieren und es ist sinnvoll, die Tickets im Voraus zu buchen (online zudem günstiger). GPS: 55.73288, 9.11403.

Parkplatz Dagli'Brugsen

› v/Jørn Bøndergaard, Hans Thomsens Vej 103, 7184 Vandel, Tel. +45 75885002. Östlich von Billund gelangt man wieder zu einem Kreisverkehr der Landstraße 28. Dort befindet sich neben dem Supermarkt Dagli'Brugsen eine kleine Tankstelle mit einem Lkw-Parkplatz, auf dem genächtigt werden darf. Platz für zwei Fahrzeuge, maximal eine Nacht. GPS: 55.713066, 9.218021

Campingplatz

63 Legoland Holiday Village

Stellplatz

S13 Stellplatz Billund (55.705315, 9.124894). Grenevej 5 7190 Billund, 120 DKK. 3,5 km südlich vom Legoland und ziemlich abgelegen. Privater Stellplatz auf einer Wiese (Vorsicht nach Regentagen!) des Bauern.

Entsorgungsstation

› Östlich von Billund befindet sich an der Landstraße 28 zwischen Vandel und Bredsten in beiden Richtungen jeweils ein Rastplatz, auf dem das Chemie-WC entleert werden kann. GPS: 55.706629, 9.265571

050wd Abb.: mm

GIVE

(28 km – km 246)

Den Eingang des Legolandes lässt man auf der linken Seite liegen und biegt am nächsten Kreisverkehr rechts ab. Dabei blickt man rechts auf die Start- und Landebahn des Billunder Flughafens und bleibt auf der Straße 176 bis zu ihrem Ende. Sie mündet in die Straße 30, auf der es rechts in die kleine Ortschaft Give geht. Dieser kleine unscheinbare Ort kann aber getrost durchquert werden. Am Kreisverkehr geht es rechts auf die Straße 442 durch den Ort Ris bis **Givskud,** wo sich auf der rechten Seite der **Givskud Safaripark** befindet. Auch mit einem Wohnmobil darf dieser Park befahren werden. Es geht an Giraffen, Nashörnern und Löwen vorbei, wobei im Gehege der Letztgenannten die Scheiben des Autos geschlossen sein müssen. Zwischen manchen Gehegen kann man auch aussteigen und Teile des Parks zu Fuß erkunden.

Sehenswertes

› **Givskud Zoo,** 7323 Give, Løveparkvej 3, Ende April–Ende Okt. tägl. ab 10 Uhr geöffnet, in der Hauptsaison bis 20 Uhr, sonst bis 18 Uhr, Eintritt: Personen ab 12 Jahren 210 DKK, sonst 110 DKK (geringe Ermäßigung bei Onlinekauf der Tickets), www.givskudzoo.dk. GPS: 55.81194, 9.35083.

Campingplatz

64 Give Camping

› *Hjejlen gehört zu den ältesten noch erhaltenen kohlebetriebenen Raddampfern der Welt*

‹ *Im eigenen Auto durch den Safaripark bei Givskud*

138wd Abb.: vd©Mikkel_Grabowski

SILKEBORG

(48 km – km 294)

Auf der Straße 442 geht es wieder ein Stück zurück bis zur Straße 176. Dieser wird bis zur Einmündung in die größere Hauptstraße 13 gefolgt und links abgebogen. Um hinter Silkeborg ein Straßenstück nicht doppelt zu befahren, kann man schon in Hjøllund am Kreisverkehr rechts abbiegen und bis Brande auf dem Faurholtvej bleiben. In dem kleinen Dorf wiederum nutzt man den Brandevej und landet schließlich nach waldreicher Fahrt im Südwesten von Silkeborg, wo sich auf der linken Seite der erste von mehreren Seen der näheren Umgebung erstreckt.

Silkeborg verfügt über kein mittelalterliches Stadtbild, da die Stadt erst in der Mitte des 19. Jahrhunderts rund um eine **Papierfabrik** entstand. Dennoch ist der Ort ein beliebtes Ziel für Touristen und so kann es in den Sommermonaten durchaus sehr voll werden. Grund hierfür ist die Landschaft um die Stadt herum. So gehört zum Beispiel der Wald, durch den man auf der Hinfahrt hindurch musste, zum größten zusammenhängenden Wald Dänemarks. Und mittendrin befinden sich zahlreiche Seen, die Kanufahrer und Radwanderer anlocken. Wer keines dieser Fortbewegungsmittel dabei hat, der sollte mit dem **Raddampfer Hjejlen** von Silkeborgs Zentrum aus starten, um auf dem Wasser zu einem der höchsten Berge des Landes zu gelangen. Mit „sagenhaften" 147 m Höhe erhebt sich am südlichen Ufer des Julsø der **Himmelbjerget,** ein kleiner Turm markiert die Spitze des sanften Hügels, bei dem es sich um ein beliebtes Ausflugsziel handelt. Dennoch, eine schöne Aussicht hat man vom Himmelbjerget.

In Silkeborg selbst sollte man das Silkeborgmuseum nicht außer Acht lassen. Im ältesten Gebäude des Ortes, dem sogenannten **Hovedgaard,** wird der Tollundmann aufbewahrt. Bei ihm handelt es sich um eine gut konservierte Moorleiche, die in der Mitte des letzten Jahrhunderts beim Torfstechen gefunden wurde.

Eine weitere sehenswerte Ausstellung befindet sich im Silkeborger **Kunstmuseum:** die Sammlung von Asger Jorn (1914–1973), einem der bekanntesten Künstler Dänemarks. Die Stilrichtung seiner Werke bewegt sich zwischen figurativer und abstrakter Malerei. Das wichtigste Kunstwerk der Sammlung trägt den Namen „Stalingrad".

Touristeninformation

› **Silkeborg Touristenbüro,** 8600 Silkeborg, Havnen Silkeborg, Åhavevej 2a, Tel. +45 86821911, www.silkeborg.com.

Sehenswertes

- **Silkeborg Museum,** 8600 Silkeborg, Hovedgårdsvej 7, Tel. +45 86821499, www.silkeborgmuseum.dk, Mai–Oktober 10–17 Uhr, sonst nur am Wochenende 12–16 Uhr, Eintritt: 65 DKK
- **Silkeborg Kunstmuseum,** 8600 Silkeborg, Gudenåvej 7, Tel. +45 86825388, www.museumjorn.dk, April–Oktober Di–So 10–17 Uhr, sonst nur Di–Fr 12–16 und am Wochenende 10–17 Uhr, Eintritt: 100 DKK

Campingplätze

65 Gudenåens Camping Silkeborg
66 Silkeborg Sø-Camping
67 Jyllandsringen Camping
68 Sejs Bakker Camping
69 Skyttehusets Camping
70 Askehøj Camping
71 Terrassen Camping
72 Hesselhus Camping DCU

⊼ *Elia reagiert auf elektrische Entladungen aus der Atmosphäre mit Geräuschen und Feuer*

⊳ *Mittelalterliche Kirche in Staby, auf halben Weg zwischen Holstebro und dem Nissum Fjord*

IKAST UND HERNING

(36 km – km 330)

Die beiden Ortschaften Ikast und Herning liegen nur wenige Kilometer auseinander und sind über die Straße 15 miteinander verbunden und über diese auch von Silkeborg aus zu erreichen. Ikast hat jedoch außer einem **Wasserturm,** der als Aussichtsturm und Wasserversorgung-Museum dient, nicht viel zu bieten. Zudem ist dieser nur an den Wochenenden im Juli für den Besucher geöffnet.

Herning hingegen ist die **Stadt der Museen.** Da wären unter anderem das Fotomuseum, das Herning Museum, das Kunstmuseum und das Textilforum, denn die Herstellung von Stoffen, Trikots und Kleidern war der industrielle Mittelpunkt des Ortes. So ist das Museum auch in den Gebäuden der ehemaligen Kleiderfabrik untergebracht. Eine Sehenswürdigkeit ganz anderer Art ist **Elia.** Hierbei handelt es sich um eine 11 m hohe Kuppel mit einem Durchmesser von 60 m. *Ingvar Cronhammer* war der Architekt dieses Bauwerks, das alle 18 Tage urplötzlich eine gigantische Flamme entzündet, die 30 Sekunden lang brennt.

Touristeninformation

- **Herning Touristenbüro,** 7400 Herning, Østergade 21, Tel. +45 96272222, www.visitherning.com, Mo–Fr 10–17 Uhr, Sa 10–13 Uhr

Sehenswertes

- **Wasserturm Ikast-tårnet og vandværksmuseet,** 7430 Ikast, Sverigesgade, Tel. +45 99605115, an Wochenenden im Juli **14–17 Uhr, Eintritt: 50 DKK**
- **Danmarks Fotomuseum,** 7400 Herning, Museumsgade 28, Tel. +45 97225322, www.fotomuseum.dk, Di–So 12–16.30 Uhr, im Juli auch So, Eintritt: 60 DKK
- **Herning Museum,** 7400 Herning, Museumsgade 32, Tel. +45 97123266, www.museummidtjylland.dk, Di–Fr 10–16.30 Uhr, am Wochenende erst ab 11 Uhr, Eintritt: 50 DKK
- **Elia, im Birk Centerpark,** direkt hinter dem Herning Museum, Eintritt frei
- **Textilforum,** 7400 Herning, Vestergade 20, Tel. +45 97122980, täglich außer freitags 11–16 Uhr, Eintritt: 50 DKK

Entsorgungsstation

- Auf der Autobahn 18, südlich von Herning, befindet sich zwischen der Ausfahrt Herning Syd und der Ausfahrt 13 auf beiden Seiten ein Rastplatz mit einer Entsorgungsmöglichkeit für Wohnmobile. GPS: 56.037911, 9.000687

HOLSTEBRO

(34 km – km 364)

Nachdem nun bereits einige Museen, darunter auch Kunstmuseen, besichtigt wurden, ist dies in Holstebro nicht notwendig. In der Stadt, die von Herning aus über die Straße 18 zu erreichen ist, steht an fast jeder Straßenecke im Zentrum eine Skulptur und so werden ihre Kunstschätze unter freiem Himmel präsentiert. Begonnen hatte alles mit einer kleinen und bescheidenen Figur von *Alberto Giacometti,* über die man sich aufgrund ihrer geringen Größe zunächst lustig machte. Doch heute hat man die „Frau auf der Karre" ins Herz geschlossen und erweiterte die Sammlung um zahlreiche Plastiken, die über das gesamte Stadtbild verteilt zu sehen sind.

Touristeninformation

- **Holstebro Touristenbüro,** 7500 Holstebro, Jeppe Schous Gade 14 , Tel. +45 96117080, www.visitholstebro.dk, geöffnet: Mo–Do 9.30–16 Uhr, Fr 9.30–17 Uhr, Sa 10–13 Uhr, Juli und August Mo–Fr 9.30–17 Uhr, Sa 10–13 Uhr

Campingplatz

73 Mejdal Camping DCU

140wd Abb.: fo©Frankix

NISSUM FJORD

(46 km – km 410)

Wer Holstebro auf der Straße 16 verlässt, nähert sich dem **Nissum Fjord.** Hierzu wird in Ulfborg auf die Straße 537 gewechselt, die schließlich auf die bereits bekannte Küstenstraße 181 trifft. Ähnlich wie beim Ringkøbing Fjord fährt man auf einer schmalen Nehrung zwischen der Nordsee auf der einen und dem Binnengewässer auf der anderen Seite. Der gesamte Fjord gilt als Naturreservat und ist für Ornithologen ein beliebtes Reiseziel, da hier zahlreiche Vögel nicht nur rasten, sondern auch brüten. Was Hvide Sande am Ringkøbing Fjord ist, ist am kleineren Nissum Fjord das Örtchen **Thorsminde.** Auch hier ist der Fjord durch eine Schleuse vom Meer abgetrennt.

Am südlichen Rand des Fjords befindet sich der kleine Ort **Helm Klink Havn.** Er ist Ausgangspunkt für einen neu angelegten Wanderweg, der zwar am Nissum Fjord beginnt, jedoch zur Nordseeküste führt. Dabei wandert man auf dem Großteil des 15 km langen Weges durch die schöne Dünenlandschaft bei Husby, weshalb der **Wanderweg** den Namen Husby Klitplantage Ruten trägt. Zwischen Latschenkiefern und Dünen ist man überwiegend auf naturbelassenen Wegen unterwegs, was das Deutsche Wanderinstitut veranlasste, den Weg im Jahr 2018 zu zertifizieren und ihn als Premiumwanderweg auszuzeichnen. Ausgangspunkt der Route ist der Parkplatz am kleinen Fjordhafen (GPS: 56.330385, 8.148076).

Parkplatz

› An der Straße 565 am Nissum Fjord befindet sich die alte Aa Mühle. Vor dem Mühlstein links auf den Rasenparkplatz. Nur ein Picknickplatz. GPS: 56.541629, 8.503867

Campingplätze

74 Fjand Camping og Feriecenter
75 Thorsminde Camping

Stellplatz

S14 **Stellplatz Thorsminde (56.365803, 8.121990).** Am südlichen Rand von Thorsminde, direkt am Hafen. Der Stellplatz wird vom Campingplatz Thorsminde betrieben. Dort kann auch entsprechend die Entsorgung genutzt werden, wenn man „nur" auf dem Stellplatz übernachtet (100 DKK, Strom 30 DKK).

141wd Abb.: vd©John Sommer

185wd Abb.: as©NadineRdder - stock.adobe.com

LEMVIG
(23 km - km 433)

Die kleine Ortschaft Lemvig ist an sich nicht spektakulär, doch sie liegt auf dem weiteren Weg in leicht hügeliger Landschaft und hat eine interessante Sehenswürdigkeit, den **Planetstien.** Hierbei handelt es sich um ein begehbares Modell unseres Planetensystems. Im Touristenbüro liegt ein Prospekt aus, das den Weg beschreibt, für den man etwas Zeit mitbringen sollte, denn die Sonne am Stadtrand mit einem Durchmesser von 1,4 Metern liegt maßstabsgerecht rund 5 km vom Kleinplaneten Pluto entfernt.

Touristeninformation

› **Lemvig Touristenbüro,** 7620 Lemvig, Toldbodgade 4, Tel. +45 97820077, www.visitlemvig.dk, geöffnet: Mai-Sept.Mo-Fr 9-17 Uhr, Sa 9-13 Uhr, Oktober-April Mo-Fr 9-16 Uhr

Campingplätze

76 Lemvig Strand Camping
77 Bremdal Camping

Stellplatz

S15 **Stellplatz Lemvig (56.55423, 8.308855).** Teglgärdsvej, 7620 Lemvig, Tel. +45 97820077. Zehn Stellplätze auf Schotter im östlichen Hafenbereich, vor dem Neubaugebiet nach links. Nur 250 Meter vom Zentrum entfernt mit Blick auf den Hafen, max. Standzeit 12 Stunden.

HALBINSEL SALLING
(60 km - km 493)

Mit Lemvig hat man den Norden des dänischen Festlandes erreicht und fährt nun auf der Straße 513 zur Halbinsel Salling. Dabei durchquert man das Örtchen Struer und wechselt östlich davon in Nørre Bjert auf die Straße 189, um auf die Hauptstadt der Halbinsel zu treffen, Skive. Schwerpunkt dieser Region ist abermals die Natur beziehungsweise die Landschaft, die am besten per Rad oder zu Fuß erkundet werden sollte. Die am gleichnamigen Fjord liegende Stadt **Skive** ist eher industriell geprägt, lediglich der **Herrensitz Krabbesholm** aus dem 16. Jahrhundert im Nordosten der Stadt sollte einen kurzen Besuch wert sein. Nicht auf der Halbinsel, aber nur etwas über 20 km über die Straße 26 entfernt, liegt östlich von Skive die größere Stadt **Viborg.**

Die Stadt rühmt sich ebenfalls, die älteste Stadt in Dänemark zu sein, und tritt in dieser Hinsicht als Konkurrent von Ribe auf. Doch an den mittelalterlichen Charakter, den Ribe ausstrahlt, reicht Viborg nicht heran. Lediglich der **Dom** ist einen Besuch der Stadt wert, obwohl auch dieser nicht mittelalterlich ist. Nachdem mehrfach ein Brand das Gotteshaus zerstört hatte, wurde der Dom gegen Ende des 19. Jahrhunderts im romanischen Stil wieder errichtet.

◁ *Strand bei Thorsminde*

△ *Ausblick über den Hafen von Lemvig*

142wd Abb.: vd©Lennard Nielsen

Touristeninformation

› **Viborg Touristenbüro,** 8800 Viborg, Tingvej 2a, Tel. +45 87878888, www.visitviborg.dk, Mo–Fr 10–16 Uhr, in der Hauptsaison Mo–Fr 10–17 Uhr, Sa 10–14 Uhr

Stellplatz

S16 **Stellplatz Holstebro-Struer Lystbådehavn (56.494311, 8.58987).** Fjordvejen, 7600 Struer, Tel. +45 97850228; April–Mitte Okt.; Großer Schotterplatz am Jachthafen.

Campingplatz

78 Viborg Sø Camping DCU

Zurück zur Halbinsel Salling. Wer über die Straße 573 von Skive aus gen Westen reist, erreicht am Ende des Weges die **Burg Spøttrup.** Mit einem doppelten Wall und einem Wassergraben war die Burg aus Ziegelstein regelrecht uneinnehmbar. Heute kann das komplett restaurierte Bauwerk von innen besichtigt werden.

Der Dom von Viborg im neoromanischen Stil

Touristeninformation

› **Spøttrup Touristenbüro,** 7860 Spøttrup, Borgen 6a, Tel. +45 97561606, www.visitskive.dk, Mai–August täglich 10–18 Uhr, September 10–17 Uhr, Oktober täglich 10–16 Uhr

Sehenswertes

› **Burg Spøttrup,** GPS: 56.63888, 8.78194

Dass Dänemark ruhig und *hyggelig* (s. S. 30) ist, ist bekannt und war bisher auch schon mehrfach zu spüren – doch es geht noch eine Spur ruhiger. Im Norden der Halbinsel fährt eine Autofähre nur wenige Minuten auf die vorgelagerte kleine **Insel Fur.** Im Osten trifft man auf schöne Sandstrände, während sich im Norden leichte Steilküsten befinden. Die Insel liegt zwar nicht im offenen Meer, ist dafür aber wesentlich ruhiger als mancher Nordseestrand, obwohl auch diese schon an manchen Orten beinahe menschenleer sind.

Campingplätze

79 Skive Fjord Camping FDM
80 Salling Camping
81 Fur Camping
82 Nøreng Strandcamping
83 Glyngøre Camping

CAMPINGPLÄTZE ENTLANG DER ROUTE

45 Hvidbjerg Strand Camping

55.54673, 8.13756

Großer, kinderfreundlicher Platz mit zahlreichen Freizeitmöglichkeiten. Große Unterschiede in der Ausstattung, die bis zu einem eigenen Bad eines XL-Stellplatzes reichen. **Lage/Anfahrt:** ab Oksbøl auf dem Blåvandvej (Straße 431), am Abzweig Hvidbjerg Strandvej links; **Platzanzahl:** 550; **Untergrund:** Wiese; fest; **Ver-/Entsorgung:** Strom, Trinkwasser, Abwasser, Chemie-WC; **Sicherheit:** bewacht; **Preise:** 360 DKK/Fahrz. (Standardplatz), 90 DKK pro Person; **Geöffnet:** 23. März bis 21. Oktober; **Kontakt:** 6857 Blåvand, Hvidbjerg Strandvej 27, Tel. +45 75279040, www.hvidbjerg.dk

46 Vejers Familie Camping

55.61944, 8.13583

Kinderfreundlicher Platz mit Pool. **Lage/Anfahrt:** in Oksbøl auf den Blåvandvej (Straße 431), hinter einer lang gezogenen Linkskurve rechts in den Vejers Havvej, der Platz liegt links; **Platzanzahl:** 150; **Untergrund:** Wiese; fest; **Ver-/Entsorgung:** Strom, Trinkwasser, Abwasser, Chemie-WC; **Sicherheit:** bewacht; **Preise:** 60 DKK/Fahrz., 87 DKK pro Person, 35 DKK/Strom; **Geöffnet:** 1. April bis 16. September; **Kontakt:** 6853 Vejers Strand, Vejers Havvej 15, Tel. +45 75277036, www.vejersfamiliecamping.dk

47 Vejers Strand Camping

55.61944, 8.11888

Quickstop. Großer, weitläufiger Platz in den Dünen der Nordsee. **Lage/Anfahrt:** hinter dem Vejers Familie Camping links in die Straße Veyers Sydstrand; **Platzanzahl:** 450; **Untergrund:** Wiese; fest; **Ver-/Entsorgung:** Strom, Trinkwasser, Abwasser, Chemie-WC; **Sicherheit:** bewacht; **Preise:** 50 DKK Stellfläche, 88 DKK pro Person, 35 DKK/Strom; **Geöffnet:** 1. April bis 15. September; **Kontakt:** 6853 Vejers Strand, Vejers Sydstrand 3, Tel. +45 75277050, www.vejersstrandcamping.dk

48 Stjerne Camping I/S

55.61916, 8.14277

Quickstop. Großer, lebhafter Platz in direkter Nachbarschaft zum Vejers Familie Camping. **Lage/Anfahrt:** in Oksbøl auf den Blåvandvej (Straße 431), hinter einer lang gezogenen Linkskurve rechts in den Vejers Havvej, der Platz liegt links; **Platzanzahl:** 240; **Untergrund:** Wiese; fest; **Ver-/Entsorgung:** Strom, Trinkwasser, Abwasser, Chemie-WC; **Sicherheit:** bewacht; **Preise:** 35 DKK/Fahrz., 85 DKK pro Person, 35 DKK/Strom, Quickstop 50 DKK; **Geöffnet:** ganzjährig; **Kontakt:** 6853 Vejers Strand, Vejers Havvej 7, Tel. +45 75277054, www.stjernecamping.dk

49 Børsmose Strand Camping

55.67138, 8.14555

Großer, weitläufiger Platz hinter der Dünung zur Nordseeküste. **Lage/Anfahrt:** ab Oksbøl nordostwärts über den Præstegaardsvej bis zum Strand, der Platz ist auf der linken Seite; **Platzanzahl:** 400; **Untergrund:** Wiese; fest; **Ver-/Entsorgung:** Strom, Trinkwasser, Abwasser, Chemie-WC; **Sicherheit:** bewacht; **Preise:** 50 DKK pro Fahrzeug, 88 DKK pro Person, 35 DKK/Strom; **Geöffnet:** 1. April bis 15. September; **Kontakt:** 6840 Oksbøl, Børsmosevej 3, Tel. +45 75277070, www.børsmosecamping.dk

50 Henne Strand Camping

55.73777, 8.18416

Familienfreundlicher Platz mitten im Ferienhausgebiet von Henne Strand. **Lage/Anfahrt:** auf der Straße 465 kurz vor dem Erreichen der Küste auf der rechten Seite; **Platzanzahl:** 200; **Untergrund:** Wiese; fest; **Ver-/Entsorgung:** Strom, Trinkwasser, Abwasser, Chemie-WC; **Sicherheit:** bewacht; **Preise:** 30–185 DKK/Fahrz., 89 DKK pro Person inkl. Strom; **Geöffnet:** 1. April bis 28. Oktober; **Kontakt:** 6854 Henne, Henne Strandvej 418, Tel. +45 75255079, www.hennestrandcamping.dk

51 Henneby Camping

55.73361, 8.22222

Familienfreundlicher und ruhiger Platz am Ortsrand von Henne. **Lage/Anfahrt:** von der Straße 465 am Ortsanfang von Henne rechts in den Hennebysvej; **Platzanzahl:** 180; **Untergrund:** Wiese; fest; **Ver-/Entsorgung:** Strom, Trinkwasser, Abwasser, Chemie-WC; **Sicherheit:** bewacht; **Preise:** 55 DKK/Fahrz., 91 DKK pro Person, 36 DKK/Strom; **Geöffnet:** 1. April bis 28. Oktober; **Kontakt:** 6854 Henne, Hennebysvej 20, Tel. +45 75255163, www.hennebycamping.dk

52 Lyngboparken Naturistcamping

55.73583, 8.20777

Kleiner, ruhiger Platz mitten im Wald für FKK-Touristen, daher auch kein Zutritt für Alleinstehende. **Lage/Anfahrt:** auf der Straße 465 Richtung Küste, rechts in den Strandfogedvej, die Einfahrt liegt links zwischen den Bäumen; **Platzanzahl:** 75; **Untergrund:** Wiese; fest; **Ver-/Entsorgung:** Strom, Trinkwasser, Abwasser, Chemie-WC; **Sicherheit:** umzäunt; **Preise:** 30 DKK/Fahrz., 60 DKK pro Person, 30 DKK/Strom; **Geöffnet:** 15. Mai bis 15. September; **Kontakt:** 6854 Henne, Strandfogedvej 15, Tel. +45 75255092, www.lyngbo.dk

53 Houstrup Camping

55.77444, 8.23805

Quickstop. Familienfreundlicher Platz mit Freizeitmöglichkeiten, Swimmingpool gratis. **Lage/Anfahrt:** von der Straße 181 zwischen Varde und Nymindegab bei Lønne links abbiegen; **Platzanzahl:** 220; **Untergrund:** Wiese; fest; **Ver-/Entsorgung:** Strom, Trinkwasser, Abwasser, Chemie-WC; **Sicherheit:** bewacht; **Preise:** 60 DKK/Fahrz., 80 DKK pro Person, 35 DKK/Strom, Quickstop 145 DKK; **Geöffnet:** 1. April bis 21. Oktober; **Kontakt:** 6830 Nørre Nebel, Houstrupvej 90, Tel. +45 75288340, www.houstrupcamping.dk

54 Nymindegab Familie Camping

55.81239, 8.20011

Quickstop. Großer, lebhafter Platz, von Wald umgeben. **Lage/Anfahrt:** von der Straße 181 von Varde nach Nymindegab links abbiegen; **Platzanzahl:** 335; **Untergrund:** Wiese; fest; **Ver-/Entsorgung:** Strom, Trinkwasser, Abwasser, Chemie-WC; **Sicherheit:** bewacht; **Preise:** 90 DKK/Fahrz., 90 DKK pro Person, 30 DKK/Strom, Quickstop 160 DKK; **Geöffnet:** 1. April bis 30. September; **Kontakt:** 6830 Nr. Nebel, Lyngtoften 12, Tel. +45 75289183, www.nycamp.dk

55 Tipperne Camping

55.82666, 8.21527

Ruhiger und abgelegener Platz. **Lage/Anfahrt:** von der Straße 181 kurz vor Nymindegab rechts abbiegen, der Platz liegt hinter dem Wald auf der linken Seite; **Platzanzahl:** 80; **Untergrund:** Wiese; fest; **Ver-/Entsorgung:** Strom, Trinkwasser, Abwasser, Chemie-WC; **Sicherheit:** bewacht; **Preise:** 35 DKK/Fahrz., 78 DKK pro Person; Strom 35 DKK; **Geöffnet:** 1. April bis 15. Dezember; **Kontakt:** 6830 Nr. Nebel, Vesterlundvej 101, Tel. +45 71788851, www.tippernecamping.dk

An den Klippen zeigt sich die raue Schönheit

186wd Abb.: as©rphfoto - stock.adobe.com

56 Nordsø Camping og Badeland

55.94984, 8.14916

Schön gelegener Platz in der Dünung zwischen Nordsee und Fjord. **Lage/Anfahrt:** auf der Straße 181 zwischen Nymindegab und Søndervig auf der linken Seite; **Platzanzahl:** 220; **Untergrund:** Wiese; fest; **Ver-/Entsorgung:** Strom, Trinkwasser, Abwasser, Chemie-WC; **Sicherheit:** bewacht; **Preise:** 70 DKK pro Fahrzeug, 98 DKK pro Person, 39 DKK/Strom; **Geöffnet:** 1. April bis 28. Oktober; **Kontakt:** 6960 Hvide Sande, Tingodden 3, Tel. +45 96591722, www.dancamps.com

57 Holmsland Klit Camping

55.96210, 8.14200

Schön gelegener Platz in der Dünung zwischen Nordsee und Fjord. **Lage/Anfahrt:** auf der Straße 181 zwischen Nymindegab und Søndervig auf der linken Seite, kurz hinter Nordsø Camping; **Platzanzahl:** 130; **Untergrund:** Wiese; fest; **Ver-/Entsorgung:** Strom, Trinkwasser, Abwasser, Chemie-WC; **Sicherheit:** bewacht; **Preise:** 75 DKK/Fahrz., 99 DKK pro Person, 40 DKK/Strom; **Geöffnet:** 1. April bis 21. Oktober; **Kontakt:** 6960 Hvide Sande, Tingodden 141, Tel. +45 97311309, www.dancamps.com

58 Hvidesande Camping

55.98728, 8.13439

Quickstop. Schön gelegener Platz in der Dünung zwischen Nordsee und Fjord, wenige Gehminuten nach Hvide Sande. **Lage/Anfahrt:** auf der Straße 181 zwischen Nymindegab und Søndervig, kurz vor dem Ortsanfang von Hvide Sande; **Platzanzahl:** 100; **Untergrund:** Wiese; fest; **Ver-/Entsorgung:** Strom, Trinkwasser, Abwasser, Chemie-WC; **Sicherheit:** bewacht; **Preise:** 46 DKK/Fahrz., 88 DKK pro Person, 40 DKK/Strom; Quickstop 110 DKK; **Geöffnet:** 1. April bis 28. Oktober; **Kontakt:** 6960 Hvide Sande, Karen Brands Vej 70, Tel. +45 97311218, www.hvidesandecamping.dk

59 Nørre Lyngvig Camping

56.04194, 8.11750

Großer, weitläufiger Platz hinter der Dünung, südlich vom Leuchtturm. **Lage/Anfahrt:** auf der Hälfte zwischen Hvide Sande und Søndervig an der linken Seite der Straße 181; **Platzanzahl:** 600; **Untergrund:** Wiese, Sand; fest; **Ver-/Entsorgung:** Strom, Trinkwasser, Abwasser, Chemie-WC, WLAN gratis; **Sicherheit:** umzäunt; **Preise:** 37 DKK/Fahrz., 89 DKK pro Person, 35 DKK/Strom; **Geöffnet:** ganzjährig; **Kontakt:** 6960 Hvide Sande, Holmsland Klitvej 81, Tel. +45 97311231, www.lyngvigcamping.dk

60 Søndervig Camping

56.11184, 8.11755

Quickstop. Ruhiger Platz mitten im Ort Søndervig. **Lage/Anfahrt:** auf Straße 181 Richtung Søndervig, auf der linken Seite vor dem Zentrum; **Platzanzahl:** 200; **Untergrund:** Wiese; fest; **Ver-/Entsorgung:** Strom, Trinkwasser, Abwasser, Chemie-WC; **Sicherheit:** bewacht; **Preise:** 77 DKK/Fahrz., 88 DKK pro Pers., 36 DKK inkl. Strom, Stellplatz vor der Schranke 253 DKK; **Geöffnet:** 1. April bis 28. Okt.; **Kontakt:** 6950 Ringkøbing, Solvej 2, Tel. +45 97339034, www.soendervigcamping.dk

61 Ringkøbing Camping

56.08833, 8.31666

Quickstop. Ruhiger Platz mitten im Wald, östlich von Ringkøbing, Minigolf gratis. **Lage/Anfahrt:** auf der Straße 15 Richtung Videbæk, hinter dem Kreisverkehr die dritte Straße links durch den Wald; **Platzanzahl:** 150; **Untergrund:** Wiese; fest; **Ver-/Entsorgung:** Strom, Trinkwasser, Abwasser, Chemie-WC, WLAN gratis; **Sicherheit:** bewacht; **Preise:** 35 DKK Stellfläche, 62 DKK pro Person, 36 DKK Strom; **Geöffnet:** 1. April bis 23. September; **Kontakt:** 6950 Ringkøbing, Herningvej 105, Tel. +45 97320420, www.ringkobingcamping.dk

62 Grindsted Aktiv Camping

55.74972, 8.91722

Kleiner Platz mit im Kreis angeordneten, ruhigen Stellplätzen neben dem Sportplatz. **Lage/Anfahrt:** auf der Straße 30 Richtung Sportplatz (Idrott), am Kreisverkehr links; **Platzanzahl:** 80; **Untergrund:** Wiese; fest; **Ver-/Entsorgung:** Strom, Trinkwasser, Abwasser, Chemie-WC; **Sicherheit:** bewacht; **Preise:** 25 DKK/Fahrz., 76 DKK pro Person, 35 DKK/Strom; **Geöffnet:** 1. April–30. September; **Kontakt:** 7200 Grindsted, Søndre Boulevard 15, Tel. +45 75311751, www.grindstedcamping.dk

63 Legoland Holiday Village

55.73111, 9.13305

Großer, familienfreundlicher Platz, nur wenige Gehminuten vom Legoland entfernt. Der Platz ist dem benachbarten Legoland (450 Meter) angegliedert. **Lage/Anfahrt:** auf der Straße 28 zwischen Freizeitpark und Flughafen hindurch, links in die Ellehammer Allé; **Platzanzahl:** 600; **Untergrund:** Wiese; fest; **Ver-/Entsorgung:** Strom, Trinkwasser, Abwasser, Chemie-WC; **Sicherheit:** bewacht; **Preise:** Stellfläche 235 DKK; **Geöffnet:** ganzjährig; **Kontakt:** 7190 Billund, Ellehammer Allé 2, Tel. +45 75331521, www.legoland.dk

187wd Abb.: as ©Manok - stock.adobe.com

64 Give Camping

55.85055, 9.22972

Kleiner, ruhiger Platz mit Pool in Waldrandlage, jedoch Bahngleise direkt nebenan. **Lage/Anfahrt:** auf der Straße 30 mitten im Ort links abbiegen, hinter dem Ortsende rechts; **Platzanzahl:** 70; **Untergrund:** Wiese; fest; **Ver-/Entsorgung:** Strom, Trinkwasser, Abwasser, Chemie-WC; **Sicherheit:** umzäunt; **Preise:** 80 DKK pro Person, 35 DKK/Strom, Stellplatz vor der Schranke für Ankünfte nach 20 Uhr 160 DKK; **Geöffnet:** 1. April bis 22. Oktober; **Kontakt:** 7323 Give, Skovbakken 34, Tel. +45 75731134, www.givecamping.dk

65 Gudenåens Camping Silkeborg

56.15665, 9.56293

Quickstop. Ruhiger Platz zwischen Kleingartenkolonie und Wald im Ortsteil Lysbro. **Lage/Anfahrt:** an der Sportanlage (Idrott) vorbei und der Beschilderung folgen; **Platzanzahl:** 150; **Untergrund:** Wiese; fest; **Ver-/Entsorgung:** Strom, Trinkwasser, Abwasser, Chemie-WC; **Sicherheit:** bewacht; **Preise:** 75 DKK pro Fahrzeug, 95 DKK pro Person, 35 DKK/Strom, Quickstop 180 DKK; **Geöffnet:** 1. April bis 21. Oktober; **Kontakt:** 8600 Silkeborg, Vejlsøvej 7, Tel. +45 86822201, www.gudenaaenscamping.dk

66 Silkeborg Sø-Camping

56.16972, 9.57638

Quickstop. Schattiger Platz im Wald mit Zugang zum Badesee. **Lage/Anfahrt:** auf der Straße 15 in den Århusvej einbiegen, der Platz liegt auf rechter Seite; **Platzanzahl:** 150; **Untergrund:** Wiese; fest; **Ver-/Entsorgung:** Strom, Trinkwasser, Abwasser, Chemie-WC; **Sicherheit:** bewacht; **Preise:** 80 DKK pro Fahrzeug, 95 DKK pro Person, 35 DKK/Strom, Quickstop 198 DKK; **Geöffnet:** 1. April bis 21. Oktober; **Kontakt:** 8600 Silkeborg, Århusvej 51, Tel. +45 86822824, www.seacamp.dk

67 Jyllandsringen Camping

56.17805, 9.65555

Kinderfreundlicher Platz in der Nähe einer Rennstrecke. **Lage/Anfahrt:** in Silkeborg Richtung Osten, am zweiten Kreisverkehr rechts; **Platzanzahl:** 350; **Untergrund:** Wiese; fest; **Ver-/Entsorgung:** Strom, Trinkwasser, Abwasser, Chemie-WC; **Sicherheit:** bewacht; **Preise:** 30 DKK/Fahrz., 79 DKK pro Person, 35 DKK/Strom; **Geöffnet:** 1. April bis 30. September; **Kontakt:** 8600 Silkeborg, Skellerupvej 38, Tel. +45 86853176

◁ Auch im kleinen Dänemark gibt es endlose Weiten

68 Sejs Bakker Camping

56.14027, 9.62027

Quickstop. Baumreicher Platz zwischen zwei Hauptstraßen. **Lage/Anfahrt:** von Silkeborg nach Sejs, dort links in den Langdalsvej unter den Bahngleisen hindurch; **Platzanzahl:** 150; **Untergrund:** Wiese; fest; **Ver-/Entsorgung:** Strom, Trinkwasser, Abwasser, Chemie-WC; **Sicherheit:** bewacht; **Preise:** 92 DKK pro Person, 36 DKK/Strom; **Geöffnet:** 4. April bis 16. September; **Kontakt:** 8600 Silkeborg, Borgdalsvej 15–17, Tel. +45 86846383, www.sejs-bakker-camping.dk

69 Skyttehusets Camping

56.12416, 9.63916

Schattiger, ruhiger Platz, direkt am See gelegen. **Lage/Anfahrt:** von Silkeborg auf Straße 52 nach Süden, vor Virklund links abbiegen und auf Beschilderung achten; **Platzanzahl:** 50; **Untergrund:** Wiese; fest; **Ver-/Entsorgung:** Strom, Trinkwasser, Abwasser, Chemie-WC; **Sicherheit:** bewacht; **Preise:** 85 DKK pro Fahrzeug, 95 DKK pro Person, 18 DKK/Strom zzgl. 3,50 DKK je kWh; **Geöffnet:** 1. April bis 23. September; **Kontakt:** 8600 Silkeborg, Svejbækvej 3, Tel. +45 86845111, www.skyttehusetscamping.dk

70 Askehøj Camping

56.13611, 9.69027

Abgelegener, ruhiger Platz. **Lage/Anfahrt:** von der Straße 15 südlich nach Linå abbiegen; **Platzanzahl:** 200; **Untergrund:** Wiese; fest; **Ver-/Entsorgung:** Strom, Trinkwasser, Abwasser, Chemie-WC; **Sicherheit:** bewacht; **Preise:** 50 DKK pro Fahrzeug, 85 DKK pro Person, 35 DKK/Strom; **Geöffnet:** 4. April bis 16. September; **Kontakt:** 8600 Silkeborg, Askehøjvej 18, Tel. +45 86841282, www.askehoj.dk

71 Terrassen Camping

56.12472, 9.71000

Familienfreundlich, am Ortsrand von Laven gelegen. **Lage/Anfahrt:** am Camping Askehøj vorbei bis zum Ort Laven; **Platzanzahl:** 250; **Untergrund:** Wiese; fest;

Ver-/Entsorgung: Strom, Trinkwasser, Abwasser, Chemie-WC; **Sicherheit:** bewacht; **Preise:** 150-200 DKK/Fahrz., 95 DKK pro Person; **Geöffnet:** 1. April bis 23. September; **Kontakt:** 8600 Silkeborg, Himmelbjergvej 9, Tel. +45 86841301, www.terrassen.dk

72 Hesselhus Camping DCU

56.14833, 9.39694

Für Kinder geeigneter Platz mit Pool, Wasserrutsche und Hüpfburg. **Lage/Anfahrt:** auf der Straße 15 westlich von Silkeborg, durch Flunder Kirkeby hindurchfahren, der Platz befindet sich auf der rechten Seite; **Platzanzahl:** 300; **Untergrund:** Wiese; fest; **Ver-/Entsorgung:** Strom, Trinkwasser, Abwasser, Chemie-WC; **Sicherheit:** bewacht; **Preise:** 70 DKK pro Fahrzeug, 99 DKK pro Person, 30 DKK inkl. Strom; **Geöffnet:** ganzjährig; **Kontakt:** 8600 Silkeborg, Moselundvej 30, Tel. +45 86865066, www.camping-hesselhus.dk

73 Mejdal Camping DCU

56.34972, 8.64444

Kleiner Platz mit direktem Zugang zum See. **Lage/Anfahrt:** im Osten von Holstebro, von der Umgehungsstraße 16 in den Prins Buris Vej einbiegen; **Platzanzahl:** 100; **Untergrund:** Wiese; fest; **Ver-/Entsorgung:** Strom, Trinkwasser, Abwasser, Chemie-WC; **Sicherheit:** bewacht; **Preise:** 70 DKK/Fahrz., 99 DKK pro Person, 30 DKK/Strom; **Geöffnet:** 24. März bis 21. Oktober; **Kontakt:** 7500 Holstebro, Birkevej 25, Tel. +45 97422068, www.camping-mejdal.dk

74 Fjand Camping og Feriecenter

56.31861, 8.14833

Einsam gelegener Platz in der Nähe des Nissum Fjords. **Lage/Anfahrt:** an der Straße 181 Richtung Thorsminde liegt der Platz auf der rechten Seite; **Platzanzahl:** 200; **Untergrund:** Wiese; fest; **Ver-/Entsorgung:** Strom, Trinkwasser, Abwasser, Chemie-WC; **Sicherheit:** bewacht; **Preise:** 35 DKK/Fahrz., 68 DKK pro Person, 30 DKK/Strom, Quickstop 100 DKK; **Geöffnet:** ganzjährig; **Kontakt:** 6990 Ulfborg, Klitvej 16, Tel. +45 97496011

75 Thorsminde Camping

56.37625, 8.12257

Erholsamer Platz genau zwischen Nordsee und Fjord. **Lage/Anfahrt:** auf der nördlichen Nehrung bei Thorsminde, im Ort der Beschilderung nach rechts folgen; **Platzanzahl:** 200; **Untergrund:** Wiese; fest; **Ver-/Entsorgung:** Strom, Trinkwasser, Abwasser, Chemie-WC; **Sicherheit:** bewacht; **Preise:** 50 DKK/Fahrz., 78 DKK pro Person, 30 DKK/Strom, Stellplatz vor der Schranke 150 DKK; **Geöffnet:** 1. April bis 21. Oktober; **Kontakt:** 6990 Ulfborg, Klitrosevej 4, Tel. +45 97497056, www.thorsmindecamping.dk

76 Lemvig Strand Camping

56.56722, 8.29305

Schön gelegen zwischen Lemvig Fjord und einem kleinem See. **Lage/Anfahrt:** in Lemvig am Hafen vorbei bis zum Jachthafen, dort in unmittelbarer Nähe; **Platzanzahl:** 250; **Untergrund:** Wiese; fest; **Ver-/Entsorgung:** Strom, Trinkwasser, Abwasser, Chemie-WC; **Sicherheit:** bewacht; **Preise:** 30 DKK/Fahrz., 89 DKK pro Person, 35 DKK/Strom; **Geöffnet:** 1. April bis 16. September; **Kontakt:** 7620 Lemvig, Vinkelhagevej 6, Tel. +45 97820042, http://lemvigcamping.dk

77 Bremdal Camping

56.50277, 8.58222

Zentral gelegen, mit Blick auf den Fjord. **Lage/Anfahrt:** in Struer am Hafen entlang und auf der rechten Seite der Bahngleise über den Damm nach Norden, nicht über die Straße 11 (!), Platz erscheint rechts; **Platzanzahl:** 200; **Untergrund:** Wiese; fest; **Ver-/Entsorgung:** Strom, Trinkwasser, Abwasser, Chemie-WC; **Sicherheit:** bewacht; **Preise:** 70 DKK pro Person; **Geöffnet:** 24. März bis 21. Oktober; **Kontakt:** 7600 Struer, Fjordvejen 12, Tel. +45 97851650, www.bremdal-camping.dk

78 Viborg Sø Camping DCU

56.43777, 9.42166

Ruhiger Platz mit Blick über den See nach Viborg. **Lage/Anfahrt:** im Zentrum von Viborg über den Damm nach Osten und sofort rechts in den Vinkelvej; **Platzanzahl:** 150; **Untergrund:** Wiese; fest; **Ver-/Entsorgung:** Strom, Trinkwasser, Abwasser, Chemie-WC; **Sicherheit:** bewacht; **Preise:** 70 DKK/Fahrz., 99 DKK pro Person, 30 DKK/Strom; **Geöffnet:** 24. März bis 21. Oktober; **Kontakt:** 8800 Viborg, Vinkelvej 36, Tel. +45 86671311, www.camping-viborg.dk

79 Skive Fjord Camping FDM

56.59777, 9.03805

Familienfreundlicher Platz mit Pool, Minigolf und Hüpfburg nur wenige Meter vom Skive Fjord entfernt. **Lage/Anfahrt:** in Skive am Kreisverkehr nicht auf die Straße 26, sondern rechts in den Furvej; **Platzanzahl:** 200; **Untergrund:** Wiese; fest; **Ver-/Entsorgung:** Strom, Trinkwasser, Abwasser, Chemie-WC, WLAN gratis; **Sicherheit:** bewacht; **Preise:** 95 DKK pro Fahrzeug, 85 DKK pro Person, 37 DKK/Strom, Quickstop 150 DKK; **Geöffnet:** 1. April bis 14. Oktober; **Kontakt:** 7800 Skive, Marienlyst Strand 15–17, Tel. +45 97514455, www.skivefjordcamping.dk

80 Salling Camping

56.76305, 9.10027

Quickstop. Kleiner, sehr ruhiger Platz. **Lage/Anfahrt:** auf der Straße 551 nach Norden und in Richtung Junget abbiegen, der Platz liegt direkt an der Kreuzung in dem Weiler; **Platzanzahl:** 50; **Untergrund:** Wiese; fest; **Ver-/Entsorgung:** Strom, Trinkwasser, Abwasser, Chemie-WC; **Sicherheit:** bewacht; **Preise:** 50 DKK/Fahrz., 80 DKK pro Person, 50 DKK/Strom, Quickstop 100–130 DKK; **Geöffnet:** Ostern bis 30. September; **Kontakt:** 7870 Roslev, Jungetgårdvej 3, Tel. +45 97597299, www.sallingcamping.dk

81 Fur Camping

56.83333, 8.97750

Geheimtipp für ruhige Ferien. **Lage/Anfahrt:** im Nordwesten der Insel Fur, hinter der Fähre links halten bis zum Råkildevej; **Platzanzahl:** 100; **Untergrund:** Wiese; fest; **Ver-/Entsorgung:** Strom, Trinkwasser, Abwasser, Chemie-WC; **Sicherheit:** bewacht; **Preise:** 77 DKK pro Person, 35 DKK/Strom, Stellplatz vor der Schranke: 1 € pro angefangene Stunde; **Geöffnet:** 1. April bis 21. Oktober; **Kontakt:** 7884 Fur, Råkildevej 6, Tel. +45 97593333, www.furcamping.dk

82 Nøreng Strandcamping

56.79666, 8.95333

Einsamer Platz mit direktem Zugang zum Strand. **Lage/Anfahrt:** an Glyngøre vorbei in Richtung Nøreng, der Platz ist links, die Rezeption rechts neben der Straße; **Platzanzahl:** 75; **Untergrund:** Wiese; fest; **Ver-/Entsorgung:** Strom, Trinkwasser, Abwasser, Chemie-WC; **Sicherheit:** umzäunt; **Preise:** 70 DKK pro Person; **Geöffnet:** 1. April bis 30. September; **Kontakt:** 7870 Roslev, Nørengsvej 21, Tel. +45 97595081.

83 Glyngøre Camping

56.74337, 8.86805

Quickstop. Campingplatz mit Blick auf die Sallingsundbrücke. **Lage/Anfahrt:** die Straße 26 noch vor der Brücke an der Ausfahrt verlassen; **Platzanzahl:** 250; **Untergrund:** Wiese; fest; **Ver-/Entsorgung:** Strom, Trinkwasser, Abwasser, Chemie-WC; **Sicherheit:** bewacht; **Preise:** 45 DKK/Fahrz., 77 DKK pro Person, 40 DKK/Strom; **Geöffnet:** ganzjährig; **Kontakt:** 7870 Roslev, Sundhøj 20, Tel. +45 97731788, www.glyngore-camping.dk

Hans Christian Andersen: „Nach Jahrtausenden“

Bei diesem Märchen handelt es sich eigentlich eher um eine Science-Fiction-Geschichte, deren Handlung in vielen tausend Jahren spielt. Amerikanische Reisende besuchen ein zerstörtes Europa und folgen den Spuren vergangener Kulturen, die einst in der alten Welt existiert haben. Übrigens wird in diesem Märchen ein Tunnel unter dem Ärmelkanal erwähnt, den es zu Andersens Zeiten natürlich noch nicht gab.

DAS SKAGERRAK UND DAS KATTEGAT TREFFEN AUFEINANDER

Nordjütland besteht eigentlich aus einer Insel, aber das merkt man kaum, da sie in der Regel über eine Straßenverbindung, bei der es sich meist nur um eine kurze Brücke handelt, erreichbar ist. So auch am südlichen Ende von Nordjütland. Zwischen Sümpfen und Vogelreservaten hindurch, geht es an der Stadt Thisted vorbei, die am Limfjord genau gegenüber der kleineren Insel Mors liegt. In Hanstholm, wo das Skagerrak beginnt, hat man die Möglichkeit, im größten Fischereihafen Dänemarks einen fangfrischen Fisch zu erstehen. Als nächstes folgen breite Sandstrände, die sich an der Jammerbucht entlangziehen und bis Hirthals reichen. Von hier sind es nur noch wenige Kilometer bis zum nördlichsten Punkt Dänemarks. Bei Skagen kann man sehen, wie das Wasser der Ostsee auf die Nordsee trifft. An der Bucht von Ålbæk vorbei, erreicht man einen beliebten Fährhafen, von dem die Schiffe nach Norwegen und Schweden ablegen: Frederikshavn. Auch auf die kleine Insel Læsø gelangt man von hier. Zum Abschluss der Route trifft man schließlich in Nørresundby ein und blickt über den Sund, der aussieht wie ein Fluss.

188wd Abb.: mm

Die versandete St.-Laurentii-Kirche bei Skagen

ROUTE 3

DER NORDEN DÄNEMARKS

STRECKENVERLAUF

Strecke:
Nykøbing M - Hanstholm (61 km) - Løkken (104 km) - Hjørring (26 km) - Hirtshals (10 km) - Skagen (47 km) - Frederikshavn (44 km) - Sæby (14 km) - Nørresundby (47 km)

Streckenlänge:
Ohne Abstecher circa 353 km

NYKØBING M

In Route 3 wird das dänische Festland komplett verlassen. Auf der Halbinsel Salling nutzt man hierfür die Straße 26 nach Nordwesten. Diese führt über den Sallingsund auf die **Insel Mors,** wo sich am anderen Ende des Brückenkopfes die Kleinstadt **Nykøbing** befindet. Da Dänemark über mehrere Ortschaften mit diesem Namen verfügt, wird bei diesem Ort in der Regel der Buchstabe M angefügt, der für Mors steht. Ein anderes Nykøbing liegt auf der Insel Falster und heißt dementsprechend Nykøbing F. Das hiesige Nykøbing wird von dem 43 m hohen Kirchturm der St.-Clemens-Kirche überragt und verfügt zudem auch noch über ein **Kloster,** in dem aber heute ein Museum untergebracht ist. Die meisten Reisenden lassen die Stadt allerdings links liegen und fahren auf dem direkten Weg auf die nächste Insel.

Touristeninformation

› **Morsø Touristenbüro,** 7900 Nykøbing M, Havnen 4, Tel. +45 97720488, www.visitmors.dk, Januar-Mai und September-Dezember Mo-Fr 9-16 Uhr, Sa 9-12 Uhr, Juni und August Mo-Fr 9-17 Uhr, Sa 9-14 Uhr, Juli Mo-Fr 9-18 Uhr, Sa 9-15 Uhr.

Stellplatz

S17 **Stellplatz Morsø Sejlklub og Marina (56.792917, 8.862703).** Jernbanevej 5, 7900 Nykøbing Mors, Tel. +45 22783814; Mitte Apr.-Sept; Ver- und Entsorgung vorhanden. Großer Parkplatz am Jachthafen, in unmittelbarer Nähe zum Touristenbüro und zum Busbahnhof.

Campingplätze

84 Sallingsund Camping
85 Jesperhus Camping
86 Morsø Camping

053wd Abb.: mm

054wd Abb.: mm

STENBJERG, HANSTHOLM, THISTED

(61 km – km 61)

Über die Brücke, die den **Vilsund** überspannt, führt die Reise wieder in Richtung Nordsee. Als nächstes Ziel sollte man Hanstholm wählen, doch die Frage ist, auf welcher Strecke? Entweder fährt man über die Hauptstraße 26 weiter und passiert dabei Thisted oder man bleibt hinter der Unterführung, die der Brücke folgt, einfach geradeaus auf der Straße 571. Diese führt auf die Straße 181, auf der man durch eine wunderschöne Heidelandschaft Hanstholm erreichen kann.

Touristeninformation

› **Hanstholm Touristenbüro,** Tårnvej 21, 7730 Hanstholm, Tel. +45 97961219, www.visitthy.dk

Campingplätze

87 Vildsund Camping
88 Krohavens Camping
89 Strandgårdens Camping
90 Nystrup Camping Klitmøller

Auf dem Weg durch das Wildreservat bei Hanstholm

Ein Strandspaziergang gehört dazu, egal bei welchem Wetter

Da es bis auf den Hafen in Thisted nicht viel zu sehen gibt, empfiehlt sich die Route in Küstennähe. Als Erstes erreicht man die **Klitplantagen** rund um Stenbjerg. Hierbei handelt es sich um Aufforstungen der Dünen. Angelegt wurden diese zum ersten Mal gegen Ende des 19. Jahrhunderts, um endlich etwas gegen die ständigen Versandungen zu unternehmen, die regelmäßig Wanderdünen entstehen ließen und für die Ortschaften zur Gefahr wurden. Weitere Aufforstungen findet man auf dem weiteren Weg nach Norden.

Kurz vor Hanstholm durchquert man das zur Ortschaft gehörende **Wildreservat,** wo die Landschaft bis zum Horizont reicht und keinerlei Bebauung zu sehen ist. Noch bevor man den Ort erreicht, erscheint dann ein kleiner Parkstreifen, an dem man sich Bauwerke älteren Datums ansehen kann.

Sie gehören zum **Bunkermuseum von Hanstholm** und stammen aus deutscher Fertigung. Hanstholm war im Zweiten Weltkrieg von großer Bedeutung. Zum einen sollte der Hafen geschützt werden, zum anderen wollte man durch den Bau von Geschützen an dieser Stelle Angriffe auf den Fliegerhorst Aalborg abwehren. Wer durch die Landschaft geht und sich in den einen oder anderen

Bunker hinein traut, wird noch mancherorts deutsche Motivationssprüche an den Wänden lesen können.

Sehenswertes

› **MuseumsCenter Hanstholm,** 7730 Hanstholm, Molevej 29, Tel. +45 97961736. Ausführliche Dokumentationen rund um eine 38-cm-Kanone aus dem Zweiten Weltkrieg und die Geschichte Hanstholms während der Besatzung. Die Besucher werden mittels einer Bahn, die damals zum Munitionstransport genutzt wurde, durch das Gebiet gefahren. Mitte März–Mai täglich 10–16 Uhr, Juni–August 10–17 Uhr, September/Oktober 10–16 Uhr, Eintritt: 90 DKK, www.museumscenterhanstholm.dk

Der Ort Hanstholm als solcher ist sehr klein, hat aber große Bedeutung durch den **Fischereihafen,** der sich unterhalb des Leuchtturmes befindet.

Campingplatz

91 Hanstholm Camping

Bereits bei Verlassen der **Insel Mors** hat man Westjütland erreicht. Dieser Teil Dänemarks ändert sich landschaftlich kaum. Heidelandschaft, Dünenplantagen und schier endlos weite Strände prägen die Region rund um die Vigsø Bucht und die Jammerbucht.

Der weitere Streckenverlauf führt über die Straße 29 bzw. später über die Straßen 11 und 55 bis Løkken. Doch man sollte den Weg nicht einfach „abrasen“, sondern sich lieber Zeit nehmen und gelegentlich den Beschilderungen nach links folgen, die immer wieder zur Nordseeküste führen. Zahlreiche Campingplätze und Badeorte, deren Namen meist mit der Bezeichnung „Strand“ enden wie z. B. Grønnestrand, Tranum Strand oder Lild Strand, befinden sich an diesem sehr beliebten Küstenabschnitt.

Touristeninformation

› **Jammerbugt Touristenbüro,** 9460 Brovst, Bratskov, Fredensdal 8, Tel. +45 72578975, geöffnet: Mo–Sa 9–16 Uhr

Campingplätze

92 Svinkløv Camping
93 Tranum Klit Camping
94 Rødhus Klit Camping
95 Blokhus Klit Camping
96 Blokhus By Camping
97 Fårup Camping
98 Saltum Strand Camping
99 Jambo Vesterhav Camping
100 Guldager Camping

Stellplatz

S18 Haverslev Havn (57.02854, 9.400935). Havnegade, Stellplatz an einer Marina am Limfjorden, südöstlich von Fjerritslev, abseits und sehr ruhig gelegen.

055wd Abb.: mm

130wd Abb.: vd©Andreas Einbock

LØKKEN

(104 km – km 165)

Einer der populärsten Badeorte dieser dänischen Region ist **Løkken.** Rund 1500 Einwohner leben hier, doch in den Sommermonaten sind deutlich mehr Touristen im Ort. Will man in Dänemark von Massentourismus sprechen, so muss der Ort Løkken zwangsläufig erwähnt werden. Mehrere Campingplätze und eine große Zahl an Restaurants, Kneipen und Einkaufsmöglichkeiten sorgen in der Hauptsaison für ein besonders lebhaftes Treiben. Sogar am weiten Sandstrand mit etwa weißen 400 Badehäuschen kann es im Sommer sehr eng werden, wenn man nicht dessen 40 Kilometer Breite ein wenig ausnutzt.

⏶ *Fischerboote am Strand von Løkken*

⏴ *Im Reservat bei Hanstholm befindet sich auch das Bunkermuseum*

Touristeninformation

› **Løkken Touristenbüro,** 9480 Løkken, Jyllandsgade 15, Tel. +45 98991009, www.loekken.dk, geöffnet: Mo–Fr 10–16 Uhr, Sa 10–13 Uhr

Essen

› **Restaurant Løkken,** 9480 Løkken, Torvet 8, Tel. +45 98992200. Internationale Küche im alten Badehotel direkt am Markt.

Campingplätze

101 Grønhøj Strand Camping
102 Camping Rolighed
103 Løkken Klit Camping
104 Løkken Campingcenter
105 Løkken Strand Camping
106 Løkken Familiecamping
107 Gl. Klitgård Camping og Hytteby

HJØRRING

(26 km – km 191)

Etwas größer und dennoch wesentlich ruhiger geht es in Hjørring zu. In der Stadt leben etwa 25.000 Einwohner. Über die Straße 55 ist die **Handelsstadt** von Løkken aus schnell

132wd Abb.: fo©jeanliclac

zu erreichen. Genutzt wird Hjørring gerne als Einkaufsstadt, doch auch die **St.-Katharinen-Kirche** aus dem Jahr 1240 ist sehenswert. Die Abendmahlszene auf dem Altarbild wurde im 17. Jh. gefertigt und der Kalkstein des Taufbeckens wurde aus Gotland importiert.

Am südlichen Ende der Fußgängerzone befindet sich der **P. Nørkjærs Plads,** auf dem ein kunstvoll hergestellter Brunnen Wasser speit. Der Brunnen ist eine von über 150 Skulpturen im gesamten Stadtgebiet und befindet sich direkt beim **Vendsyssel Kunstmuseum,** wo zahlreiche Gemälde mit lokalen Motiven zu besichtigen sind.

Touristeninformation

› **Hjørring Touristenbüro,** 9800 Hjørring, Østergade 30, Tel. +45 72334878, www.visithjoerring.dk, Mo–Fr 10–16 Uhr, Sa 10–14 Uhr, von Mai bis September täglich 10–17 Uhr

Sehenswertes

› **Vendsyssel Kunstmuseum,** 9800 Hjørring, P. Nørkjærs Plads 15, Tel. +45 98924133, Di–So 11–16 Uhr, Eintritt: 80 DKK

Essen

› **Hereford House,** 9800 Hjørring, Nørregade 35, Tel. +45 98927722. In einem alten Kaufmannshof eingerichtetes, klassisches Steakrestaurant mit einer großen Weinkarte.

Campingplätze

108 Egelunds Camping Hytter og Motel
109 Møllebakkens Camping

Die Nordseeküste westlich von Hjørring

Vom Campingplatz in Hirtshals 111 *blickt man direkt auf den Leuchtturm*

190wd Abb.: as ©rphfoto - stock.adobe.com

HIRTSHALS

(10 km – km 201)

Es spielt keine Rolle, ob man in Hjørring nach Westen oder Osten fährt. Man trifft an beiden Ortsausgängen auf eine Verbindung zum nächsten Ort, nämlich Hirtshals. Die Landstraße 55 und die weiter östlich gelegene Autobahn E39 führen zunächst parallel nach Hirtshals und treffen dort schließlich aufeinander.

Hirtshals ist bekannt für seine Schiffsverbindungen nach Norwegen und die meisten Norwegenreisenden werden den Ort nur kurz durchqueren. Zugegebenermaßen verpassen diese Reisenden nur wenig von der Stadt.

Doch das hier befindliche **Nordseemuseum** sollte unbedingt besucht werden. Nach einem Großfeuer im Jahr 2003, bei dem auch die größte Attraktion des Museums, der Mondfisch, ums Leben kam, wurde es wieder aufgebaut und renoviert. Selbst wer sich nicht für Aquarien erwärmen kann, wird sich nicht langweilen. In einem großen Seehundbecken, unter dem man zunächst hergeht und das man später im Außenbereich von oben betrachten kann, kommen die Bewohner neugierig und sehr nah an die Besucher heran. Herzstück des Nordseemuseums ist aber das riesige, über vier Etagen verteilte Becken mit 4,5 Millionen Liter Wasser. Zudem gibt es zahlreiche Lehrräume und Informationsbecken.

Touristeninformation

› **Hirtshals Touristenbüro,** 9850 Hirtshals, Dalsagervej 1, Hirtshals Service- & Velkomstcenter, Tel. +45 98942220, Mo–Fr 10–15 Uhr, Sa 9–12 Uhr, in der Hauptsaison Mo–Fr 10–15 Uhr, Sa 10–15 Uhr

133wd Abb.: vd©Cees van Roeden

189wd Abb.: mm

Sehenswertes

› **Nordsøen Oceanarium,** 9850 Hirtshals, Willemoesvej 2, Tel. +45 98944444, täglich 10–17 Uhr, im Juli und August auch bis 18 Uhr, Eintritt: 170 DKK (online 160 DKK), www.nordsoenoceanarium.dk

Campingplätze

110 Tornby Strand Camping
111 Hirtshals Camping
112 Kjul Camping

Stellplatz

S19 **Stellplatz Hirtshals (57.590240, 9.964182).** Doggerbanke 1, 9850 Hirtshals. An einem Kreisverkehr mitten im Ort, wenige Schritte bis zum Hafen. Bezahlung (75 DKK) nur mit Kreditkarte möglich.

Beliebt: das Aufeinandertreffen von Nord- und Ostsee

Das Oceanarium beeindruckt mit seinen großen Aquarien

SKAGEN

(47 km – km 248)

Man verlässt Hirtshals auf der E39, aber schon am zweiten Kreisverkehr hinter der Stadt biegt man links in die Straße 597 ab und folgt der Beschilderung nach Skagen. Linker Hand führen kleine Stichstraßen zur Küste und zu den dort Campingplätzen dort. Wer nicht genug von den Stränden an der Nordseeküste bekomen kann: dies ist die letzte Gelegenheit. Nach etwa 25 km biegt man nach links in die Straße 40 in nördlicher Richtung direkt nach Skagen.

Touristeninformation

› **Skagen Touristenbüro,** 9990 Skagen, Vestre Strandvej 10, Tel. +45 98441377, www.skagen-tourist.dk, geöffnet: Mo–Fr 10–16 Uhr, Sa 10–13 Uhr, Mai, Juni, August und September Mo–Fr 9–17 Uhr, Sa 10–14 Uhr, Juli Mo–Sa 9–18 Uhr, So 10–16 Uhr

Essen und Trinken

› **Restaurant Skagen Strand,** Tranevej 108, www.skagenstrand.dk. Unter anderem Speisen vom Grill.

› **Restaurant Holger Drachmann,** Gl. Landevej 39, www.skagenhotel.dk. Hier speist man zu den Klängen eines Pianisten.

Einkaufen

› **Butik Skagen,** Sct. Laurentii Vej 56. Kleines Geschäft mit zahlreichen Souvenirs und Geschenkideen.

Campingplätze

113 Aabo Camping Vandland
114 Tannisby Camping
115 Skiveren Camping
116 Råbjerg Mile Camping
117 Bunken Camping

Die Straße mündet in die größere Hauptstraße 40, auf der es links nach Skagen geht. Zuvor sollte man jedoch noch vor dem Bahnübergang den Parkplatz auf der linken Seite aufsuchen und zur **Råbjerg Mile** wandern. Es handelt sich um die einen Quadratkilometer große Wanderdüne, die in den letzten 100 Jahren rund 1,5 km Wegstrecke hinter sich gelegt hat. Ihr höchster Punkt liegt rund 40 m über dem Meeresspiegel. Sollte die drohende Klimaerwärmung aufzuhalten sein und somit Dänemarks nördlichster Punkt nicht unter dem Wasser der Nord- und Ostsee verschwinden, wird die Düne etwa im Jahr 2200 die Hauptstraße 40 erreicht haben und drei Jahrzehnte später direkt auf das Kattegat (s. S. 103) treffen.

Doch noch ist das Befahren der Straße möglich und so erreicht man schließlich Skagen.

Kurz vor dem Ortseingang zweigt eine kleine Straße nach rechts über die Bahngleise und abermals nach rechts zu einem Parkplatz an der **Skagener Klitplantage** ab. Von dort führt ein kurzer Wanderweg zur **versandeten Kirche,** die gegen Ende des 18. Jahrhunderts aufgegeben wurde. Nur der Turm ist noch zu sehen und dahinter markieren Steine das ehemalige Kirchenschiff, welches aufgrund der massiven Sandverwehungen abgerissen wurde.

133wd Abb.: vd©Cees van Roeden

Kattegat

„Kattegat" bedeutet nichts anderes als „Katzenloch" und stammt aus dem Niederländischen und dem Plattdeutschen. „Katt" steht für Katze und „Gatt" ist das Loch. Zahlreiche Kapitäne haben die Meerenge zwischen Dänemark und Schweden als solches bezeichnet, da sie durch die vielen Untiefen selbst bei erfahrenen Seeleuten gefürchtet war.

Eigentlich ist **Skagen** ein schönes Örtchen, das sich hübsch präsentiert, doch in den Sommermonaten herrscht hier Hochbetrieb. Zahlreiche Touristen bevölkern den nördlichsten Ort des Landes und schleichen in Wagenkolonnen zum **Kap Grenen,** wo die Parkplätze zum Teil schon nicht mehr ausreichen, um alle Besucher aufzunehmen. Wer also in der Hauptsaison unterwegs ist, sollte den Besuch des Kaps und der Stadt in die frühen Morgenstunden legen, um dieser Verkehrssituation aus dem Weg zu gehen.

An den Parkplätzen des Kaps besteht die Möglichkeit, mit einem Traktor bis an den nördlichsten Punkt gebracht zu werden. Doch wesentlich schöner ist es, sich auf eigenen Füßen am Ostseestrand der Nordsee zu nähern, denn diese beiden treffen am Kap Grenen aufeinander und man kann sogar deutlich sehen, wie die Wellen von rechts und links aufeinander schlagen.

Essen

› **Restaurant Pakhuset,** 9990 Skagen, Rødspættevej 6, Tel. +45 98442000. Fischrestaurant mit Livemusik und Blick auf den Skagener Hafen.

⊡ *Mit dem Traktor Sandormen kann man sich auch zum Kap Grenen bringen lassen*

Parkplatz Kap Grenen

› 57.73694, 10.63277

Campingplätze

118 Skagen Camping
119 Poul Eeg Camping

Stellplätze

S20 Stellplatz Skagen (57.738987, 10.633117). Fyrvej 40, 9990 Skagen, 150 DKK. Auf dem nördlichsten Parkplatz Dänemarks, direkt vor dem Kunstmuseum, sind einige Stellflächen für Wohnmobile reserviert. Tagsüber wegen der Besucher sehr rummelig.

S21 Stellplatz zwischen Skagen und Frederikshavn (57.592296, 10.427306). Genau auf der halben Strecke zwischen Skagen und Frederikshavn liegt der kleine Ort Aalbæk. An seinem Hafen besteht die Möglichkeit zur Übernachtung für 190 DKK, Bezahlung an der Schrank, ganzjährig geöffnet, toller Ausblick auf das Meer, Strom, WC, Ver- und Entsorgung sowie Picknicktische vorhanden.

FREDERIKSHAVN

(44 km – km 292)

Sonne, blaues Meer bis zum Horizont, Palmenstrand – so schön kann die Karibik sein, oder Frederikshavn in Dänemark. Und in der Tat, rund 50 km vom nördlichsten Punkt des Landes entfernt, gelangt man über die Straße zu einem extra angelegten **Palmenstrand** am Ostseeufer von Frederikshavn. Doch dieser ist nicht der Grund dafür, dass jedes Jahr mehrere Millionen Menschen in die Stadt strömen, denn die sind in der Regel nur auf der Durchfahrt. Vom Hafen der Stadt pendeln regelmäßig Fähren nach Schweden, ins weiter entfernte Norwegen und auf die verhältnismäßig kleine Insel Læsø, die südöstlich vor Frederikshavn liegt.

Wahrzeichen der Stadt ist der strahlend weiße **Pulverturm,** der sich direkt am Hafen befindet und gegen Ende des 17. Jahrhunderts (ursprünglich an einer anderen Stelle) erbaut wurde. Im oberen der drei Stockwerke

123wd Abb.: fo©Milan Kuminowski

befand sich die Artillerie, unten gibt es heute im Krudttårnet genannten Turm eine Ausstellung über den Hafen und über Fladstrand, wie Frederikshavn in früheren Zeiten hieß.

Fast genau gegenüber erhebt sich die 200 Jahre jüngere Kirche. Auffallend ist ihr für Dänemark untypisches Aussehen als **Kreuzkirche** mit Kupferdach. Im Turm ertönen 24 Glocken.

Im Südwesten der Stadt liegt im Dr. Margarethesvej der **Bangsbo Hovedgård.** Dieses Herrenhaus stammt aus der Mitte des 18. Jahrhunderts und ist umrahmt von einem botanischen Garten und einem kleinen Skulpturenpark. Im Inneren des dreiflügeligen Bauwerks sind das heimatkundliche Archiv und ein Museum untergebracht.

Touristeninformation

› **Frederikshavn Touristenbüro,** 9900 Frederikshavn, Skandiatorv 1, Tel. +45 98423266, www.visitfrederikshavn.dk

Sehenswertes

› **Bangsbo Museum,** 9990 Frederikshavn, Dr. Margrethesvej 6, Tel. +45 98423111. Textilien, Klöppelspitzen und gestickte Handwerkskunst sowie Schiffsmodelle, Galionsfiguren und einen Rittersaal mit wechselnden Ausstellungen. Di–So 10–16 Uhr, Eintritt: 60 DKK.

Essen

› **Restaurant Hyttefadet,** 9990 Frederikshavn, Auktionskajen 1, Tel. +45 98431877. Fischrestaurant mit Blick auf den Hafen und das Meer.

› **Havnesuper Bistro,** 9990 Frederikshavn, Sydhavnsvej 8, Tel. +45 98431177. Gemütliches Bistro für den kleinen Hunger, mit dänischer Küche.

⌃ *Der Pulverturm ist das Wahrzeichen von Frederikshavn*

Campingplätze

120 Frederikshavn Nordstrand Camping
121 Svalereden Camping og Hytteby
122 Hedebo Strand Camping

Stellplatz

S22 Stellplatz Frederikshavn Marina (57.424477, 10.527475). V/Benny Christensen, Søsportsvej 8, 9900 Frederikshavn, Tel. +45 98432856, www.frederikshavnmarina.dk; Abwasser, Frischwasser, Strom, Toilette, WLAN, Mietfahrrad; 150 DKK; zwei große Parkplätze zwischen trockengelegten Jachten, südlich des Zentrums von Frederikshavn.

SÆBY

(14 km – km 306)

Frederikshavn verlässt man in südliche Richtung über die E45 und über die Straße 180, doch schon am Kreisverkehr hinter den drei Campingplätzen kann man links in den Frederikshavnsvej einbiegen, um in das Zentrum des beschaulichen Städtchens Sæby zu gelangen. Gleich hinter der kleinen **Wassermühle** beginnt auf der linken Seite die Algade, durch die man unbedingt einmal geschlendert sein sollte. Die pittoresken bunten Häuser, teilweise mit Rosensträuchern versehen, strahlen Ruhe und Gemütlichkeit aus. Am Ende gelangt man an der Kirche vorbei zum Hafen, wo sich auf der linken Seite in gewisser Weise das Pendant zu den Statuen von Esbjerg befindet: Dort erhebt sich die strahlend weiße Skulptur **„Die Frau vom Meer“.**

Stellplätze

S23 Stellplatz Sæby (57.331953, 10.534129). Kleiner Stellplatz für vier Fahrzeuge an der südlichen Mole des Hafens gegenüber der Skulptur. 150 DKK, Sanitäranlage vorhanden, leider in der Hauptsaison oft von Pkw verstellt.

S24 Stellplatz Fiskerleje (57.203759, 10.493828). Havstokken 11, Voersâ, 9300 Sæby. Kleiner Stellplatz an ebenso kleinem Jachthafen, direkt am Wattenmeer. Strom, Toilette.

Die Kirche Sæby steht in der Strandgade direkt am Hafen

134wd Abb.: fo©Dirk70

NØRRESUNDBY

(47 km – km 353)

Die weitere Strecke ist relativ zügig befahren. Dazu verlässt man Sæby auf der Straße 180 und fährt sie bis zum Etappenziel Nørresundby oder man nutzt die direkt daneben entlangführende Autobahn E45. Teilweise kreuzen sich beiden Straßen, teilweise verlaufen sie direkt nebeneinander her. Die kleine Stadt Nørresundby liegt auf der nördlichen Seite des Limfjordes, direkt gegenüber von Aalborg und wird daher gar nicht als eigenständige Stadt wahrgenommen. Leider verfügt die Stadt auch über keinerlei Sehenswürdigkeiten, sodass man entweder auf der Autobahn bleiben und unter dem **Limfjord** hindurch fahren kann oder den Weg durch die Stadt benutzt und dabei den Fjord auf der Klappbrücke überwindet.

Entsorgungsstation

› Rastplatz an der Autobahn (E45), südlich der Ausfahrt 16 bSei Hjallerup. In beiden Fahrtrichtungen befinden sich Entsorgungsstationen für Wohnmobile. GPS: 57.15398, 10.15808

Hans Christian Andersen: „Tölpel-Hans“

Die Geschichte vom Tölpel-Hans erinnert sehr an das Märchen von Aschenputtel. Tölpel-Hans ist der dritte Sohn eines reichen Gutsherrn, der im Gegensatz zu seinen beiden Brüdern nicht besonders intelligent zu sein scheint. Als die beiden anderen Söhne zum Schloss reiten, weil sie die Prinzessin umwerben möchten, beschließt Tölpel-Hans mitzukommen. Er gewinnt ihr Herz, obwohl bzw. gerade weil seine Gastgeschenke aus einer toten Krähe, einem alten Holzschuh und jeder Menge Schlamm bestehen.

⊡ *Abendstimmung in Aalborg an der Veste Havnepromenade mit Blick in Richtung-Nørresundby*

135wd Abb.: dt©laurentiuz

CAMPINGPLÄTZE ENTLANG DER ROUTE

84 Sallingsund Camping

56.75128, 8.83616

Kleiner Platz zwischen Wald und Sallingsund, mit Blick auf die Brücke. **Lage/Anfahrt:** auf der Insel Mors, auf der anderen Seite der Brücke, die Straße 26 an der ersten Möglichkeit nach Überquerung des Sunds verlassen und der Beschilderung folgen; **Platzanzahl:** 50; **Untergrund:** Wiese; fest; **Ver-/Entsorgung:** Strom, Trinkwasser, Abwasser, Chemie-WC; **Sicherheit:** umzäunt; **Preise:** 100 DKK pro Person, Strom 35 DKK; **Geöffnet:** 1. April bis 30. September; **Kontakt:** 7900 Nykøbing M, Sallingsundvej 106, Tel. +45 97720088, www.sfkro.dk

85 Jesperhus Camping

56.76416, 8.81555

Großer, kinderfreundlicher Platz mit zahlreichen Freizeitmöglichkeiten. **Lage/Anfahrt:** an der Ausfahrt Nyborg die Straße 26 verlassen und der Beschilderung folgen, nicht in das Zentrum; **Platzanzahl:** 550; **Untergrund:** Wiese; fest; **Ver-/Entsorgung:** Strom, Trinkwasser, Abwasser, Chemie-WC; **Sicherheit:** bewacht; **Preise:** 50–200 DKK pro Fahrzeug, 100 DKK pro Person, Strom 50 DKK; **Geöffnet:** ganzjährig; **Kontakt:** 7900 Nykøbing M, Legindvej 30, Tel. +45 96701400, www.jesperhus.dk

86 Morsø Camping

56.79750, 8.87638

Zentral gelegener, aber dennoch ruhiger Platz mit Zugang zum Strand. **Lage/Anfahrt:** an der Ausfahrt Nyborg die Straße 26 verlassen und der Beschilderung in das Zentrum folgen, nördlich vom Hafen; **Platzanzahl:** 250; **Untergrund:** Wiese; fest; **Ver-/Entsorgung:** Strom, Trinkwasser, Abwasser, Chemie-WC; **Sicherheit:** umzäunt; **Preise:** 40 DKK/Fahrz., 83 DKK pro Person, 35 DKK/Strom; **Geöffnet:** 1. April bis 23. September; **Kontakt:** 7900 Nykøbing M, Pavillonvej 3, Tel. +45 97710199, www.mors-camping.dk

87 Vildsund Camping

56.88000, 8.62444

Quickstop. Kleiner, ruhiger Platz zwischen Wald und Sund. **Lage/Anfahrt:** nach Überquerung der Brücke über den Vilsund die erste Möglichkeit links und anschließend rechts in den Parkvej; **Platzanzahl:** 100; **Untergrund:** Wiese; fest; **Ver-/Entsorgung:** Strom, Trinkwasser, Abwasser, Chemie-WC; **Sicherheit:** bewacht; **Preise:** 35 DKK Stellfläche, 82 DKK pro Person, 35 DKK/Strom; **Geöffnet:** 1. April bis 23. September; **Kontakt:** 7700 Thisted, Parkvej 33, Tel. +45 97931169, http://vildsund.dk-camp.dk

88 Krohavens Camping

56.91805, 8.36555

Kleiner, gemütlicher Platz. **Lage/Anfahrt:** an der Straße 181 auf der linken Seite bei Stenbjerg; **Platzanzahl:** 50; **Untergrund:** Wiese; fest; **Ver-/Entsorgung:** Strom, Trinkwasser, Abwasser, Chemie-WC; **Sicherheit:** bewacht; **Preise:** 20 DKK/Fahrz., Stellplatz für zwei Personen nach 20 Uhr 135 DKK ohne Strom, 70 DKK pro Person, 25 DKK/Strom; **Geöffnet:** 1. April bis 30. September; **Kontakt:** 7752 Snedsted, Stenbjerg Kirkevej 21, Tel. +45 97938899

89 Strandgårdens Camping

56.95416, 8.36611

Direkt hinter den Dünen zur Nordsee gelegen. **Lage/Anfahrt:** die Straße 181 bei Nørre Vorupør verlassen und in die Vesterhavsgade einbiegen; **Platzanzahl:** 120; **Untergrund:** Wiese; fest; **Ver-/Entsorgung:** Strom, Trinkwasser, Abwasser, Chemie-WC; **Sicherheit:** umzäunt; **Preise:** 30 DKK Stellfläche, 85 DKK pro Person; **Geöffnet:** 1. April bis 30. September; **Kontakt:** 7700 Thisted, Vesterhavsgade 85, Tel. +45 97938005, www.strandgaardenscamping.dk

90 Nystrup Camping Klitmøller

57.03305, 8.47916

Von Bäumen umgebene Parzellen in Strandnähe. Zu Fuß erreicht man in wenigen Augenblick durch die Dünenlandschaft das Meer. **Lage/Anfahrt:** die Straße 181 vor Klitmøller in Richtung Strand verlassen; **Platzanzahl:** 200; **Untergrund:** Wiese; fest; **Ver-/Entsorgung:** Strom, Trinkwasser, Abwasser, Chemie-WC; **Sicherheit:** bewacht; **Preise:** 40–80 DKK/Fahrz., 84 DKK pro Person; **Geöffnet:** 1. März bis 31. Oktober; **Kontakt:** 7700 Thisted, Trøjborgvej 22, Tel. +45 97975249, www.nystrupcampingklitmoller.dk

91 Hanstholm Camping

57.10888, 8.66722

Quickstop. Weitläufiger Platz, zum Teil in Dünung. **Anfahrt:** östlich von Hanstholm, von Straße 26 am Ortsausgang im Kreisverkehr links ab und dem Industrievangen folgen; **Platzanzahl:** 400; **Untergrund:** Wiese, Sand; fest; **Versorgung:** Strom, Trink- und Abwasser, Chemie-WC; **Sicherheit:** bewacht; **Preise:** 60–120 DKK/Fahrz., 100 DKK pro Pers., 40 DKK/Strom; **Geöffnet:** ganzjährig; **Kontakt:** 7730 Hanstholm, Hamborgvej 95, Tel. +45 97965198, www.hanstholm-camping.dk

92 Svinkløv Camping

57.14833, 9.32027

Quickstop. Insidertipp für Naturliebhaber. **Lage/Anfahrt:** abgelegen und mitten im Wald, angrenzend an die Nordseeküste, in Fjerritslev die Straße 11 über Kollerup verlassen; **Platzanzahl:** 250; **Untergrund:** Wiese; fest; **Ver-/Entsorgung:** Strom, Trinkwasser, Abwasser, Chemie-WC; **Sicherheit:** bewacht; **Preise:** 90 DKK pro Person, 30 DKK/Strom; **Geöffnet:** 1. April bis 16. September; **Kontakt:** 9821 Fjerritslev, Svinkløvvej 541, Tel. +45 98217180, www.svinkloev-camping.dk

93 Tranum Klit Camping

57.17083, 9.46222

Schattiger, einsamer Platz, fußläufig zur Nordseeküste. **Lage/Anfahrt:** die Straße 11 bei Tranum verlassen, dort der Beschilderung folgen; **Platzanzahl:** 200; **Untergrund:** Wiese, Sand; fest; **Ver-/Entsorgung:** Strom, Trinkwasser, Abwasser, Chemie-WC; **Sicherheit:** bewacht; **Preise:** 35 DKK/Parzelle, 80 DKK pro Person, 35 DKK/Strom, Stellplatz vor der Schranke 140 DKK; **Geöffnet:** 1. April bis 16. September; **Kontakt:** 9460 Brovst, Sandmosevej 16, Tel. +45 98235282, www.tranumklitcamping.dk

94 Rødhus Klit Camping

57.20113, 9.51606

Ruhiger, kinderfreundlicher Campingplatz mit vielen Bäumen, in der Dünenlandschaft untergebracht. Schnell erreicht man die Küste. **Lage/Anfahrt:** die Straße 11 bei Halvrimmen in Richtung Küste verlassen, am Ende links; **Platzanzahl:** 250; **Untergrund:** Wiese; fest; **Ver-/Entsorgung:** Strom, Trinkwasser, Abwasser, Chemie-WC; **Sicherheit:** bewacht; **Preise:** 55 DKK pro Fahrzeug, 79 DKK pro Person, 35 DKK/Strom; **Geöffnet:** 1. April bis 21. Oktober; **Kontakt:** 9490 Pandrup, Rødhusmindevej 25, Tel. +45 98248340, www.rodhuscamping.dk

95 Blokhus Klit Camping

57.22027, 9.58472

Großer, aber ruhiger Platz mit Spielmöglichkeiten für Kinder. **Lage/Anfahrt:** an der Landstraße zwischen Blokhus und Rødhus; **Platzanzahl:** 300; **Untergrund:** Wiese; fest; **Ver-/Entsorgung:** Strom, Trinkwasser, Abwasser, Chemie-WC; **Sicherheit:** bewacht; **Preise:** 45 DKK pro Fahrzeug, 80 DKK pro Person, 30 DKK/Strom; **Geöffnet:** April bis 30. September; **Kontakt:** 9490 Pandrup, Kystvejen 52, Tel. +45 98249157, www.blokhusklitcamping.dk

96 Blokhus By Camping

57.24972, 9.59777

In Waldrandlage mit Pool. **Lage/Anfahrt:** am Ortseingang von Blokhus, die Straße 55 verlassen und auf der Straße 559 Richtung Blokhus; **Platzanzahl:** 250; **Untergrund:** Wiese; fest; **Ver-/Entsorgung:** Strom, Trinkwasser, Abwasser, Chemie-WC; **Sicherheit:** bewacht; **Preise:** 90 DKK/Fahrz., 94 DKK pro Person, 30 DKK/Strom; **Geöffnet:** 1. April bis 23. September; **Kontakt:** 9492 Blokhus, Aalborgvej 62, Tel. +45 40449096, https://blokhusbycamping.dk

97 Fårup Camping

57.25972, 9.64861

Ruhig gelegen, abseits der Küste. **Lage/Anfahrt:** von der Straße 559 vor dem Wald bzw. vor Blokhus rechts abbiegen in Richtung Fårup; **Platzanzahl:** 150; **Untergrund:** Wiese; fest; **Ver-/Entsorgung:** Strom, Trinkwasser, Abwasser, Chemie-WC; **Sicherheit:** bewacht; **Preise:** 45 DKK Stellfläche, 82 DKK pro Person, 33 DKK/Strom; **Geöffnet:** 1. April bis 30. September; **Kontakt:** 9493 Saltum, Fårupvej 184, Tel. +45 98881154, www.faarupcamping.dk

98 Saltum Strand Camping

57.28527, 9.65222

Lebhafter Platz in der Nähe der Küste. **Lage/Anfahrt:** die Straße 55 bei Saltum verlassen und dem Saltum Strandvej folgen, der Platz liegt auf der linken Seite;

Platzanzahl: 250; **Untergrund:** Wiese; fest; **Ver-/Entsorgung:** Strom, Trinkwasser, Abwasser, Chemie-WC; **Sicherheit:** bewacht; **Preise:** Stellfläche 59 DKK, 84 DKK pro Person, 32 DKK/Strom; **Geöffnet:** 1. Mai bis 30. September; **Kontakt:** 9493 Saltum, Saltum Strandvej 141, Tel. +45 98881159, www.saltumstrand.dk

99 Jambo Vesterhav Camping

57.27805, 9.66138

Großer, lebhafter Platz, Jambo bedeutet auf Suaheli Willkommen. Parzellen- und Wegenamen erinnern an afrikanische Orte und Tiere. **Lage/Anfahrt:** die Straße 55 bei Saltum verlassen und auf dem Saltum Strandvej links hinter dem Waldstück abbiegen; **Platzanzahl:** 400; **Untergrund:** Wiese; fest; **Ver-/Entsorgung:** Strom, Trinkwasser, Abwasser, Chemie-WC; **Sicherheit:** bewacht; **Preise:** 165–295 DKK pro Fahrzeug, 99 DKK pro Person, 49 DKK/Strom; **Geöffnet:** 1. April bis 21. Oktober; **Kontakt:** 9493 Saltum, Solvejen 58, Tel. +45 98881666, www.jambo.dk

100 Guldager Camping

57.29333, 9.65361

Kleiner, gemütlicher Platz mit guter Erreichbarkeit des Strandes. **Lage/Anfahrt:** in Saltum am Kreisverkehr die Straße 55 nach links verlassen und sofort rechts in den Ejerstedsvej einbiegen; **Platzanzahl:** 120; **Untergrund:** Wiese; fest; **Ver-/Entsorgung:** Strom, Trinkwasser, Abwasser, Chemie-WC; **Sicherheit:** bewacht; **Preise:** 81 DKK pro Person, 35 DKK/Strom, Stellplatz vor der Schranke 140 DKK; **Geöffnet:** 1. April bis 23. September; **Kontakt:** 9493 Saltum, Bondagervej 67, Tel. +45 98881512, www.guldagercamping.dk

101 Grønhøj Strand Camping

57.32084, 9.67633

Großer Platz, der von vielen Bäumen eingerahmt wird. **Lage/Anfahrt:** die Straße 55 bei Ingstrup in Richtung Küste verlassen und am Campingplatz Rolighed vorbei; **Platzanzahl:** 400; **Untergrund:** Wiese; fest; **Ver-/Entsorgung:** Strom, Trinkwasser, Abwasser, Chemie-WC; **Sicherheit:** bewacht; **Preise:** 88 DKK pro Person; **Geöffnet:** 1. April bis 9. September; **Kontakt:** 9480 Løkken, Kettrupvej 125, Tel. +45 98884433, www.gronhoj-strand-camping.dk

102 Camping Rolighed

57.31805, 9.69500

Quickstop. Ruhigerer und kleinerer Platz als der benachbarte Grønhøj Strand Camping. **Lage/Anfahrt:** die Straße 55 bei Ingstrup in Richtung Küste verlassen; **Platzanzahl:** 120; **Untergrund:** Wiese; fest; **Ver-/Entsorgung:** Strom, Trinkwasser, Abwasser, Chemie-WC; **Sicherheit:** bewacht; **Preise:** 55 DKK/Fahrz., 85 DKK pro Person, 30 DKK/Strom, Stellplatz vor der Schranke 100–125 DKK, aber mit Zugang zu Küche und Bad; **Geöffnet:** 1. April bis 23. September; **Kontakt:** 9480 Løkken, Grønhøj Strandvej 35, Tel. +45 98883036, www.camping-rolighed.dk

103 Løkken Klit Camping

57.34444, 9.70111

Großer, lebhafter Platz mit Pool. **Lage/Anfahrt:** an der Straße 55 auf der linken Seite, kurz vor Løkken; **Platzanzahl:** 450; **Untergrund:** Wiese; fest; **Ver-/Entsorgung:** Strom, Trinkwasser, Abwasser, Chemie-WC; **Sicherheit:** bewacht; **Preise:** 215 DKK pro Fahrzeug, 90 DKK pro Person, 18 DKK Müllentsorgung; **Geöffnet:** April bis Oktober; **Kontakt:** 9480 Løkken, Jørgen Jensenvej 2, Tel. +45 98991434, www.loekkenklit.dk

104 Løkken Campingcenter

57.36416, 9.70888

Familienfreundlicher Platz ohne Parzellen und ohne Schatten. **Lage/Anfahrt:** in unmittelbarer Nachbarschaft zur Straße 55, in den Ny Strandvej einbiegen und dann rechts; **Platzanzahl:** 120; **Untergrund:** Wiese; fest; **Ver-/Entsorgung:** Strom, Trinkwasser, Abwasser, Chemie-WC; **Sicherheit:** bewacht; **Preise:** 60 DKK Stellfläche, 98 DKK pro Person, 35 DKK/Strom, Stellplatz vor der Schranke für zwei Personen ab 20 Uhr 125 DKK, wer vor 20 Uhr anreist, zahlt 265 DKK; **Geöffnet:** 1. Mai bis 30. September; **Kontakt:** 9480 Løkken, Søndergade 69, Tel. +45 98991767, www.loekkenbycamping.dk

105 Løkken Strand Camping

57.38555, 9.72555

Quickstop. Kleiner Platz mit direktem Zugang zum Sandstrand. **Lage/Anfahrt:** an der Straße 55 in Løkken am Kreisverkehr links, sofort wieder rechts, kurz hinter der Kirche auf der linken Seite; **Platzanzahl:** 120; **Untergrund:** Wiese; fest; **Ver-/Entsorgung:** Strom, Trinkwasser, Abwasser, Chemie-WC; **Sicher-**

heit: bewacht; **Preise:** 99 DKK pro Person, 39 DKK/Strom, Quicksktop 100 DKK; **Geöffnet:** 10. Mai bis 10. September; **Kontakt:** 9480 Løkken, Furreby Kirkevej 97, Tel. +45 98991804, www.loekkencamping.dk

106 Løkken Familiecamping

57.37846, 9.74011

Kleiner, ruhiger Platz. **Lage/Anfahrt:** Løkken auf der Straße 55 in Richtung Hjørring verlassen, hinter dem Kreisverkehr auf der linken Seite; **Platzanzahl:** 50; **Untergrund:** Wiese; fest; **Ver-/Entsorgung:** Strom, Trinkwasser, Abwasser, Chemie-WC; **Sicherheit:** bewacht; **Preise:** 75 DKK Stellfläche, 85 DKK pro Person, 35 DKK/Strom, Stellplatz vor der Schranke 125 DKK; **Geöffnet:** 1. April bis 31. August; **Kontakt:** 9480 Løkken, Løkkensvej 910, Tel. +45 98991238, www.lokkennord.dk

107 Gl. Klitgård Camping og Hytteby

57.42027, 9.76111

Großer, lebhafter und familienfreundlicher Platz. **Lage/Anfahrt:** auf der Straße 55 bei Tovbro links in den Lønstrupvej einbiegen, später erneut links in den Lyngbyvej; **Platzanzahl:** 300; **Untergrund:** Wiese; fest; **Ver-/Entsorgung:** Strom, Trinkwasser, Abwasser, Chemie-WC; **Sicherheit:** bewacht; **Preise:** 55 DKK/Fahrz., 95 DKK pro Person, 30 DKK/Strom; **Geöffnet:** ganzjährig; **Kontakt:** 9480 Løkken, Lyngbyvej 331, Tel. +45 98996566, www.gl-klitgaard.dk

108 Egelunds Camping Hytter og Motel

57.46611, 9.79722

Kleiner, gemütlicher Platz inmitten einer Ferienanlage. **Lage/Anfahrt:** von der Straße 55 nach Lønstrup abbiegen und der Beschilderung folgen; **Platzanzahl:** 70; **Untergrund:** Wiese; fest; **Ver-/Entsorgung:** Strom, Trinkwasser, Abwasser, Chemie-WC; **Sicherheit:** bewacht; **Preise:** 60 DKK/Fahrz., 99 DKK pro Person, 35 DKK/Strom, Stellplatz vor der Schranke 150–200 DKK; **Geöffnet:** 1. April bis 23. September; **Kontakt:** 9800 Hjørring, Rubjergvej 21, Tel. +45 98960134, www.loenstrup-camping.dk

109 Møllebakkens Camping

57.47361, 9.80083

Kleiner, ruhig gelegener Platz. **Lage/Anfahrt:** von der Straße 55 nach Lønstrup abbiegen und der Beschilderung folgen; **Platzanzahl:** 50; **Untergrund:** Wiese; fest; **Ver-/Entsorgung:** Strom, Trinkwasser, Abwasser, Chemie-WC; **Sicherheit:** bewacht; **Preise:** 50 DKK/Fahrz., 98 DKK pro Person, 35 DKK/Strom; **Geöffnet:** 4. April bis 23. September; **Kontakt:** 9800 Hjørring, Møllebakkevej 20, Tel. +45 70273828, www.campingloenstrup.dk

⌃ *Ein Sandbild am Strand von Løkken*

› *Auch auf dem Parkplatz von Skagen (s. S. 101) besteht die Möglichkeit zu übernachten*

110 Tornby Strand Camping

57.55527, 9.93222

Großer, für Kinder geeigneter Platz in Strandnähe. **Lage/Anfahrt:** von der Straße 55 in Richtung Hirtshals in Nørre Tornby links abbiegen; **Platzanzahl:** 250; **Untergrund:** Wiese; fest; **Ver-/Entsorgung:** Strom, Trinkwasser, Abwasser, Chemie-WC; **Sicherheit:** bewacht; **Preise:** 70 DKK/Fahrz., 85 DKK pro Person, 35 DKK/Strom, Quickstop 130–150 DKK; **Geöffnet:** 1. April bis 30. September; **Kontakt:** 9850 Hirtshals, Strandvejen 13, Tel. +45 98977877, www.tornbystrand.dk

111 Hirtshals Camping

57.58666, 9.94750

Schattenloser Platz direkt an der Küste und an Wanderwegen gelegen. **Lage/Anfahrt:** unterhalb des Leuchtturmes im Westen von Hirtshals, von der Straße 55 kurz vor dem Ortseingang links in den Kystvejen einbiegen; **Platzanzahl:** 150; **Untergrund:** Wiese; fest; **Ver-/Entsorgung:** Strom, Trinkwasser, Abwasser, Chemie-WC; **Sicherheit:** bewacht; **Preise:** 95 DKK pro Person, 40 DKK/Strom, 15 DKK Müllgebühren, 20 DKK Kurtaxe; **Geöffnet:** Ende März–Mitte Okt.; **Kontakt:** 9850 Hirtshals, Kystvejen 6, Tel. +45 98942535, www.hirtshals-camping.dk

112 Kjul Camping

57.58250, 10.03055

Großer, parzellierter und ruhig gelegener Platz mit Zugang zum Strand. **Lage/Anfahrt:** östlich von Hirtshals, auf der Straße 597 in Abyen links abbiegen; **Platzanzahl:** 350; **Untergrund:** Wiese; fest; **Ver-/Entsorgung:** Strom, Trinkwasser, Abwasser, Chemie-WC; **Sicherheit:** bewacht; **Preise:** 50–60 DKK/Fahrz., 70 DKK pro Person, Strom 35 DKK; **Geöffnet:** 20. Mai bis 5. September; **Kontakt:** 9850 Hirtshals, Kjulvej 12, Tel. +45 98949103, www.kjulcamping.dk

113 Aabo Camping Vandland

57.58472, 10.18444

Großer Platz insbesondere mit zahlreichen Freizeitmöglichkeiten für Kinder. **Lage/Anfahrt:** von der Straße 597 hinter der Kirche in Tversted links abbiegen, der Åbovej liegt links; **Platzanzahl:** 450; **Untergrund:** Wiese; fest; **Ver-/Entsorgung:** Strom, Trinkwasser, Abwasser, Chemie-WC; **Sicherheit:** bewacht; **Preise:** 125–160 DKK/Fahrz., 95 DKK pro Person, 35 DKK/Strom; **Geöffnet:** 1. April bis 31. August; **Kontakt:** 9881 Bindslev, Åbovej 18, Tel. +45 98931234, www.aabo-camping.dk

192wd Abb.: mm

⓫⓸ Tannisby Camping

57.59027, 10.18833

Von Bebauung umgebener Platz in fußläufiger Entfernung zur Dünung. **Lage/Anfahrt:** von der Straße 597 hinter der Kirche in Tversted links abbiegen, der Platz liegt kurz vor dem Strandparkplatz rechts; **Platzanzahl:** 150; **Untergrund:** Wiese; fest; **Ver-/Entsorgung:** Strom, Trinkwasser, Abwasser, Chemie-WC, WLAN gratis; **Sicherheit:** bewacht; **Preise:** 120 DKK/Fahrz., 80 DKK pro Person, 30 DKK/Strom, Quickstop 160 DKK; G**eöffnet:** 5. April bis 30. September; **Kontakt:** 9881 Bindslev, Tannisbugtvej 86, Tel. +45 98931250, www.tannisbycamping.dk

115 Skiveren Camping

57.61611, 10.27972

Großer, gut ausgestatteter Platz, der über einen direkten Zugang zum Strand verfügt. **Lage/Anfahrt:** in Tuen die Straße 597 nach links verlassen und der Beschilderung folgen; **Platzanzahl:** 550; **Untergrund:** Wiese; fest; **Ver-/Entsorgung:** Strom, Trinkwasser, Abwasser, Chemie-WC; **Sicherheit:** bewacht; **Preise:** 85–165 DKK/Fahrz. je nach Stellplatz, 96 DKK pro Person, 39 DKK/Strom; **Geöffnet:** Mitte April bis 30. September; **Kontakt:** 9982 Ålbæk, Niels Skiverensvej 5, Tel. +45 98932200, www.skiveren.dk

116 Råbjerg Mile Camping

57.65250, 10.45333

Kreisförmig angelegter Platz in der Nähe der Wanderdüne. **Lage/Anfahrt:** von Straße 40 bei Kandesterne links abbiegen; **Platzanzahl:** 400; **Untergrund:** Wiese; fest; **Ver-/Entsorgung:** Strom, Trinkwasser, Abwasser, Chemie-WC; **Sicherheit:** bewacht; **Preise:** 40–90 DKK Stellfläche, 96 DKK pro Person, 39 DKK/Strom, 11 DKK Müllabgabe; **Geöffnet:** April–September; **Kontakt:** 9990 Skagen, Kandestedvej 55, Tel. +45 98487500, http://raabjergmilecamping.dk

117 Bunken Camping

57.64426, 10.46219

Sehr großer, mit Hecken abgetrennter Parzellenplatz zwischen Wanderdüne und Ostsee. **Lage/Anfahrt:** der Straße 40 in Richtung Skagen folgen, der Platz liegt auf der rechten Seite; **Platzanzahl:** 750; **Untergrund:** Wiese, Sand; fest; **Ver-/Entsorgung:** Strom, Trinkwasser, Abwasser, Chemie-WC; **Sicherheit:** bewacht; **Preise:** 40–60 DKK Stellfläche, 92 DKK pro Person, 40 DKK/Strom; **Geöffnet:** 1. Mai bis 31. August; **Kontakt:** 9982 Ålbæk, Ålbækvej 288, Tel. +45 98487180, www.bunkenstrandcamping.dk

193wd Abb.: mm

⑪⑧ Skagen Camping

57.71972, 10.53972

Der Platz liegt genau zwischen Nord- und Ostsee, südlich von Skagen. **Lage/Anfahrt:** neben einem Bahngleis an der Straße 40 kurz vor Skagen rechts abbiegen; **Platzanzahl:** 250; **Untergrund:** Wiese; fest; **Ver-/Entsorgung:** Strom, Trinkwasser, Abwasser, Chemie-WC; **Sicherheit:** bewacht; **Preise:** 70 DKK Stellfläche, 92 DKK pro Person, 40 DKK Strom, Stellplatz vor der Schranke 120 DKK; **Geöffnet:** 1. April bis 16. September; **Kontakt:** 9990 Skagen, Flagbakkevejen 55, Tel. +45 98443123, www.skagen camping.dk

⑪⑨ Poul Eeg Camping

57.73500, 10.60388

Großer, lebhafter Platz, der nördlichste Dänemarks. **Lage/Anfahrt:** auf dem Weg zum Kap Grenen am Ortsausgang von Skagen links abbiegen; **Platzanzahl:** 400; **Untergrund:** Wiese; fest; **Ver-/Entsorgung:** Strom, Trinkwasser, Abwasser, Chemie-WC; **Sicherheit:** bewacht; **Preise:** 110 DKK Stellfläche, 96 DKK pro Person, 41 DKK/Strom; **Geöffnet:** 1. Mai bis 9. September; **Kontakt:** 9990 Skagen, Batterivej 21, Tel. +45 98441470, www. pouleegcamping.dk

⑫⓪ Frederikshavn Nordstrand Camping

57.46434, 10.52756

Großer, lebhafter Platz, nur wenige Gehminuten vom Hafen und vom Strand entfernt. **Lage/Anfahrt:** von der Straße 40 am Ortseingang im Kreisverkehr links abbiegen, nach 200 Metern kommt die Einfahrt zum Campingplatz; **Platzanzahl:** 400; **Untergrund:** Wiese; fest; **Ver-/Entsorgung:** Strom, Trinkwasser, Abwasser, Chemie-WC; **Sicherheit:** bewacht; **Preise:** 70–120 DKK pro Stellfläche, 88 DKK pro Person, Strom 37 DKK; **Geöffnet:** 1. April bis 30. September; **Kontakt:** 9900 Frederikshavn, Apholmenvej 40, Tel. +45 98429350, www.nordstrand-camping.dk

⑫① Svalereden Camping og Hytteby

57.36000, 10.50861

Baumreicher, ruhiger Platz, nur durch einen Acker von der Ostsee getrennt. **Lage/Anfahrt:** von der E45 von Frederikshavn nach Süden die Ausfahrt nach Sæby benutzen. Der Platz liegt auf der linken Seite kurz vor Sæby; **Platzanzahl:** 200; **Untergrund:** Wiese; fest; **Ver-/Entsorgung:** Strom, Trinkwasser, Abwasser, Chemie-WC; **Sicherheit:** bewacht; **Preise:** 70 DKK/Fahrz., 92 DKK pro Person, 39 DKK/Strom; **Geöffnet:** ganzjährig; **Kontakt:** 9900 Frederikshavn, Frederikshavnsvej 112a, Tel. +45 98461937, www.svalereden.dk

⑫② Hedebo Strand Camping

57.35457, 10.51143

Großer, lebhafter Platz mit direktem Zugang zur Ostseeküste. **Lage/Anfahrt:** von der E45 von Frederikshavn nach Süden die Ausfahrt nach Sæby benutzen. Der Platz liegt auf der linken Seite kurz vor Sæby bzw. kurz hinter dem Campingplatz Svalereden; **Platzanzahl:** 500; **Untergrund:** Wiese; fest; **Ver-/Entsorgung:** Strom, Trinkwasser, Abwasser, Chemie-WC; **Sicherheit:** bewacht; **Preise:** 65–95 DKK/Fahrz., 95 DKK pro Person, 39 DKK/Strom; **Geöffnet:** 1. April bis 9. September; **Kontakt:** 9300 Sæby, Frederikshavnsvej 108, Tel. +45 98461449, www.hedebocamping.dk

Der Leuchtturm in der Dünenlandschaft von Skagen (s. S. 101)

RUND UM DIE AALBORG- UND AARHUS-BUCHTEN

Nach einer Besichtigung der Universitätsstadt Aalborg verläuft die Strecke in südlicher Richtung, um in Himmerland das größte Waldgebiet Dänemarks zu erreichen und dann auf die Stadt Randers zu treffen. Östlich kann man das Herrenhaus von Gammel Estrup oder die Grabanlagen, die sich auf dem nördlichen Teil der Halbinsel Djursland befinden, besichtigen. Grenaa bietet Gelegenheit, die Insel Anholt zu besuchen, während sich der südliche Teil Djurslands noch einmal in mehrere Halbinseln aufteilt. Auf einer dieser Inseln ist die Kleinstadt Ebeltoft mit ihrer gemütlichen Altstadt sehenswert. Nach Umrundung der Kalø-Bucht heißt das nächste Ziel Aarhus. Die Universitätsstadt besticht durch ein schönes Freilichtmuseum und den Dom. Anschließend geht es über Skanderborg nach Horsens. In der Heimatstadt des Entdeckers Vitus Bering kann man jeden August das Europäische Mittelalterfestival besuchen. Zum Schluss umrundet man den Vejle Fjord, an dessen Ende sich die gleichnamige Stadt mit der weithin sichtbaren Brücke über den Fjord befindet. Die Route endet in der einstigen Festungsstadt Fredericia.

194wd Abb.: mm

In Aarhus erhält man einen ganz besonderen Blick auf die Stadt (s. S. 125)

ROUTE 4

DIE HALBINSEL DJURSLAND UND JÜTLANDS WESTEN

STRECKENVERLAUF

Strecke:
Aalborg – Randers (81 km) – Grenaa (65 km) – Ebeltoft (32 km) – Aarhus (52 km) – Skanderborg (19 km) – Horsens (23 km) – Jelling (32 km) – Fredericia (45 km)

Streckenlänge:
Ohne Abstecher circa 349 km

AALBORG

Aalborg ist die viertgrößte Stadt des Landes und demnach nicht mehr ganz so ruhig und gemütlich wie die bisherigen dänischen Ortschaften. Auch die Parkplatzsuche ist hier nicht mehr so einfach, doch wer an der Klappbrücke geradeaus fährt, der kann nach Überquerung der Bahngleise links in den Vesterbro einbiegen, dort ist am **Kongresscenter** ein großer Parkplatz, auf dem man fast immer einen freien Platz findet.

Anschließend begibt man sich auf direktem Weg zur Algade, wo sich nach wenigen Metern die helle Budolfi-Kirche erhebt. Gleich dahinter geht es über den **Gammel Torv** zur **Østerågade,** an der sich das Touristenbüro befindet. Ob man etwas von dort benötigt oder nicht, man sollte einmal die Straße dorthin überqueren und sich dann umdrehen, um den schönen Blick auf das **Jens Bangs Stenhus** zu genießen.

Dies ist wohl das schönste Bauwerk der Stadt und mit zahlreichen Figuren und Malereien versehen. Den Namen hat es durch seinen Bauherren, den Kaufmann *Jens Bang.* Geht man die Østerågade hinauf und am Limfjord rechts, erreicht man das **Aalborghus** bzw. das **Schloss.** Gebaut wurde es zwar als Festung, doch schon immer war im Inneren der Verwaltungssitz der Region Nordjütland und auch heute wird es noch als Verwaltungsgebäude genutzt.

Daher sollte man lieber links gehen und in der Ved Stranden erneut links in die kleine Gasse abbiegen, die über die Landesgrenzen hinaus bekannt ist, die **Jomfru Ane Gade.**

Tagsüber ist es dort relativ ruhig und unspektakulär, doch wenn der Abend anbricht, wird in dieser kurzen Straße gefeiert, gegessen und noch mehr. Zwischen den vielen Lokalen und Kneipen befindet sich im Haus Nummer 14 das nach der Straße benannte Theater.

Zurück zum Parkplatz kann man noch ein Stück auf der Straße 180 weitergehen und hinter dem Stadion rechts abbiegen. Direkt daneben liegt in einem kleinen Wäldchen der nicht sehr schöne **Aalborgtårnet,** der Turm bietet aber eine tolle Aussicht auf die Stadt.

Touristeninformation

- **Aalborg Touristenbüro,** 9000 Aalborg, Kjellerups Torv, Tel. +45 99317500, www.visitaalborg.com, Mo–Fr 9–16.30 Uhr, Sa 10–13 Uhr, in der Hauptsaison Mo–Fr 9–17.30 Uhr, Sa 10–16 Uhr

Essen

- **Duus Vinkjælder,** 9000 Aalborg, Østerågade 9, Tel. +45 98125056. Mittelalterliche Atmosphäre im rustikalen Weinkeller, der im Jens Bangs Hus untergebracht ist.

Parkplatz am Kongresscenter

- GPS: 57.04444, 9.91472

Entsorgungsstationen

- **Rastplatz an der Autobahn (E45),** zwischen den Ausfahrten 28 und 29, südlich von Aalborg. In beiden Fahrtrichtungen befinden sich Entsorgungsstationen für Wohnmobile. GPS: 56.993906, 9.900472
- **Rastplatz Himmerland (E45),** zwischen den Ausfahrten 32 und 33 befinden sich auf den Rastplätzen in beiden Fahrtrichtungen Entsorgungsstationen. GPS: 56.842645, 9.740578

Auch in den Gassen von Aalborg kann man schön bummeln

Das schönste Haus von Aalborg: das Jens Bangs Stenhus

Aalborg

Helgolandsgade
Kastetvej
Fredericiagade
Absalonsgade
Poul Paghs Gade
Bade-
husve
Vendelbogade
Toldbodgade
Borgergade
Korsgade
Svendsgade
Dannebrogsgade
Istedgade
Valdemarsgade
Knuds-
gade
Kattesundet
Vestera
Jomfru
Dalgasgade
Holbergsgade
Annebergvej
Reperbansgade
Bispensgade
Saxogade
Universitätshospital
Nord
J. Bangs
Gade
Urbansgade
Gravensgade
Adelgade
Gammel Torf
Maren Hemmingsvej
Dronning Christines Vej
Skt. Jørgens Gade
Algade
Budolfi-Kirche
Klostermarken
Stengade
Vingårdsgade
Anders Borks Vej
Vesterbro
Grønne-
gangen
Sankelmarksgade
Jernbanegade
Kong Christians Allé
Hr. Hennekes Vej
Hasserisgade
Danmarksgade
Prinsensgade
Christiansgade
Duebrødrevej
Frederiks-
kildevej
Almenkirken-
gård
Parkplatz
Kongresszentrum
Boulevarden
180
Skovbakkevej
Legeplads
Skulpark
Aalborgtårnet
Gammel Kærvej
Skovdalen
Østre Allé

0
100 m
©Reise Know-How 2019
LIMFJORDEN
Strandvejen
Ane Gade
Ved Stranden
Jomfru Ane Gade
Maren Turis Gade
Lille Kongensgade
Aalborghus Slot
Duus Vinkjælder
Corresgyde
Touristen-information
Jens Bangs Stenhus
Rathaus
Budolfi-plads
Østerågade
Gråbrødregade
Lille-Brakens-
Nygade gade
Slotsgade
Gabels-gade
Nytorv
Slotspladsen
Rendsburggade
Fjordgade
Algade
Møllegade
Bredegade
Nørregade
Skipper Clements Gade
Nyhavnsgade
Østerbro
Søndergade
Mølle å
Barkesgade
Klokkestøbergade
Løkkegade
Langesgade
Bredevillesgade
Luise-Plads
Danmarksgade
Ågade
Ågades P.
Kayerødsgade
Frederiksgade
Priorgade
Rosenlundsp.
Rantzausgade
Rosenlundsgade
Niels Ebbesens Gade
Trækbanen
Tolds-trupsgade
Toldstrupsgade
Thomas Boss Gade
Kjellerupsgade
Kanalstien
Karolinelundsvej
Jyllandsgade
Bornholmsgade
Sønderbro
Rønnegade
Fanøgade
Saltholmsgade
Amagergade
Solvangsvej
Dag Hammarskjølds Gade

Hans Christian Andersen: „Fünf aus einer Hülse“

„Fünf aus einer Hülse“ handelt von fünf Erbsen, für die ihre Welt erst einmal nur grün ist. Nachdem sie aus ihrer Erbsenschote herauskommen, werden sie voneinander getrennt, als ein kleiner Junge sie als Knallerbsen verwenden möchte. Alle fünf Erbsen erleben etwas anderes, hauptsächlich wird aber von einer Erbse erzählt, die einem kranken Kind neuen Lebensmut gibt.

Campingplätze

123 Aalborg Familie Camping Strandparken
124 Aalborg Camping

⌃ *Blick über Aalborg*

› *Die St. Morten-Kirche in Randers ragt aus dem Häusermeer hervor*

RANDERS

(81 km – km 81)

Von Aalborg aus kann man bis Randers bequem die Autobahn E45 nutzen und dort dann gemütlich einkaufen oder nur durch die Straßen schlendern. Schön anzusehen, ist dabei das **Rathaus** mit seinem kleinen Turm auf dem Dach. Genau davor, auf dem Rathausplatz, steht die **Statue von Nils Ebbesen.** Dieser erschlug den *Grafen Gerhard von Holstein*, den zu dem Zeitpunkt mächtigsten Mann des Königreiches. Doch erst rund 500 Jahre später, als es zum Konflikt mit den Deutschen kam, startete posthum die Karriere von *Ebbesen* als dänischem Widerstandskämpfer und im Zweiten Weltkrieg wurde seine Person endgültig zum Symbol des Widerstandes gegen die Deutschen.

Vom Rathausplatz geht es in die **älteste Fußgängerzone Dänemarks** und dort links an der **St.-Morten-Kirche** vorbei. Wer auf seinem Rundgang durch Randers genügend schöne Fachwerkhäuser gesehen hat, der begibt sich am besten zum südlichen Rand der Innenstadt, auf der anderen Seite der Ringstraße. Unter drei mächtigen Glaskuppeln ist der **Randers regnskov** („Randers Regenwald“) beheimatet. In dem Tropenzoo werden Tiere und Pflanzen in einer ihrer natürlichen Lebenswelt nachempfundenen Umgebung gezeigt.

Touristeninformation

› **Randers Touristenbüro,** 8900 Randers, Rådhustorvet 4, Tel. +45 86424477, www.visitranders.com, Mo–Fr 10–17 Uhr, Sa 10–13 Uhr.

Sehenswertes

› **Randers regnskov,** 8900 Randers, Tørvebryggen 11, Tel. +45 87109999, www.regnskoven.dk, Mo–Fr 10–16 Uhr, am Wochenende 10–17 Uhr, in den Sommermonaten auch bis 18 Uhr, an wenigen Tagen (ferienabhängig) im Jahr auch bis 22 Uhr, Eintritt: 175–190 DKK, www.regnskoven.dk

Entsorgungsstation

› Auf der Autobahn (E45) rund um Randers befindet sich zwischen den Ausfahrten Randers Süd und Randers Centrum in beiden Fahrtrichtungen jeweils ein Rastplatz. Auf beiden Plätzen existieren Entsorgungsstellen für Wohnmobile. GPS: 56.45005, 9.99886

Campingplätze

125 Randers City Camp

126 Auning Camping

Stellplätze

S25 **Stellplatz an der Marina (56.611416, 10.306245).** am nördlichen Zugang zum Randers Fjord. Zu erreichen über die Straße 531 ab Randers,

S26 **Stellplatz Bønnerup Lystbådehavn (56.531348, 10.710803).** Vestre Mole 2, 8585 Glesborg, Tel. +45 86386522. Einfacher Asphaltparkplatz unter Windrädern am Jachthafen.

GRENAA

(65 km – km 146)

Um wieder das Meer und damit die Stadt Grenaa zu erreichen, gibt es zwei Möglichkeiten. Entweder der schnellere Weg von Randers geradewegs über die Straße 16 oder man biegt auf der 16 in Fausing am Kreisverkehr links ab und durchquert Allingåbro. Dieser kleine Umweg auf der Straße 547 ist landschaftlich nicht schöner, führt jedoch an den Campingplätzen am nördlichen Ufer der Halbinsel vorbei. Die Straße mündet kurz vor Grenaa wieder in die 16.

197wd Abb.: as ©GunnarE - stock.adobe.com

Wenige Kilometer hinter dem besagten Kreisverkehr befindet sich an der Straße 16 das **Gammel Estrup,** ein herrschaftlicher Landsitz aus dem 16. Jahrhundert, in dem heute ein **Landwirtschaftsmuseum** untergebracht ist. Ein Rundgang in und um das Herrenhaus zeigt das einstige Landleben inkl. der Tiere und der Maschinen, die einstmals verwendet wurden.

Sehenswertes

› **Gammel Estrup,** Jyllands Herregaardsmuseum, 8963 Allingåbro, Randersvej 2, täglich 10–15 Uhr, in der Hauptsaison bis 18 Uhr, Eintritt: 90–100 DKK, www.gammelestrup.dk, GPS: 56.43722, 10.34194

Campingplätze

127 Dalgård Camping
128 Hegedal Strand Camping FDM
129 Hestehaven Camping
130 Fjellerups Strand Camping

Am Ende der Straße 16 hat man Grenaa erreicht, das in gewisser Weise Ähnlichkeit mit Hirtshals hat, denn Grenaa ist ebenfalls eine Hafenstadt mit einer internationalen Fährverbindung – in diesem Fall nach Schweden – und hat nur eine herausragende Sehenswürdigkeit. War dies in Hirtshals das Nordseemuseum, so ist es hier an der Ostsee das **Kattegatcenter,** welches ebenfalls in mehreren Aquarien das Leben unter Wasser vorstellt, wobei auch ein Extrabecken für Haie vorgesehen ist. Und wer gesundheitlich fit ist, schwimmen kann und einiges auf das Eintrittsgeld drauflegt, der hat die Möglichkeit, unter Anleitung zwischen den Haien tauchen zu gehen.

Touristeninformation

› **Grenaa Touristenbüro,** 8500 Grenaa, Torvet 1, Tel. +45 87581200, www.visitdjursland.com, Mo–Do 9–16.30 Uhr, Fr 9–16 Uhr, Sa 10–13 Uhr, in der Hauptsaison Mo–Fr 9–17 Uhr, Sa 9.30–13.30 Uhr

Gammel Estrup, ein prächtiger Landsitz aus dem 16. Jahrhundert, heute ein Museum

Blick in einen Innenhof von Grenaa

Sehenswertes

- **Kattegatcentret Dänemarks Haicenter,** 8500 Grenaa, Færgevej 4, Tel. +45 86325200, www.kattegatcentret.dk, verschiedene Öffnungszeiten, im Kern aber von 10–16 Uhr, in den Sommermonaten morgens und abends länger, Eintritt: 160 DKK.

Essen

- **Restaurant Frau Stoffer,** 8500 Grenaa, Lillegade 18, Tel. +45 86324722. Mit gemütlichem Biergarten und internationaler Küche, direkt in der Fußgängerzone.

Stellplatz

S27 **Stellplatz Kristiansmindevej (56.437065, 10.82743).** Kristiansmindevej 14, 8500 Grenaa. Etwas außerhalb der Stadt befindet sich eine Motoren- und Maschinensammlung auf einem alten Bauernhof. Nach einem Besuch in der Ausstellung darf auf dem Parkplatz übernachtet werden. Anfahrt über die Landstraße 16.

Campingplatz

131 Grenaa Strand Camping

EBELTOFT

(32 km – km 178)

Im Westen Grenaas treffen die Straßen 16 und 15 aufeinander und man nutzt letztere, um weiter Richtung Süden zu gelangen. Um den Weg nach Ebeltoft ein wenig abzukürzen, sollte man schon in Tirstrup links abbiegen. Kurz hinter dem Stubbe Sø trifft man wieder auf die 15 und kommt auf ihr nach Ebeltoft hinein.

Die Ortschaft liegt auf einem leichten Hügel oberhalb des Hafens und strahlt mit ihren kleinen Gassen eine angenehme Ruhe aus. Läuft man an den zahlreichen pittoresken **Fachwerkhäusern** vorbei, gelangt man automatisch zum Rathaus, dem angeblich kleinsten der Welt. Zumindest passt **Det gamle Rådhus** mit seinem Turm auf dem Dach perfekt in die Szenerie einer typisch dänischen Stadt.

Es gibt noch zwei weitere Sehenswürdigkeiten im Ort, die man nicht verpassen sollte. Dafür geht man hinab zum Hafen, wo hinter

071wd Abb.: mm

dem Museumsgebäude die **Fregatte Jylland,** das größte Holzschiff der Welt, vor Anker liegt. Mit rund 150 Jahren ist es zudem das älteste Schiff des Landes und kann heute, nach gründlicher Renovierung, besichtigt werden. Als es noch in Dienst war, lebten über 400 Seeleute auf der Fregatte, die in einem Gefecht während des Deutsch-Dänischen Krieges vor der Insel Helgoland gegen Deutschland eingesetzt wurde.

In direkter Nachbarschaft steht das moderne **Glasmuseum,** in dem die Geschichte der Ebeltofter Glasbläserei dokumentiert wird. Doch auch Exponate aus vielen anderen Ländern und von mehreren hundert Künstlern sind in der Ausstellung untergebracht und einen Besuch wert.

Touristeninformation

› **Ebeltoft Touristenbüro,** 8400 Ebeltoft, S. A. Jensensvej 3, Tel. +45 86341400, www.visitdjursland.com, Nebensaison Mo–Fr 9–16.30 Uhr, Sa 10–13 Uhr, sonst Mo–Fr 9–17 Uhr, Sa und So 10–16 Uhr, GPS: 56.20000, 10.67694.

Sehenswertes

› **Fregatten Jylland,** 8400 Ebeltoft, Fregatøen, S. A. Jensensvej 4, Tel. +45 86341099, www.fregatten-jylland.dk. Hinter der Henrikshalle, die nach dem dänischen Prinzen benannt wurde, liegt das Holzschiff am Kai angetäut. Täglich 10–16 Uhr, im Sommer bis 18 Uhr, Eintritt: 145 DKK.

› **Glasmuseet Ebeltoft,** 8400 Ebeltoft, Strandvejen 8, Tel. +45 86341799. Sammlung moderner und internationaler Glaskunst, auf Wunsch auch mit Führung. Im Anschluss an den Rundgang kann man im hauseigenen Laden Glasprodukte im dänischen Design erstehen. Täglich 10–16 Uhr, im Sommer auch bis 18 Uhr, Eintritt: 110 DKK, www.glasmuseet.dk

Campingplätze

132 Rugaard Camping
133 Dråby Strand Camping
134 Ebeltoft Strand Camping
135 Mols Camping DCU
136 Sølystgaard Camping
137 Krakær Camping

Stellplatz

S28 **Wohnmobilstellplatz Ebeltoft (56.190601, 10.669900).** Am Jachthafen zwischen den Booten und der Straße 21, Ver- und Entsorgung vorhanden, 160 DKK.

Blick auf Ebeltoft

198wd Abb.: as ©u.perreten - stock.adobe.com

AARHUS

(52 km - km 230)

Über die Straße 21 und später über die 15 erreicht man nach einer gut einstündigen Fahrt den äußeren Cityring (O2) der zweitgrößten dänischen Stadt, Aarhus (alte Schreibweise Århus). Aarhus trägt den Titel **„Europäische Kulturhauptstadt 2017"** und bot nicht nur in diesem Jahr ein umfangreiches Kulturprogramm.

Dort, wo die Straße 26 von rechts kommt, biegt man links in den Viborgvej ein und sollte sich sogleich auf Parkplatzsuche begeben. Nach wenigen Hundert Metern ist nämlich schon die erste Sehenswürdigkeit erreicht. Auf der linken Seite befindet sich die „Altstadt" von Aarhus, doch es handelt sich nicht um eine normale Altstadt, sondern um das sehr schöne und sehenswerte Freilichtmuseum **Den gamle By.** Begonnen hat alles vor etwas mehr als einhundert Jahren, als man im damaligen Botanischen Garten begann, historische Häuser aus dem ganzen Land zusammenzutragen und harmonisch in ein Gesamtkonzept zu integrieren. Die Häuser stehen nicht einfach nur da und können besichtigt werden, sondern wirken durch die kleinen Gassen mit dem Kopfsteinpflaster um sie herum eher wie ein sehr altes Dorf, das sich allerdings mitten in einer Großstadt befindet. In den Gebäuden werden in zahlreichen Ausstellungen Informationen über das Leben in früheren Zeiten vermittelt.

Touristeninformation

› **Aarhus Touristenbüro,** 8000 Aarhus C, Dokk1, Hack Kampmanns Pl. 2, Tel. +45 87315010, www.visitaarhus.com, Mo-Do 9.30-17 Uhr, Fr 9.30-16 Uhr, Sa 10-13 Uhr, in der Hauptsaison Mo-Fr 9.30-18 Uhr, Sa 9.30-15 Uhr, So 9.30-13 Uhr.

Sehenswertes

› **Den Gamle By,** 8000 Aarhus, Viborgvej 2, Tel. +45 86123188, www.dengamleby.dk. Das Museum gehört zum Pflichtprogramm einer Dänemarkreise. Man wandelt zwischen zahlreichen alten Gebäuden wie im Mittelalter oder lässt im Bierkeller den Tag ausklingen. Geöffnet: tgl. 10-16 Uhr, im Sommer 10-18 Uhr, Eintritt: 75-135 DKK, je nach Jahreszeit.

Wesentlich moderner und etwas unspektakulärer ist hingegen die „reale" Innenstadt von Aarhus. Sie ist vom Freilichtmuseum noch ein wenig entfernt, kann jedoch trotzdem zu Fuß erreicht werden. Hierfür spaziert man am **Fluss Aarhus Å** entlang, der vom Åboulevarden flankiert wird, und sieht auf der rechten Seite das **ARoS Aarhus Kunstmuseum.** Gut zu erkennen ist es an dem Rainbow Panorama auf der Dachterrasse. Das Kunstwerk ist begehbar und gibt einen farbenfrohen Blick auf die Stadt frei.

Aarhus

0 200 m

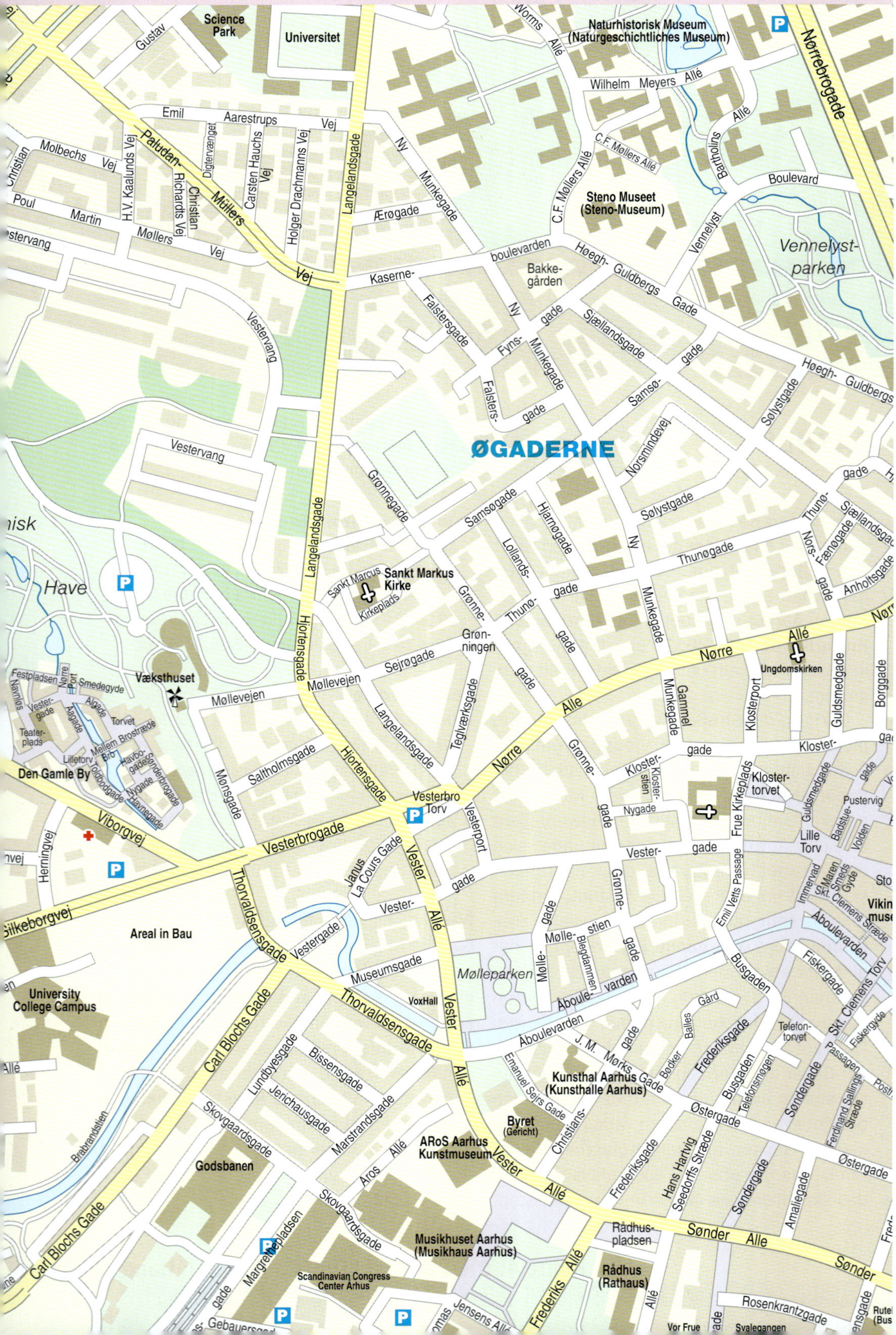

NØRRESTENBRO
Nordre Kirkegård
Ship
Z-Huset (Z-Haus)
Lystbådehavn (Jachthafen)
Aussichtsturm
Havnebad
Østbanetorvet
Navitas Park
Skolebakken
Domkirke
Aarhus Katedralsskole
Aarhus Teater
Toldkammeret (Zollhaus)
Europa-huset
Dokk1
Politigård
Nørrebrogade
Nørreport
Nørre Boulevard
Kirkegårdsvej
Østboulevarden
Skovvejen
Kystvejen
Sverigesgade
Hallandsgade
Hveensgade
Ølandsgade
Dalagade
Dagmar Petersens Gade
Kystpromenaden
Bernhardt Jensens Boulevard
Havnegade
Skolebakken
Europaplads
Mindet
Dynkarken
Toldbodgade
Mindebrogade
Mindegade
Åboulevarden
Fiskergade
Fredens Torv
Balticagade
Revalgade
Narvagade
Libaugade
Kovnogade
Polensgade
Danziggade
Borneovej
Balivej
Kystværnsvej
Oliehavnsvej
Ceylonvej
Hack Kampmanns Plads
Inge Lehmanns Gade
Meilgade
Studsgade
Snevringen
Paradisgade
Graven
Skt. Olufs Gade
Rosensgade
Teatertorvet
Domkirkepladsen
Skt. Clemens Torv
Bispetorvet
Skolegyde
Teatergaden
Kannikegade
Harald Skovbys Gade
Skolegade
Hospitalsgade
Peter Sabroes Gade
Knudrisgade
Molsgade
Helgenæsgade
Kærlighedsstien
Kaløgade
Rådmand Liisbergs Gade
Sandgravvej
Langelinieparken
Risskovstien
Fiskerivej
Fiskerikajen
Pakkerivej
Auktionskajen
Hjortholmsvej
Esther Aggebos Gade
Grete Løchtes Gade
Kristine Nielsens Gade
Mariane Thomsens Gade
Thit Jensens Gade
Irma Pedersens Gade
Ridderstræde
Alle

Literaturtipp
„CityTrip Aarhus“ von Michael Moll, Reise Know-How Verlag. Die zweitgrößte Metropole Dänemarks mit diesem praktischen Reiseführer in all ihren Facetten entdecken.

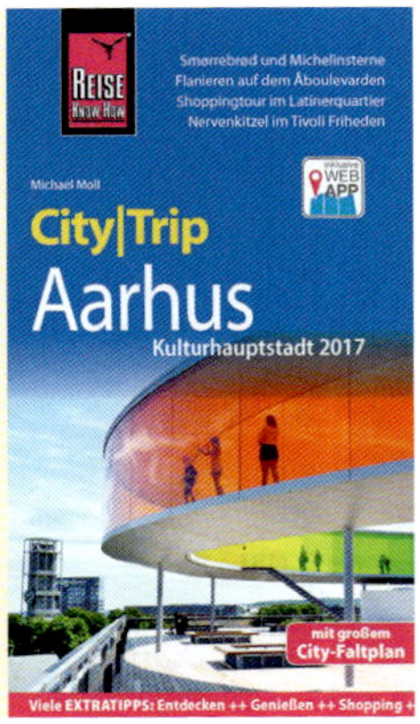

Unter anderem schaut man auf das von den Architekten Arne Jacobsen und Erik Møller konzipierte **Rathaus** mit seinem markanten Turm. Besonders sehenswert ist auch das Hafenviertel, das in den letzten Jahren einem extremen Wandel unterworfen war. Es entstanden architektonische Highlights wie das **Wohnhaus Isbjerget** (Eisberg) und das hochmoderne **Kulturzentrum Dokk1.**

In der Innenstadt hingegen domininert der Dom, der mit einer Länge und Höhe von jeweils 93 Metern das längste sowie höchste Gotteshaus des Landes ist.

Gleich daneben befindet sich das schöne **Theatergebäude** und die Reiterstatue von *Christian X.* Wer gemütlich einkehren oder shoppen möchte, der ist in den kleinen Gassen des Latinerquartiers nördlich des Doms genau richtig.

Im Süden der Stadt, im Ortsteil Frederiksbjerg, der aufgrund der Entfernung besser mit dem Auto oder mit öffentlichen Verkehrsmitteln erreicht werden sollte, befindet sich das in einem hellen Weiß leuchtende **Schloss Marselisborg.** Es liegt mitten in einer Grünanlage, in der man spazieren darf, solange niemand aus dem Königshaus (s. S. 169) anwesend ist. Ansonsten kann man der Wachablösung um 12 Uhr beiwohnen.

Nicht weit davon entfernt befindet sich durch den Wald hindurch das Gegenstück zum später beschriebenen Vergnügungspark Tivoli in Kopenhagen. Ein kleiner Freizeitpark bietet das komplette Programm von Unterhaltungsshows bis hin zu rasanten Achterbahnfahrten. Wenn man schon mal in Marselisborg ist, sollte man auch gleich den Strand aufsuchen. Seit dem Kulturhauptstadtjahr wird alljährlich in den Sommermonaten die sogenannte **„Unendliche Brücke“** („Den Uendelige Bro“) errichtet. Dabei handelt es sich um einen kreisförmigen Holzsteg, der in die Ostsee ragt.

199wd Abb.: mm

◁ Als „Eisberg“ wird dieser Gebäudekomplex in Aarhus bezeichnet

Entsorgungsstation

› Im Westen von Aarhus befindet sich an der Autobahn E45 zwischen den Ausfahrten 47 und 48 in beiden Fahrtrichtungen ein Rastplatz, auf dem entsorgt werden kann. GPS: 56.178366, 10.065878

Campingplatz

138 Blommehavn Camping DCU

Stellplätze

S29 **Stellplatz Aarhus Centrum (56.148624, 10.210512).** Jægergårdsgade/Kalkværksvej 2, 8000 Aarhus C. Einfacher Großparkplatz für Lkw und Wohnmobile an einer Tankstelle im Hafenviertel. Nicht besonders schön, dafür fußläufig vom Zentrum entfernt und eine gute Möglichkeit, um die Stadt zu besuchen.

S30 **Stellplatz am Jachthafen Marselisborg (56.139556, 10.219537).** Marselisborg Havnevej 62, direkt am südlich gelegenen Jachthafen Marselisborg, 140 DKK, ganzjährig geöffnet. Rund 800 Meter zur Bushaltestelle Dalgas Avenue v. Tangkrogen an der Straße Strandvejen. Kleiner Bereich für ein halbes Dutzend Wohnmobile am Ostrand des Jachthafens. Durch eine Schranke abgesperrt. Im Preis ist auch die Nutzung der Sanitäreinrichtung enthalten.

S31 **Stellplatz Egå Marina (56.210234, 10.287553).** Egå Havvej 35–37, 8250 Egå, Tel. +45 86225551. Großer Asphaltparkplatz (P2) am Jachthafen nördlich von Risskov bei Aarhus.

Gitte Hænning

„Ich will 'nen Cowboy als Mann" war in den 1960er-Jahren ein beliebter Titel im Radio. Gesungen wurde das Lied von der aus Aarhus stammenden Gitte Hænning, die auch einfach nur als Gitte bekannt wurde. Ursprünglich als berühmter Kinderstar in Skandinavien gefeiert, trat sie später auch gemeinsam mit dem Schlagersänger Rex Gildo auf und landete zahlreiche Hits. Berühmte Songs waren zum Beispiel „So schön kann doch kein Mann sein" und ihre Solo-Single „Ich will alles", mit der sie in den 1980er-Jahren ausgesprochen erfolgreich war.

Noch heute tritt sie regelmäßig auf, spielt Theater oder geht auf Tournee. Jedoch ist Gitte Hænning in Deutschland wesentlich erfolgreicher als in ihrem Heimatland Dänemark.

Historische Bauwerke in Den gamle By in Aarhus

SKANDERBORG
(19 km - km 249)

Von der Aarhuser Ringstraße O2 verlaufen die Autobahn E45 und die Landstraße 170 fast parallel in südwestlicher Richtung nach **Skanderborg.** Bedeutsames gibt es in der kleinen 20.000-Einwohner-Stadt bis auf die **Schlosskirche** nicht zu entdecken. Sie ist der letzte übrig gebliebene Teil eines einst herrschaftlichen Schlosses. Ansonsten ist Skanderborg das südöstliche Gegenstück zu Silkeborg, das bereits in Route 2 bereist wurde. Beide Ortschaften grenzen das „Hochland" Dänemarks ein, in dem sich die bereits erwähnten Hügel rund um den **Himmelbjerget** und mehrere Seen befinden.

Touristeninformation

› **Skanderborg Touristenbüro,** 8660 Skanderborg, Parkvej 14, Tel. +45 86522744, www.visitskanderborg.dk

Campingplatz

(139) Skanderborg Sø Camping

Entsorgungsstation

› Zwischen Skanderborg und Horsens kann auf einem Autobahnrastplatz entsorgt werden. Er befindet sich an der E45 zwischen den Ausfahrten 53 und 54 in beiden Fahrtrichtungen. GPS: 55.978346, 9.865727

HORSENS
(23 km - km 272)

Zwischen der Weltmacht USA und dem größten Land der Welt, Russland, befindet sich die kleine, nur von wenigen Menschen besuchte Beringstraße. Bedeutsam ist sie auch, da auf ihren 80 Kilometern Breite die Datumsgrenze verläuft. Doch woher hat diese Meerenge eigentlich ihren Namen? *Vitus* war es, mit Nachnamen **Bering,** der im Jahr 1681 in der dänischen Kleinstadt Horsens zur Welt kam und als Marineoffizier für den russischen Zaren *Peter der Große* auf Entdeckungsreise ging. Er durchquerte die später nach ihm benannte Beringstraße, entdeckte als erster Europäer Alaska und starb auf seiner zweiten großen Expedition im Dezember 1741 auf der Beringinsel.

Horsens würdigt diesen Sohn der Stadt durch eine Schule gleichen Namens und eine Ausstellung im Horsens Museum. Zudem heißen natürlich eine Straße, ein Platz und ein Park nach dem berühmten Entdecker.

Ansonsten lohnt sich ein längerer Aufenthalt in Horsens nicht und die Ortschaft kann so wieder verlassen werden, wie man sie erreicht hat, nämlich entweder über die Straße 170 oder über die Autobahn E45.

Blick auf die Schlosskirche von Skanderborg

Touristeninformation

› **Horsens Touristenbüro,** 8700 Horsens, Fussingsvej 8, Tel. +45 75602120, www.visithorsens.dk, Mo–Fr 10–16.30 Uhr, Sa 10–13 Uhr, in der Hauptsaison Mo–Fr 10–17.30 Uhr, Sa 10–14 Uhr

Sehenswertes

› **Horsens Museum,** 8700 Horsens, Sundvej 1a, Tel. +45 76292350, www.horsensmuseum.dk. Neben der Ausstellung über Vitus Bering, existiert in dem 2006 komplett renovierten Museum eine sehenswerte Silbersammlung und eine Ausstellung über Spielzeug der Vergangenheit. Di–So 11–16 Uhr, im Sommer 10–16 Uhr, Eintritt: 30 DKK.

Hans Christian Andersen: „Der Reisekamerad“

Ein Mann namens Johannes geht nach dem Tod seines Vaters auf Reisen und tut lauter gute Taten. Eines Tages begegnet er einem Mann, der ihn fortan als Reisekamerad begleitet. Beide treffen in einer Stadt ein, in der jeder um die Prinzessin werben darf, der will. Dafür stellt ihnen die Prinzessin drei Fragen, die richtig beantwortet werden müssen, andernfalls droht ihnen der Tod. Johannes verliebt sich auf Anhieb und entscheidet sich, die drei Fragen zu beantworten.

Essen

› **Restaurant Oksen,** 8700 Horsens, Grønnegade 3, Tel. +45 75626900. Steakrestaurant in der Fußgängerzone in der Nähe des Theaters.

Stellplatz

S32 Stellplatz Horsens Lystbådehavn (55.857515, 9.873039). Jens Hjernøs Vej, 8700 Horsens. Kleiner Schotterparkplatz mit Waschbecken im Jachthafen.

JELLING

(32 km – km 304)

Fährt man über die Autobahn, sollte man diese an der Ausfahrt zur Straße 170 verlassen und in das Zentrum von **Vejle** fahren. Wer sich für Architektur interessiert und bereits in Aarhus vom Eisberg am Hafen angetan war (s. S. 128), sollte hier ebenfalls den Hafen ansteuern. Fünf Häuser bilden hier eine wellenförmige Formation, die mal wieder zeigt, wie Design und Architektur in Dänemark harmonieren.

Die Klosterkirche von Horsens stammt aus dem 13. Jahrhundert

144wd Abb.: mm

Im Ort geht es an der ersten großen Kreuzung rechts, hinter der Eisenbahnunterführung abermals rechts und dann bis in das 11 km entfernte Jelling.

In diesem kleinen Ort trifft man zum ersten Mal auf der Rundreise auf eine der dänischen **UNESCO-Weltkulturerbestätten.** Die Straße führt automatisch zu einer Kirche, die zwischen zwei begehbaren hohen Grabhügeln errichtet ist. Bevor diese Steinkirche zu Beginn des 12. Jahrhunderts erbaut wurde, standen an dieser Stelle bereits Holzkirchen. Vor der Kirche befinden sich zwei **Runensteine,** Thyrastein und Haraldstein genannt. *Thyra* oder auch *Thyre* war die Frau des *Wikingerkönigs Gorm.* Dieser ließ den Stein für seine Gemahlin errichten und den nördlichen Grabhügel erweitern. Der größere Stein wurde von seinem Sohn *Harald* errichtet, der sich im Jahr 860 als dänischer König taufen ließ und das Christentum verbreitete. Ausgrabungen und Forschungen ergaben, dass von den beiden **Grabhügeln** nur einer eine Grabkammer besitzt, und diese war auch noch leer. Erst neuere Forschungen brachten Gebeine im Inneren der Kirche zutage, doch ob es sich hierbei um *Thyre* oder *Gorm* handelt, ist noch ungewiss. Fest steht, dass der kleine Ort Jelling durch die historisch wertvollen Anlagen als erste Hauptstadt Dänemarks bezeichnet werden kann.

Touristeninformation

› **Vejle Touristenbüro,** 7100 Vejle, Banegårdspladsen 6, Tel. +45 75821955, www.visitvejle.com, Mo–Do 10–17 Uhr, Fr 10–16.30 Uhr, Sa 10–12 Uhr.

Entsorgungsstation

› Auf der Autobahn E45 zwischen Vejle und Middelfart zwischen der Ausfahrt 61 (Vejle Syd) und dem Autobahndreieck zur E20 auf beiden Seiten je ein Rastplatz mit Entsorgungsmöglichkeit. GPS: 55.641813, 9.558834

Campingplatz

140 Vejle City Camping

Stellplätze

S33 **Stellplatz Vejle (55.706972, 9.552263).** Einfacher Übernachtungsplatz am Hafen von Vejle, nur wenige Schritte von den wellenförmigen Gebäuden entfernt.

S34 **Stellplatz Vejle Bil Elektro/Autocampercenter (55.722696, 9.565003).** Ellehammersvej 10, 7100 Vejle, Stellplätze mit Entsorgungsmöglichkeit bei einem Wohnmobilhändler mit Bosch-Service im Industriegebiet. Im Norden von Vejle an der Autobahnausfahrt 60, von dort über die Straße 170 Richtung Vejle und wenig später rechts in den Viborgvej.

Der Runenstein von Jelling gehört zum UNESCO-Weltkulturerbe

FREDERICIA

(45 km – km 349)

Auf der Straße 442 geht es zurück nach Vejle, welches zügig durchquert werden kann. Auf der Straße 28 erreicht man südlich vom Vejle Fjord die letzte Ortschaft auf dem dänischen Festland, Fredericia. Das Zentrum der Ortschaft, die strategisch günstig am eisfreien Kleinen Belt angelegt wurde, ist recht nüchtern und beherbergt rechtwinklige Straßenzüge. Altstadtgassen wie in anderen dänischen Orten sucht man hier vergebens, doch man kann noch deutlich die alten Wehranlagen sehen, die sich um die Innenstadt erheben und auf denen rund um den Wasserturm noch alte Kanonen zu sehen sind. Wie die Stadt einst ausgesehen hat, kann man sich nordöstlich des Zentrums auf der anderen Seite des Bahnhofs ansehen. Dort wurde im **Madsby Park** im Maßstab 1 : 10 das Fredericia aus der Mitte des 19. Jahrhunderts nachgebaut.

Wer den Nervenkitzel mag, der kann sich einer geführten Tour anschließen und den **Kleinen Belt auf der Brücke überqueren** – mit entsprechender Seilsicherung entlang des oberen Trägers. Dadurch befindet man sich 20 Meter über der Fahrbahn und 60 Meter über dem Wasser. Für nähere Informationen und für die Terminreservierung der Lillebæltsbron-Überquerung empfiehlt sich ein Blick auf die Website www.bridgewalking.dk.

Touristeninformation

› **Fredericia Touristenbüro,** 7000 Fredericia, Princessegade 27, Tel. +45 72113511, www.visitfredericia.dk, Mo–Fr 10–17 Uhr, Sa 10–13 Uhr.

Sehenswertes

› **Historische Ministadt,** 7000 Fredericia, Vestre Ringvej 102, Tel. +45 75910633. Rund 700 Gebäude des Fredericia von 1849 im Maßstab 1 : 10. Juni–August täglich 10–18 Uhr, im September nur am Wochenende 10–18 Uhr, Eintritt: 40 DKK, www.madsbyparken.dk

Fredericia und damit auch das dänische Festland bzw. Jütland kann man auf zwei Arten verlassen. Entweder über die moderne Autobahnbrücke der E20 oder gleich um die Ecke auf dem alten Übergang, der direkt nach Middelfart führt.

Campingplätze

141 Mørkholt Camping

142 Trelde Næs Supercamp

Stellplatz

S35 Stellplatz Fredericia Lystbådehavn (55.554746, 9.730559). Jesper Banks Vej 7, 7000 Fredericia, Tel. +45 75934699. Kleiner Schotterstreifen hinter dem Hafenkontor auf der linken Seite. Auf die blaue Lagerhalle zufahren. An einem Picknickplatz direkt am Wasser gelegen.

Diese Brücke über den Kleinen Belt überquert man nur mit dem Fahrzeug

CAMPINGPLÄTZE ENTLANG DER ROUTE

123 Aalborg Familie Camping Strandparken

57.05500, 9.88555

Quickstop. Kleiner, gemütlicher Platz. **Lage/Anfahrt:** im Zentrum von Aalborg den Kastetvej benutzen, vor dem Hafen liegt der Platz auf der rechten Seite; **Platzanzahl:** 100; **Untergrund:** Wiese; fest; **Ver-/Entsorgung:** Strom, Trink-wasser, Abwasser, Chemie-WC; **Sicherheit:** bewacht; **Preise:** 40 DKK pro Fahrzeug, 90 DKK pro Person, 38 DKK/Strom, Quickstop 160 DKK; **Geöffnet:** 1. April bis 15. September; **Kontakt:** 9000 Aalborg, Skydebanevej 20, Tel. +45 98127629, www.strandparken.dk

124 Aalborg Camping

57.05388, 9.87194

Quickstop. Etwas größerer Platz als Aalborg Familiecamping, dennoch ruhig. Mit Blick auf die Insel Egholm. **Lage/Anfahrt:** am Campingplatz Aalborg Familie Camping vorbei; **Platzanzahl:** 250; **Untergrund:** Wiese; fest; **Ver-/Entsorgung:** Strom, Trinkwasser, Abwasser, Chemie-WC; **Sicherheit:** umzäunt; **Preise:** 50 DKK/Fahrz., 50 DKK/Pers., 30 DKK/Strom, Quickstop 105 DKK; **Geöffnet:** ganzjährig; **Kontakt:** 9000 Aalborg, Skydebanevej 50, Tel. +45 98116044, www.aalborgcamping.dk

125 Randers City Camp

56.45027, 9.95277

Schattiger Platz, mitten im Wald gelegen. **Lage/Anfahrt:** in Randers auf die Straße 16 in Richtung Viborg, noch vor der Autobahnüberquerung links in den Fladbrovej, hinter Over Hornbæk rechts in den Himmelbovej; **Platzanzahl:** 150; **Untergrund:** Wiese; fest; **Ver-/Entsorgung:** Strom, Trinkwasser, Abwasser, Chemie-WC; **Sicherheit:** bewacht; **Preise:** 40–60 DKK Stellfläche, 95 DKK pro Person, 35 DKK/Strom; **Geöffnet:** ganzjährig; **Kontakt:** 8900 Randers, Hedevej 9, Tel. +45 86429361, www.randerscitycamp.dk

126 Auning Camping

56.43527, 10.38416

Ruhig und kinderfreundlich am Waldrand gelegen. **Lage/Anfahrt:** Straße 16 an der Hauptkreuzung in Auning nach links verlassen, später rechts in den Reimersvej; **Platzanzahl:** 120; **Untergrund:** Wiese; fest; **Ver-/Entsorgung:** Strom, Trinkwasser, Abwasser, Chemie-WC, WLAN gratis; **Sicherheit:** umzäunt; **Preise:** 20–40 DKK Stellfläche, 90 DKK pro Person, 10 DKK/Strom zzgl. 3,75 DKK je kWh, Stellplatz vor der Schranke, wenn man nach 20 Uhr anreist, 75 DKK inkl. Sanitärnutzung; **Geöffnet:** ganzjährig; **Kontakt:** 8963 Auning, Reimersvej 13, Tel. +45 86483397, www.auningcamping.dk

127 Dalgård Camping

56.50972, 10.54416

Quickstop. Kinderfreundlicher Platz, nur wenige Meter von der Ostsee entfernt. **Lage/Anfahrt:** an der Straße 547 der erste Platz auf der linken Seite; **Platzanzahl:** 150; **Untergrund:** Wiese; fest; **Ver-/Entsorgung:** Strom, Trinkwasser, Abwasser, Chemie-WC; **Sicherheit:** bewacht; **Preise:** 35 DKK Stellfläche, 95 DKK pro Person, 30 DKK/Strom; **Geöffnet:** 1. April bis 16. September; **Kontakt:** 8961 Allingåbro, Nordkystvejen 65, Tel. +45 86317313, www.dalgaardcamping.dk

128 Hegedal Strand Camping FDM

56.51222, 10.54833

Für Strandfreunde ein idealer Platz. **Lage/Anfahrt:** auf der Straße 547 am Dalgård Camping vorbei und die nächste Straße links; **Platzanzahl:** 110; **Untergrund:** Wiese, Sand; fest; **Ver-/Entsorgung:** Strom, Trinkwasser, Abwasser, Chemie-WC; **Sicherheit:** bewacht; **Preise:** 35 DKK/Fahrz., 84 DKK pro Person, 39 DKK/Strom; **Geöffnet:** 1. April bis 16. September; **Kontakt:** 8585 Glesborg, Ravnsvej 3, Tel. +45 86317750

129 Hestehaven Camping

56.51194, 10.59138

Kinderfreundlicher Platz, jedoch am weitesten vom Strand entfernt. **Lage/Anfahrt:** in Fjellerup am Kreisverkehr links, der Platz liegt auf der rechten Seite; **Platzanzahl:** 200; **Untergrund:** Wiese; fest; **Ver-/Entsorgung:** Strom, Trinkwasser, Abwasser, Chemie-WC; **Sicherheit:** bewacht; **Preise:** 120 DKK pro Person, 40 DKK/Strom; **Geöffnet:** 5. April bis 16. September; **Kontakt:** 8585 Glesborg, Fælledevej 2, Tel. +45 86317191, http://hestehavencamping.dk

130 Fjellerups Strand Camping

56.51638, 10.58972

Quickstop. Größter Platz im Ort und mit direktem Zugang zum Strand. **Lage/Anfahrt:** in Fjellerup am Kreisverkehr links, vor der Rezeption vom Hestehavn Camping links in die kleine Straße hinein; **Platzanzahl:** 250; **Untergrund:** Wiese, Sand; fest; **Ver-/Entsorgung:** Strom, Trinkwasser, Abwasser, Chemie-WC; **Sicherheit:** bewacht; **Preise:** 49 DKK pro Fahrzeug, 98 DKK pro Person, 4 DKK/Strom pro kWh, Quickstop 168 DKK; **Geöffnet:** 1. April bis 16. September; **Kontakt:** 8585 Glesborg, Møllebækvej 6, Tel. +45 86317116, www.fjellerup-strand.dk

131 Grenaa Strand Camping

56.38972, 10.91166

Großer, lebhafter Platz im Wald mit angrenzendem Freibad und direktem Zugang zur Küste. **Lage/Anfahrt:** südlich von Grenaa, auf der Straße 15 durch Grenaa Strand fahren, auf der linken Seite; **Platzanzahl:** 500; **Untergrund:** Wiese; fest; **Ver-/Entsorgung:** Strom, Trinkwasser, Abwasser, Chemie-WC; **Sicherheit:** bewacht; **Preise:** 100 DKK/Fahrz., 97 DKK pro Person, 36 DKK/Strom, 130 DKK Quickstop; **Geöffnet:** 1. April bis 16. September; **Kontakt:** 8500 Grenaa, Fuglsangvej 58, Tel. +45 86321718, www.grenaastrandcamping.dk

132 Rugaard Camping

56.27222, 10.82222

Von jedem Stellplatz Blick auf das Meer. **Lage/Anfahrt:** die Straße 15 bei Tirstrup verlassen und in Richtung Hyllested fahren, dort der Beschilderung folgen; **Platzanzahl:** 150; **Untergrund:** Wiese; fest; **Ver-/Entsorgung:** Strom, Trinkwasser, Abwasser, Chemie-WC; **Sicherheit:** bewacht; **Preise:** 20 DKK/Fahrz., 85 DKK pro Person, 35 DKK/Strom; **Geöffnet:** 1. April bis 16. September; **Kontakt:** 8400 Ebeltoft, Rugårdsvej 4, Tel. +45 86336025

133 Dråby Strand Camping

56.22216, 10.73713

Kinderfreundlicher Platz mit direkter Küstenlage. **Lage/Anfahrt:** auf der Straße 15 kurz vor Ebeltoft links Richtung Dråby und der Beschilderung folgen; **Platzanzahl:** 150; **Untergrund:** Wiese, Sand; fest; **Ver-/Entsorgung:** Strom, Trinkwasser, Abwasser, Chemie-WC; **Sicherheit:** bewacht; **Preise:** 25–95 DKK/Fahrz., 85 DKK pro Person, 26 DKK/Strom; **Geöffnet:** 1. April bis 16. September; **Kontakt:** 8400 Ebeltoft, Dråby Strandvej 13, Tel. +45 86341619, www.draaby.dk

Blick auf eine Straße in Aalborg in der Dämmerung (s. S. 116)

204wd Abb.: mm

134 Ebeltoft Strand Camping

56.20972, 10.67833

Mit Blick auf die Ebeltoft-Bucht und nur wenige Gehminuten vom Zentrum entfernt. **Lage/Anfahrt:** direkt an der Straße 15 beim Ortseingang von Ebeltoft; **Platzanzahl:** 400; **Untergrund:** Wiese; fest; **Ver-/Entsorgung:** Strom, Trinkwasser, Abwasser, Chemie-WC; **Sicherheit:** bewacht; **Preise:** 150 DKK pro Stellfläche, 95 DKK pro Person, 38 DKK/Strom; **Geöffnet:** ganzjährig; **Kontakt:** 8400 Ebeltoft, Nordre Strandvej 23, Tel. +45 86341214, www.ebeltoftstrandcamping.dk

135 Mols Camping DCU

56.21361, 10.68777

Großer, kinderfreundlicher Platz mit Pool und Wasserrutsche. **Lage/Anfahrt:** an der Straße 15 beim Ebeltoft Strand Camping links abbiegen und die zweite Straße wieder links; **Platzanzahl:** 350; **Untergrund:** Wiese; fest; **Ver-/Entsorgung:** Strom, Trinkwasser, Abwasser, Chemie-WC; **Sicherheit:** bewacht; **Preise:** 70 DKK/Fahrz., 96 DKK pro Person, 30 DKK/Strom; **Geöffnet:** ganzjährig; **Kontakt:** 8400 Ebeltoft, Dråbyvej 13, Tel. +45 86341625, www.camping-mols.dk

136 Sølystgaard Camping

56.17527, 10.53444

Ruhig gelegen, kurz vor der Halbinsel Helgenæs, mit Blick auf die Ebeltoft-Bucht. **Lage/Anfahrt:** kurz vor der einzigen Straße auf die Halbinsel auf der linken Seite; **Platzanzahl:** 250; **Untergrund:** Wiese; fest; **Ver-/Entsorgung:** Strom, Trinkwasser, Abwasser, Chemie-WC; **Sicherheit:** bewacht; **Preise:** 105 DKK pro Person, 30 DKK/Strom, Stellplatz vor der Schranke 140 DKK; **Geöffnet:** 1. April bis 23. September; **Kontakt:** 8420 Knebel, Dragsmurvej 15, Tel. +45 86351239, www.soelystgaard.dk

137 Krakær Camping

56.25250, 10.60000

Quickstop. Kinderfreundlicher Platz im Wald, mit Pool. **Lage/Anfahrt:** von der Straße 21 zwischen Ebeltoft und Aarhus bei Krakær links abbiegen und der Beschilderung folgen; **Platzanzahl:** 250; **Untergrund:** Wiese; fest; **Ver-/Entsorgung:** Strom, Trinkwasser, Abwasser, Chemie-WC; **Sicherheit:** bewacht; **Preise:** 40 DKK Stellfläche, 89 DKK pro Person, 35 DKK/Strom, Stellplatz vor der Schranke 125 DKK; **Geöffnet:** 1. April bis 21. Oktober; **Kontakt:** 8400 Ebeltoft, Gamle Kærvej 18, Tel. +45 86362118, www.krakaer.dk

Beim Spaziergang durch Marselisborg (s. S. 128) blickt man auch auf das Schloss

Oftmals kann man auch an einer Marina übernachten

138 Blommehavn Camping DCU

56.11000, 10.23194

Sehr ruhig zwischen Wald und Ostsee gelegen. **Lage/ Anfahrt:** südlich von Aarhus von der Straße 451 in Højbjerg in den Hørhavevej einbiegen, am Ende rechts; **Platzanzahl:** 350; **Untergrund:** Wiese; fest; **Ver-/ Entsorgung:** Strom, Trinkwasser, Abwasser, Chemie-WC; **Sicherheit:** bewacht; **Preise:** 70–95 DKK/ Fahrz., 99 DKK pro Person, 30 DKK/Strom; **Geöffnet:** 24. März bis 21. Oktober; **Kontakt:** 8270 Højbjerg, Ørneredevej 35, Tel. +45 86270207, www.camping-blommehaven.dk

139 Skanderborg Sø Camping

56.02083, 9.89055

In der Nähe des Sees, am Westrand von Skanderborg. **Lage/Anfahrt:** auf dem Vroldvej in Skanderborg oder über die Autobahn in Richtung Westen, auf die Beschilderung achten; **Platzanzahl:** 200; **Untergrund:** Wiese; fest; **Ver-/Entsorgung:** Strom, Trinkwasser, Abwasser, Chemie-WC; **Sicherheit:** bewacht; **Preise:** 130 DKK pro Person, 35 DKK/Strom; **Geöffnet:** 1. Mai bis 30. September; **Kontakt:** 8660 Skanderborg, Horsensvej 21, Tel. +45 86511311, www.campingskanderborg.dk

140 Vejle City Camping

55.71500, 9.56250

Mitten im Wald gelegener, schattiger Platz direkt am Sportplatz. **Anfahrt:** die E45 in Vejle Nord verlassen und vor dem Zentrum links in Richtung Sportplatz, der Campingplatz ist ausgeschildert; **Platzanzahl:** 100; **Untergrund:** Wiese; fest; **Ver-/Entsorgung:** Strom, Trinkwasser, Abwasser, Chemie-WC; **Sicherheit:** bewacht; **Preise:** 235–260 DKK Pauschalpreis, 110 DKK Quickstop; **Geöffnet:** April bis Mitte Sept.; **Kontakt:** 7100 Vejle, Helligkildevej 5, Tel. +45 75823335, www.vejlecitycamping.dk

141 Mørkholt Camping

55.65666, 9.72555

Quickstop. Kinderfreundlicher Platz mit Pool, direkt am Vejle Fjord. **Lage/Anfahrt:** auf der Straße 28 in Richtung Fredericia, bei Gærslev links abbiegen; **Platzanzahl:** 350; **Untergrund:** Wiese; fest; **Ver-/Entsorgung:** Strom, Trinkwasser, Abwasser, Chemie-WC; **Sicherheit:** bewacht; **Preise:** 61–120 DKK/Fahrz., 85 DKK pro Person, 37 DKK/Strom, Quick-Stop 140 DKK; **Geöffnet:** ganzjährig; **Kontakt:**7080 Børkop, Hagenvej 105b, Tel. +45 75959122, www.morkholt.dk

142 Trelde Næs Supercamp

55.62472, 9.83277

Großer, lebhafter Platz, aber sehr abgelegen. **Lage/ Anfahrt:** direkt auf der Halbinsel Trelde Næs, unweit vom Leuchtturm, bei Egeskov die Straße 28 nach links verlassen, immer geradeaus; **Platzanzahl:** 450; **Untergrund:** Wiese; fest; **Ver-/Entsorgung:** Strom, Trinkwasser, Abwasser, Chemie-WC; **Sicherheit:** bewacht; **Preise:** 76–100 DKK/Fahrz., 75 DKK pro Person, 40 DKK/Strom; **Geöffnet:** ganzjährig; **Kontakt:** 7000 Fredericia, Trelde Næsvej 297, Tel. +45 75957183, www.mycamp.dk

206wd Abb.: mm

WO HANS CHRISTIAN ANDERSEN ZU HAUSE WAR

Von Middelfart, am westlichsten Ende der Insel Fünen, verläuft die Route bis zur Kleinstadt Faaborg, von wo man mit einer Fähre drei kleinere Inseln im Kleinen Belt erreichen kann. Weiter östlich geht es bei Svendborg über eine Brücke auf die Insel Tåsinge und später nach Langeland. Nach der Besichtigung prähistorischer Denkmäler geht es zurück nach Svendborg, dem „Geburtsort" der Container-Firma Mærsk. Wer nicht mit der Fähre auf die Insel Ærø übersetzt, fährt auf direktem Weg nordwärts, besichtigt das Oldtimermuseum in der Scheune des Egeskov-Schlosses und landet in der Hans-Christian-Andersen-Stadt Odense. Von hier geht es weiter nach Nyborg, wo man auf die größte Brücke Europas trifft: die Storebæltbrücke. Über sie erreicht man Seeland, die größte Insel des Landes. Dort findet man in Korsør zahlreiche kulturhistorische Bauten, die einen kurzen Besuch wert sind. Findet die Reise Ende Juni statt, erlebt man in Roskilde zudem das legendäre Musikfestival. Vorher besteht jedoch noch die Möglichkeit, in das westlich gelegene Kalundborg mit seiner pompösen fünftürmigen Kirche zu reisen.

011wd Abb.: mm

Auf Alleen zwischen Rapsfeldern reist man gemütlich durch Dänemark

ROUTE 5

RUND UM DEN STOREBÆLT

STRECKENVERLAUF

Strecke:
Middelfart - Assens und Helnæs By (47 km) - Faaborg (26 km) - Svendborg (24 km) - Abstecher auf die Inseln Tåsinge, Ærø und Langeland (99 km) - Odense (47 km) - Kerteminde (26 km) - Nyborg (21 km) - Korsør (19 km) - Slagelse (17 km) - Kalundborg (37 km) - Roskilde (61 km)

Streckenlänge:
Ohne Abstecher circa 325 km
Mit Abstecher circa 424 km

MIDDELFART

Mit Middelfart hat man **Fyn** bzw. **Fünen,** wie es auf Deutsch heißt, erreicht. Die Insel ist die drittgrößte des Landes und im Inneren von der Landwirtschaft geprägt. Die wichtigsten und größten Städte - von der Inselhauptstadt Odense einmal abgesehen - befinden sich im Süden des Eilandes. Middelfart ist aus der Anlegestelle für eine Fähre entstanden, die über den Kleinen Belt pendelte. Daher dürfte auch der Name der Stadt kommen, der so viel wie „mittlere Überfahrt" bedeutet, was bei einem Blick auf die Dänemarkkarte logisch erscheint. Vom futuristisch wirkenden, modernen Gebäude des Touristenbüros hat man den besten Blick auf beide Brückenbauwerke **Lillebæltsbro** und **Ny Lillebæltsbro.** Nicht weit davon entfernt, in der Algade, befindet sich das **Middelfartmuseum,** welches nicht nur über die Geschichte des einstigen Fährbetriebs informiert, sondern in einer eigenen Dauerausstellung den Bau der beiden Brücken dokumentiert.

Touristeninformation

› **Middelfart Touristenbüro,** 5500 Middelfart, Havnegade 8a, Tel. +45 64411788, www.visitmiddelfart.de, geöffnet: Mo–Fr 9–17 Uhr, Sa 9–12 Uhr, Hauptsaison 9–17 Uhr, Sa 9–14 Uhr.

Sehenswertes

› **Middelfart Museum,** 5500 Middelfart, Algade 4, www.middelfart-museum.dk, Tel. +45 64414741. Neben der Dokumentation über die Kleiner-Belt-Brücken gibt es auch eine Ausstellung über Kachelöfen und Herde und außerdem jährlich eine Sonderausstellung. Im Sommer tgl. 11–16 Uhr, sonst Di–So 13–16 Uhr, 40 DKK.

Campingplätze

143 Hindsgavl Camping
144 Gals Klint Camping
145 Lillebælt Naturistcamping
146 Ronæs Strand Camping

Stellplätze

S36 Stellplatz Middelfart (55.505267, 9.737421). Neuer Wohnmobilstellplatz am nördlichen Rand der Stadt direkt neben dem Kulturzentrum am neuen Hafen. Nicht nur der Hafen ist neu gestaltet, sondern auch das gesamte Umfeld mit den angrenzenden Wohnhäusern. Interessant ist auch der Anblick des hellen Sparkassengebäudes schräg gegenüber vom Stellplatz. 150 DKK, Strom, Ver- und Entsorgung sowie Sanitäranlagen vorhanden.

S37 Stellplatz Lystbådehavn (55.492562, 9.730945). Østre Hougvej 124, 5500 Middelfart, Tel. +45 88884910, 120 DKK; von Rasen umgebene, einzeln abgetrennte Asphaltparkplätze direkt an einem Minigolfplatz mit Blick auf den Jachthafen. Ver- und Entsorgung vorhanden.

ASSENS UND HELNÆS BY

(47 km – km 47)

In Middelfart sollte man die Straße 161 nutzen und an der Autobahnauffahrt auf die Straße 313 abbiegen. Diese führt überwiegend an Bauernfeldern vorbei bis in das südlicher gelegene Assens.

Der Ort ist stark von der Industrie geprägt, die sich besonders im Süden angesiedelt hat, im Westen hingegen ist der große Jachthafen mit mehreren Hundert Anlegeplätzen. In der Østergade 36 wurde *Peter Willemoes* geboren, der später Karriere als „Seeheld" machte und unter anderem gegen den legendären Engländer *Lord Horatio Nelson* kämpfte.

In seinem Geburtshaus ist heute das **kulturhistorische Museum** untergebracht und erläutert die damalige Seefahrt. Ansonsten besteht von Assens aus die Möglichkeit, nach einer halbstündigen Überfahrt das kleine Inselchen **Bågø** zu erreichen.

Touristeninformation

› **Assens Touristenbüro,** Tobaksgården 7, 5610 Assens, Tel. +45 23378466, www.visitassens.dk

Auf der Den Nye Lillebæltsbro reist man nach Middelfart

207wd Abb.: as ©alexandre zveiger - stock.adobe.com

Sehenswertes

› **Willemoesgaardens Mindestuer,** 5610 Assens, Østergade 36, Tel. +45 64713190, in der Hauptsaison Di–So 10–16 Uhr, sonst nur Mi und Sa 10–16 Uhr, Eintritt: 35 DKK.

Campingplätze

147 Sandager Næs Camping
148 CampOne
149 Aa Strand Camping

Auf der Straße 323 erreicht man wenige Kilometer östlich von Assens Ebberup. Von dort kann man einen kleinen Abstecher auf die **Helnæs-Halbinsel** unternehmen. Sie ist lediglich über einen schmalen Damm mit dem Festland verbunden und verfügt praktisch nur über ein paar Wohnhäuser, einen Campingplatz und einen Leuchtturm. Gerade in der Abgeschiedenheit kommen Angler auf ihre Kosten.

Campingplatz

150 Helnæs Camping

FAABORG

(26 km – km 73)

Es geht zurück nach Ebberup und dort wieder auf die Straße 323 bis zum kleinen Ort Haarby, wo es auf der Straße 329 bzw. auf dem Faaborgvej in die gleichnamige Stadt geht. Als Erstes erreicht man den auf der rechten Seite liegenden Hafen, von wo aus es auf die vorgelagerten Inselchen **Lyø, Bjørnø und Avernakø** sowie nach Ærø (s. S. 145) geht.

Direkt neben Jachthafen und Touristenbüro befindet sich ein großer Parkplatz, der als Ausgangspunkt für eine kleine Stadtbesichtigung genutzt werden kann. Faaborg hat keine spektakulären Sehenswürdigkeiten, doch ähnlich wie Ribe oder Ebeltoft versprüht der Ort durch seine kleinen Gassen, hübschen Häuser und den alten **Glockenturm der St.-Nikolai-Kirche** einen gewissen Charme. Die Kirche selbst wurde mittlerweile allerdings abgerissen.

Im Faaborgmuseum, das nicht weit entfernt ist, werden Gemälde von Malern der Insel Fyn gezeigt. Zu dem Ensemble der sogenannten „fünischen Maler" gehören zum Beispiel *Peter Hanse, Johannes Larsen* oder auch *Kai Nielsen.*

⌃ *Grandioser Blick von der Halbinsel Helnæs, im Hintergrund der Damm nach Fyn*

⊡ *Stadtansicht von Faaborg*

079wd Abb.: mm

Touristeninformation

› **Faaborg Touristenbüro,** 5600 Faaborg, Torvet 19, Tel. +45 63759444, www.visitfaaborgmidtfyn.dk,geöffnet: Mo–Fr 9–16 Uhr, Sa 10–13 Uhr, in der Hauptsaison Mo–Sa 10–17 Uhr, So 10–14 Uhr.

Sehenswertes

› **Faaborg Museum,** 5600 Faaborg, Grønnegade 75, Tel. +45 62610645, www.faaborgmuseum.dk. Ausschließlich Kunst der fünischen Maler. April–Oktober 10–16 Uhr, sonst Di–So 11–15 Uhr, Eintritt: 90 DKK.

Essen

› **Restaurant Ved Brønden,** 5600 Faaborg, Torvet 5, Tel. +45 62611135. Leckeres Fischrestaurant in einer kleinen Parallelstraße zur Fußgängerzone.

Einkaufen

› **Imerco,** 5600 Faaborg, Grønnegade 2, Tel. +45 62610054. Geschenkartikel aus Glas und Porzellan im dänischen Design.

Campingplätze

151 Falsled Strand Camping
152 Sinebjerg Camping
153 NAB Camping

151wd Abb.: vd©Ole Eskling

Kreativ gestaltete Schwimmanlagen an der Pier von Faaborg bei GPS 55.093617, 10.24298

Stellplatz

S38 **Stellplatz Fjællebroen (55.059122, 10.382958).** Strandhuse 7, Fjællebroen, 100 DKK. Genau zwischen Faaborg und Svendborg der Straße 44 folgen und nach Fjællebroen abbiegen. Auf einem Privatgrundstück werden drei Stellflächen angeboten. Wenig Ausstattung, aber schöne ruhige Lage direkt am Meer.

SVENDBORG

(24 km – km 97)

In Faaborg treffen wieder größere Hauptstraßen aufeinander, von denen man die nach Süden bzw. nach Svendborg verlaufende Straße 44 nutzt und an mehreren hübschen Windmühlen vorbeifährt.

Svendborg liegt genau gegenüber der Inseln Tåsinge und Thuro, zwischen denen der Svendborg Sund verläuft. Aufgrund dieser Lage wurden in den frühen Tagen der Stadt zahlreiche Werften gebaut, was dazu führte, dass mehr als zwei Drittel aller dänischen Schiffe gegen Ende des 19. Jahrhunderts in Svendborg registriert waren. So kommt es nicht von ungefähr, dass die Ortschaft zahlreiche Schiffsanlegestellen besitzt, dafür aber so gut wie keinen Strandabschnitt ihr Eigen nennt. Aber wer benötigt schon Strände, wenn man unter fachlicher Anleitung Segeln und Windsurfen erlernen oder Ausflüge auf die kleinen Eilande **Skarø** und **Drejø** machen kann? Reisenden, die sich weniger für das Maritime erwärmen können, bleibt ein Gang durch das Zentrum Svendborgs. Auch wenn das Stadtbild mittlerweile zu einem großen Teil durch Industrie und moderne Häuser geprägt ist, so sind doch einige hübsche Fachwerkhäuser, insbesondere am Hauptmarkt, zu sehen. Eine der sieben Kirchen, die **Vor Frue Kirke,** steht ebenfalls direkt am Marktplatz der über 750 Jahre alten Stadt. Durch die kleine Straße Kattesundet gelangt man zum bedeutendsten Gotteshaus von Svendborg. Die **St.-Nikolai-Kirche** wurde in der Mitte des 13. Jahrhunderts aus Ziegelsteinen errichtet.

In Svendborg bleibt nun die Möglichkeit nordwärts über die Straße 9 nach Odense zu fahren oder erst den nachfolgend beschriebenen Abstecher auf die Inseln zu machen.

Campingplätze

154 Syltemae Camping
155 Skårupøre Camping
156 Svendborg Sund Camping
157 Carlsberg Camping
158 Tåsinge Camping

081wd Abb.: mm

145wd Abb.: vd

ABSTECHER AUF DIE INSELN TÅSINGE, ÆRØ UND LANGELAND

(Rundreise über alle Inseln 99 km)

Die Region südlich von Faaborg und Svendborg wird in Dänemark auch als Südfünisches Inselmeer bezeichnet. Kein Wunder, da nicht weniger als 11 Inseln untereinander und mit dem Festland durch Brücken, Dämme oder regelmäßige Fährverbindungen verbunden sind. Die drei größten sind Langeland, Ærø und Tåsinge, die man in einer Rundreise besuchen kann. Von Svendborg verkehrt z. B. eine Fähre zur westlichen Insel Ærø und von dort wiederum eine zur Insel Langeland, die durch eine Brücke mit Tåsinge verbunden ist. Die Verbindung zwischen Tåsinge und Langeland führt zwar über die Insel Siø, doch die ist aufgrund ihrer Größe und der Besiedelung mit nur einem einzigen Bauernhof eher zu vernachlässigen. Von Tåsinge kommt man über eine weitere Brücke zurück nach Fyn.

Svendborg verfügt über viele Anleger für Segler

Ländliche Idylle

Mit dem Schiff erreicht man zweimal täglich nach rund 75 Minuten Fahrt die *hyggelige* Stadt **Ærøskøbing,** die mit bunten kleinen Häusern rechts und links der kopfsteingepflasterten Straße typisch dänisch wirkt. Von hier aus hat man gute Möglichkeiten, die Insel mit dem Wohnmobil oder auch mit dem Fahrrad zu erkunden. Am nördlichsten Punkt trifft man auf einen leuchtend roten Leuchtturm, der von innen besichtigt werden kann. Da es auf Ærø keinen Durchgangsverkehr gibt, fällt es nicht schwer, Ruhe zu finden. Besonders die Strände sind zwar schmal, aber dafür menschenleer.

Im Süden geht es in die Ortschaft **Marstal,** wo man sich unbedingt das **Solarkraftwerk** im Westen des Ortes anschauen sollte. Auf zwei großen und einem kleineren Feld wird mittels Sonnenenergie Strom erzeugt, der ein Drittel des Marstaler Energiebedarfs abdeckt. Von Marstal aus besteht die Möglichkeit, die Ortschaft **Rudkøbing** auf **Langeland** per einstündiger Schifffahrt zu erreichen.

Im Süden der Insel sind einige schöne Windmühlen zu sehen und man kann die Orte **Bagenkop** und **Humble** als Einkaufsmöglichkeiten nutzen. Bis vor wenigen Jahren war hier allerdings noch wesentlich mehr los, da eine Fähre zwischen Bagenkop und Kiel verkehrte. Doch diese Schiffsverbindung rentierte sich nicht mehr und musste eingestellt werden. Auf dem Weg nach Süden passiert man **Kong Humbles Grav.** Dabei handelt es sich um einen Grabhügel, der jedoch keinen König beherbergt, wie man eigentlich aus dem Namen ableiten könnte, und sich zudem mitten auf einem Feld befindet und daher gar nicht zu erreichen ist.

Auf der Straße 305 gelangt man auch in den nördlichen Teil Langelands. Für die kleine Ortschaft **Lohals** ganz im Norden scheint der Hafen viel zu groß zu sein, doch das liegt daran, dass von hier aus bis zum Ende des letzten Jahrhunderts eine Fähre ablegte, die Korsør auf Seeland zum Ziel hatte.

Touristeninformationen

- **Æro Touristenbüro,** 5970 Ærøskøbing, Ærøskøbing Havn 4, Tel. +45 62521300, www.visitaeroe.dk
- **Turist- og Erhvervsforeningen Langeland,** 5900 Rudkøbing, Torvet 5, Tel. +45 62513505, www.langeland.dk, Mo–Fr 9.30–16.30 Uhr, Sa 9.30–12.30 Uhr, in der Hauptsaison 9–17 Uhr, Sa 9–15 Uhr

Essen

- **Bregninge Mølle,** 5700 Svendborg (Insel Tåsinge), Kirkebakken 19, Tel. +45 62225255. Auf drei Etagen kann in der alten Mühle gespeist werden. Da die Mühle auf dem höchsten Punkt der Insel steht, genießen Besucher eine besonders gute Aussicht.

Die Hauptsehenswürdigkeit Langelands ist das **Schloss Tranekær,** das man auf dem Weg nach Norden automatisch passiert. Das ganz in Rot gehaltene Schloss kann nicht besichtigt werden, doch hinter dem Bauwerk befindet sich ein großer Park, in dem man vor der Kulisse des Schlosses spazieren kann.

Verlässt man auf der Straße 9 die Insel wieder, so hat man auf der rechten Seite von Tåsinge die Möglichkeit, auch ein Schloss von innen zu besichtigen. Es ist mit einer Fläche von mehr als 8000 Quadratmetern der größte private Wohnsitz des Landes und wurde Mitte des 17. Jahrhunderts durch *Christian IV.* erbaut. Das **Valdemars Slot** genannte Haus verfügt über 25 öffentlich zugängliche Zimmer. Eines davon ist der Fliesensaal, der mit schachbrettartigen Fliesen versehen ist und über vier Frauenfiguren aus Holz verfügt, die die Jahreszeiten symbolisieren.

Auf der Insel Tåsinge befindet sich das Valdemars Slot

084wd Abb.: mm

☐ *Das Tranekær Slot auf Langeland kann leider nur von außen besichtigt werden* *(s. S. 146)*

Nach der Besichtigung von Valdemars Slot wird auch die Insel Tåsinge verlassen und es geht nun über die Brücke zurück nach Svendborg, wo man auf dem Weg nach Odense einfach dem Verlauf der Straße 9 folgen kann.

Sehenswertes

› **Valdemars slot,** 5700 Svendborg (Insel Tåsinge), Slotsalleén 100. Das ansehnliche Gebäude beherbergt das Schloss-, Jagd- und Trophäenmuseum. Geöffnet sind die Museen im Mai, Juni und August täglich 10–17 Uhr, im Juli 10–18 Uhr, September Di–So 10–17 Uhr, 120 DKK Eintritt, www.valdemarsslot.dk

› **Schloss Tranekær,** GPS: 55.00027, 10.85500

Campingplätze

159 Rudkøbing Camping
160 Langelands Camping og Motel
161 Billevænge Camping
162 Færgegårdens Camping
163 Feriepark Langeland
164 Lohals Camping

Entsorgungsstation

› Auf der E20 befindet sich zwischen den Ausfahrten 57 und 58 ein Rastplatz in Fahrtrichtung Odense. Auf diesem kann entsorgt werden. GPS: 55.478048, 9.879036

Hans Christian Andersen: „Die alte Kirchenglocke“

Diese Geschichte erzählt von einer Kirchenglocke im baden-württembergischen Marbach. Dabei wird in diesem Märchen von einer wahren Begebenheit gesprochen, denn als Hauptakteur tritt ein kleiner Junge auf, der am 10. November 1759 dort geboren und in Deutschland als Johann Christoph Friedrich Schiller berühmt wurde. Mit dieser Erzählung geht Andersen auf das Leben Schillers ein und erklärt auf seine Weise dessen berühmtes Gedicht „Das Lied von der Glocke“.

ODENSE

(47 km – km 144)

Bevor man Odense erreicht, sollte man auf fast halber Strecke bei Kværndrup einen kleinen Abstecher zum nur 2 km entfernten **Schloss Egeskov** machen. Schon die großen Parkplätze vor dem herrschaftlichen Anwesen lassen ahnen, dass es sich hierbei um ein beliebtes Ausflugsziel handelt.

Das sehr gut erhaltene Wasserschloss erreicht man hinter dem Tor über eine schmale Allee und die anschließende Brücke. Um das Schloss herum befinden sich ein großer Park, ein Labyrinth und ein Museum, das sich mit Fortbewegungsmitteln aller Art, von der Kutsche bis zum Düsenjet, befasst.

Touristeninformation

› **Odense Touristenbüro,** 5000 Odense C, Rådhuset, Vestergade 2, Tel. +45 66127520, www.visitodense.com, geöfnet: Mo–Fr 9.30–16.30 Uhr, Sa 10–13 Uhr, in der Hauptsaison Mo–Fr 9.30–18 Uhr, Sa 10–15 Uhr, So 11–14 Uhr

Sehenswertes

› **Schloss Egeskov,** 5772 Kværndrup, Egeskov Gade 18, www.egeskov.dk. Geöffnet: tgl. Mai–Sept. 10–17 Uhr, Juli bis Mitte August bis 20 Uhr, mittwochs dann aufgrund zahlreicher Veranstaltungen sogar bis 23 Uhr, Eintritt: 19 DKK inkl. Besuch des Schlossparks und der Ausstellung.

Touristeninformation

› **Egeskov Touristenbüro,** Ved Egeskov Slot, 5772 Kværndrup, Egeskov Gade 1, Mai, Juni und September Mo–Fr 12–17 Uhr, Juni auch Sa 12–15 Uhr, Juli und August Mo–Fr 10–18 Uhr, Sa und So 11–15 Uhr, GPS: 55.17361, 10.48972

Der Name Odense leitet sich von Odin ab, wie alte Funde und Münzen aus der Wikingerzeit belegten, auf denen dieser Name zu lesen ist. Damals noch eine Ansiedlung weniger Häuser, entwickelte sich Odense zur heute drittgrößten Stadt Dänemarks und ist nicht nur das Zentrum der Insel Fünen, sondern durch seine zentrale Lage auch eine wichtige Handels- und Industriestadt im gesamten Dänemark.

Die Sehenswürdigkeiten der Stadt Odense konzentrieren sich auf das Zentrum und sind fußläufig erreichbar.

Am südlichen Rand der Innenstadt verläuft ein Grünstreifen, durch den sich der schmale **Odense Å** windet, der bis zum Odensekanal fließt und damit in die Ostsee mündet. Das Zentrum des Parks ist ein beliebter Treffpunkt, vor allem bei den Studenten der Stadt.

In den Sommermonaten bevölkern die jungen Leute die Wiesen rund um den **H.-C.Andersen-Platz,** der sich vor dem **Kloster** und dem **Dom** ausbreitet.

Der gotische Dom, auch **St.-Knuds-Kirche** genannt, aus dem 13. Jh. gibt sich mit seinen drei Kirchenschiffen im Inneren schlicht, verfügt aber über einen schönen Flügelaltar und eine Rokokokanzel.

Direkt daneben im gleichnamigen Kloster ist heute eine Bibliothek eingerichtet. Vor dieser erhebt sich die Statue des wohl berühmtesten Sohnes der Stadt, *Hans Christian Andersen,* der über den nach ihm benannten Park blickt.

092wd Abb.: mm

218wd Abb.: as © Dmitry Pistrov

Über die Straße Klosterbakken hinweg sieht man am Flakhavn das **Rathaus** Odenses, in der die Touristeninformation untergebracht ist, dahinter verläuft die Fußgängerzone und Einkaufsstraße Vestergade.

Blickt man nach rechts, ist die **St.-Albani-Kirche** am Ende der Straße zu erkennen. In diesem neogotischen Haus wurde *Knud der Heilige* ermordet, der nun im Dom begraben liegt und diesem seinen Namen gab. Geht man vor der St.-Albani-Kirche nach links und an der nächsten Kreuzung rechts in den östlichen Teil der Fußgängerzone (Overgade), steht man plötzlich vor einem einbeinigen Soldaten.

Die St.-Albani-Kirche von Odense

Herrlich im Grünen liegt Schloss Egeskov

Es handelt sich um die Darstellung des Zinnsoldaten aus dem Andersen-Märchen. Gleich dahinter links führen kleine Gassen zum **H.-C.-Andersen-Haus,** in dem eine große Ausstellung über den bekanntesten dänischen Dichter eingerichtet ist. Neben Dokumenten über sein Leben, einer Nachbildung seines Wohnraumes und weiteren zahlreichen Informationen gibt es eine große Bibliothek mit *Andersens* gesammelten Werken in allen Übersetzungen.

Nach Überquerung der Hauptstraße und einem Spaziergang durch die Fußgängerzone gelangt man schließlich zu einer alten Fabrikhalle, in der früher Kleider hergestellt wurden. Heute finden sich hier zahlreiche Museen, die sich mit verschiedenen Themen beschäftigen, so z. B. mit der Kunst des Fotografierens oder der Druckkunst. Zudem wird sehr anschaulich gezeigt, wie Redakteure und Journalisten ihrer Arbeit nachgingen und -gehen.

Sehenswertes

- **H.C. Andersens Hus,** 5000 Odense C, Bangs Boder 30, Tel. +45 65514601, Di–So 10–16 Uhr, im Sommer täglich 10–17 Uhr, Eintritt: 110 DKK
- **Danmarks Mediemuseum,** 5000 Odense C, Brandts Torv 1, Tel. +45 65207000, www.mediemuseum.dk. Das außergewöhnliche Museum dokumentiert interaktiv das grafische Gewerbe sowie die Entwicklung des Pressewesens. Di/Mi u. Fr–So 10–17 Uhr, Do 12–21 Uhr, Eintritt: 45 DKK/Kinder und Jugendliche bis 18 Jahre kostenlos, freier Eintritt jeden Donnerstag 17–21 Uhr.

089wd Abb.: mm

Wer sämtliche Museen besichtigen möchte, der sollte sich überlegen, ob er sich im Touristenbüro den *Oplevelsepass* („Erlebnispass") kauft. Für 24 Stunden kostet dieser Pass rund 169 DKK und ermöglicht in fast allen Museen der Stadt freien Eintritt. Zusätzlich kann man an einer Rathausführung teilnehmen oder eines der fünf Schwimmbäder kostenlos nutzen.

Essen

- **Restaurant Den gamle Kro,** 5000 Odense C, Overgade 23, Tel. +45 66121433. Internationale Küche in gemütlichem Haus aus dem Jahr 1683, angenehme Atmosphäre.
- **Restaurant Den Grimme Ælling,** 5000 Odense C, Hans Jensens Stræde 1, Tel. +45 65917030. Nicht weit vom H.-C.-Andersen-Haus wird hier ein reichhaltiges Buffet angeboten.

Campingplätze

165 Midtfyns Camping
166 Odense Camping DCU

Stellplatz

S39 **Stellplatz Tarup Campingcenter (55.365509, 10.466304).** Agerhatten 31, Tornbjerg, 5220 Odense SØ. Zwei kostenfreie Stellplätze am Zaun eines Wohnmobilhändlers in einer ruhigen Sackgasse eines Industriegebietes. Von dort sind es auf einem Radweg am Ende der Sackgasse nur wenige Kilometer ins Zentrum von Odense.

KERTEMINDE

(26 km – km 170)

Wer es eilig hat, der kann zwischen Odense und Nyborg die Autobahn benutzen, schöner ist jedoch die Strecke auf der Straße 165, die über Kerteminde und die Kerteminde Bucht ebenfalls nach Nyborg führt.

In Kerteminde geht es wieder wesentlich gemütlicher und damit dänischer zu als in der Großstadt Odense. Mittelpunkt des Ortes ist die aus dem 15. Jahrhundert stammende **St.-Laurentius-Kirche,** lohnenswert ist aber auch ein Spaziergang am Jachthafen, wo mehr Schiffe vor Anker liegen als der gesamte Ort Kerteminde Häuser hat. Die Ortschaft breitet sich beiderseits der schmalen Mündung zwischen Kerteminde Fjord und Ostsee aus.

Ein wenig im Landesinneren liegt in unmittelbarer Nähe des Fjords das **Hügelgrab Ladbyskibet.** Es ist begehbar und enthält den gut erhaltenen Abdruck eines 22 Meter langen Wikingerschiffes. Vom Schiff selbst ist bis auf ein paar Nägel und den Anker sonst nicht viel zu sehen.

Campingplatz

167 Kerteminde Camping

Hinter dem Dom von Odense grüßt Hans Christian Andersen

Ein beliebter Treffpunkt von Studenten ist der Andersen-Park

NYBORG

(21 km – km 191)

Nyborg wird heute meist mit der Storebæltbrücke in Verbindung gebracht und von vielen als Durchgangsstation auf dem Weg nach Kopenhagen genutzt. Dabei sollte aber unbedingt ein kleiner Stopp auf dem Parkplatz vor der Touristeninformation eingelegt werden. Schräg gegenüber befindet sich das aus dem 12. Jahrhundert stammende **Schloss Nyborg,** das nicht nur Angriffe von hoher See abwehrte, sondern auch als königliche Residenz diente. Hinter der Festung verläuft der ehemalige Schutzwall, auf dem noch Kanonen aus der damaligen Zeit aufgestellt sind. Im Zentrum des Ortes gibt es neben einigen schönen Fachwerkhäusern jedoch keine weiteren besonderen Sehenswürdigkeiten.

Touristeninformation

› **Nyborg Touristenbüro,** 5800 Nyborg, Torvet 2b, Tel. +45 65310280, www.visitnyborg.dk

Essen

› **Restaurant Central Caféen,** 5800 Nyborg, Nørregade 6, Tel. +45 65310183. Gutbürgerliche Küche aus Dänemark, mit gemütlichem Biergarten.

Entsorgungsstation

› auf dem Rastplatz an der letzten Ausfahrt vor der Storebæltbrücke Richtung Kopenhagen. GPS: 55.297516, 10.840

Campingplätze

168 Grønnehave Strand Camping

169 Nyborg Strandcamping

KORSØR

(19 km – km 210)

Nach Überquerung der Storebæltbrücke kann man gleich rechts abbiegen und die Kleinstadt Korsør besuchen. Sie verfügt zwar über einen großen Fährhafen, doch bereits seit einem Jahrzehnt legt hier keine Fähre von Nyborg mehr an. Nicht weit vom Hafen entfernt erhebt sich mit ca. 23 m der **Festungsturm** aus der Mitte des 12. Jahrhunderts. Die sogenannte **Korsør Søbatteri** (Seebatterie) ist das letzte Überbleibsel eines Schlosses, welches einst die Einfahrt zur Stadt bewachte.

Abendstimmung in einem der vielen Häfen der Insel Fünen

093wd Abb.: mm

Hans Christian Andersen

Am 2. April 1805 erblickte in Odense der berühmte Schriftsteller und Dichter Hans Christian Andersen das Licht der Welt und schenkte der Welt im Laufe der nächsten Jahrzehnte zahlreiche literarische Werke. Bereits früh verließ er seinen Geburtsort und zog im Alter von nur 14 Jahren nach Kopenhagen, wo er sich als Schauspieler am Theater versuchte. Doch erfolgreicher war er mit dem Schreiben, das er in der Folgezeit auch intensiver betrieb. Andersen reiste viel und kam in Europa weit herum. Unter anderem war er dutzende Male in Dresden. Sein privates Glück erreichte er aber niemals. Riborg Voigt, die Schwester eines Kommilitonen, war die einzige Frau, in die er sich verliebte, doch diese heiratete einen anderen Mann. Bis zu seinem Tode am 4. August 1875 trug Andersen ihren Abschiedsbrief mit sich.

In den 1830er-Jahre begann Andersen, Volksmärchen zu schreiben, die er als Kind erzählt bekommen hatte – es sollten bis zum Ende seines Lebens mehr als 150 werden. Einige seiner berühmtesten Werke sind „Des Kaisers neue Kleider", „Die kleine Meerjungfrau", „Das hässliche Entlein" und „Die Prinzessin auf der Erbse". Doch auch viele andere Märchen, die weit weniger bekannt sind, waren verantwortlich dafür, dass er noch zu Lebzeiten mit dem höchsten dänischen Orden ausgezeichnet wurde.

Sehenswert ist zudem noch das sehr schön gestaltete Haus Nummer 25 in der Algade. Dieses Rokokogebäude aus der zweiten Hälfte des 18. Jahrhunderts wurde von verschiedenen dänischen Königen als Übernachtungsplatz genutzt.

Touristeninformation

› **Korsør Touristenbüro,** 4220 Korsør, Nygade 7, Tel. +45 58350211, www.visitwestseeland.de

Stellplatz

S40 Stellplatz Korsør Lystbådehavn (55.326486, 11.131918). Sylowsvej 10, 4220 Korsør, Tel. +45 58375930. Strom, Abwasser, Frischwwasser am Jachthafen von Korsør. An der Zufahrt zum Hafen einfach der Ausschilderung folgen.

Campingplatz

170 Storebælt Camping og Feriecenter

⌃ *Festungswall in Nyborg*

094wd Abb.: mm

Dänische Brückenbauer

Als Seefahrernation ist Dänemark schon lange bekannt. In den letzten Jahrzehnten erarbeiteten sich die Dänen aber durch zahlreiche Bauwerke auch einen Ruf als Brückenbauer. So ist die Insel Langeland mit der Insel Tåsinge verbunden, diese wiederum mit Fyn, welche eine Brückenverbindung zum Festland besitzt und seit 1998 auch zur östlichen Insel Seeland. Auch die Inseln Lolland, Falster, Møn und Seeland sind untereinander durch Brücken verbunden und selbst internationale Verbindungen wie die Brücke zwischen Kopenhagen und der schwedischen Stadt Malmö stellen für die Dänen kein Hindernis dar. Die aber mit einer Hauptspannweite von über 1600 m größte Brücke des Landes, die ***Storebæltbrücke*** *(s. S. 21), ist zugleich auch die größte Hängebrücke Europas und wird weltweit nur von einer Brücke in Japan und einer in China übertroffen. Über sie führt die Autobahn E20 zwischen Nyborg und Slagelse.*

Mittlerweile haben es die Brücken Dänemarks auch auf die ***Banknoten*** *der Dänischen Krone geschafft. Auf den Scheinen, die seit 2009 im Umlauf sind, sind folgende Brücken abgebildet: die Sallingsundbroen (50 DKK), Den Gamle Lillebæltsbro (100 DKK), die Knippelsbro (200 DKK), die Dronning Alexandrines Bro (500 DKK) und die Storebæltsbroen (1000 DKK).*

SLAGELSE

(17 km – km 227)

Um nach Slagelse, der „heimlichen Hauptstadt" von Westseeland, zu gelangen, umrundet man die Bucht von Korsør (also Korsør Nor) entweder südwärts über die Landstraße 150 oder auf der E20 nordwärts. Beide Straßen verlaufen durch Slagelse, das an historischen Gebäuden oder Sehenswürdigkeiten nur wenig zu bieten hat. Dazu gehören allerdings die Kirche **St. Mikkel,** mit dem angrenzenden Kloster, sowie die **St.-Peders-Kirche,** die im 12. Jahrhundert von *Valdemar dem Großen* gestiftet wurde.

Ansonsten ist Slagelse eher ein Verkehrsknotenpunkt. Auf der Ost-West-Tangente verlaufen die Straße 150 und die Autobahn E20 sowie die Bahnverbindung zwischen Kopenhagen und Odense. In Nord-Süd-Richtung verkehren ebenfalls Züge sowie die Straße 22, auf der die Reise weiter gen Norden nach Kalundborg führt.

Touristeninformation

› **Slagelse Touristenbüro,** 4200 Slagelse, Løvegade 7, Tel. +45 58522206, www.vikingelandet.dk, Mo–Fr 10–17 Uhr, Sa 10–13 Uhr, in der Hauptsaison Sa bis 15 Uhr

KALUNDBORG

(37 km – km 264)

Am Ende der Straße 22 biegt man am Kreisverkehr links ab und passiert den Bahnhof sowie den Containerhafen von Kalundborg. Dahinter liegt auf der rechten Seite die Innenstadt mit zahlreichen Fachwerkhäusern und dem ansehnlichen Rathaus am Markt, wo es gute Möglichkeiten zum Parken gibt.

◁ *Stünde auf der Fahrbahn der Storebæltbrücke die New Yorker Freiheitsstatue, würde sie gerade bis zum Querträger reichen*

Hans Christian Andersen: „Vænø und Glænø"

Andersen beklagt in diesem Märchen den Verlust der beiden Inseln Vænø und Glænø, die sich südlich von Seeland befinden. Als Vænø tatsächlich eines Tages durch einen Sturm verschwindet und von der Ostsee verschluckt wird, prophezeit er, dass Glænø ein ähnliches Schicksal erleiden würde.

Zum Schluss der Geschichte stellt sich heraus, dass Glænø tatsächlich nicht mehr als Insel existiert. Doch sie wurde nicht vom Meer geholt, sondern von der wesentlich größeren Insel Seeland „verschluckt", da die beiden Inseln mit einem Damm verbunden wurden.

Direkt an den Marktplatz schließt sich die Adelgade an. Dort befindet sich das Geschichtsmuseum, das in einem Haus aus dem 17. Jahrhundert, dem sogenannten **Lindegaardenm,** untergebracht ist.

Touristeninformation

› **Kalundborg Touristenbüro,** 4400 Kalundborg, Skibbrogade 40, Tel. +45 59510915, www.visitwestseeland.de, geöffnet: Mo–Fr 10–16 Uhr, Sa 10–13 Uhr, Hauptsaison Mo–Fr 10–17 Uhr, Sa 10–15 Uhr

Sehenswertes

› **Kalundborg-Museum,** 4400 Kalundborg, Adelgade 23, Tel. +45 59512141. Sammlung von Trachten der Region, alte Werkstätten und ein Rittersaal. Di–So 10.30–16 Uhr, Eintritt: 30 DKK, www.vestmuseum.dk

Doch die Hauptsehenswürdigkeit der Stadt ist die ungewöhnlichste Kirche ganz Dänemarks, wenn nicht sogar Nordeuropas. Die **Vor Frue Kirke** am Ende der Adelgade besticht durch fünf Türme, von denen sich vier achteckige Türme um den etwas größeren Mittelturm erheben. Entstanden ist das Gotteshaus mit der für Dänemark untypischen Bauweise gegen Ende des 12. Jahrhunderts.

Hans Christian Andersen: „Holger Danske“

Unter dem Schloss Kronborg bei Helsingør soll Holger Danske ruhig und friedlich schlafen und über das dänische Volk wachen. Sollte dieses angegriffen werden, würde der mächtige Holger Danske erwachen und es verteidigen, so die Legende. Das Märchen handelt von einem Großvater, der eine Schiffsfigur in Form von Holger Danske schnitzt und dabei seinem Enkel von diesem dänischen Helden erzählt.

Kalundborg ist auch Ausgangspunkt für eine Fährfahrt auf die **Insel Samsø,** auf der hauptsächlich Landwirtschaft betrieben wird und die nur im Norden leicht bewaldet ist.

Touristeninformation

› **Holbæks Touristenbüro,** 4300 Holbæk, Ahlgade 1C, Tel. +45 59431131, www.visitholbaek.dk, geöffnet: Mo–Fr 9–16 Uhr, Sa 9–12 Uhr, Hauptsaison Mo–Fr 9–17 Uhr, Sa 9–14 Uhr

Campingplätze

171 Skarresø Camping Jyderup
172 Holbæk Camping FDM
173 Tempelkrogens Familiecamping

Südlich von Holbæk kann man auf der Straße 21 nordwärts fahren, um einen wunderschönen und vor allen Dingen interessanten **Geopark** zu besuchen. Dieser wurde im Jahr 2014 als erster Geopark Dänemarks ins Leben gerufen und trägt den Namen **Odsherred.** Auf einem Trail kann man zum Beispiel Grabhügel betreten und unter anderem von dort die Aussicht auf eine Landschaft genießen, die von der Eiszeit geformt wurde. Der Wanderweg Højderygstien verläuft nördlich von Asnæs und auch an einigen Kunstobjekten vorbei durch Høve. Einer der Ausgangspunkte für einen Besuch wäre beispielsweise dieser Parkplatz:

Parkplatz

› N55,834548, E011,511527

Im Museum in Roskilde kann man Wikingerschiffe bestaunen

149wd Abb.: vd©Cees van Roeden

217wd Abb.: as © Mikhail Markovskiy

ROSKILDE

(61 km – km 325)

Die Strecke nach Roskilde verläuft auf der Straße 23 einmal quer über die Insel Seeland bis kurz vor die Hauptstadt Kopenhagen. Südlich von **Holbæk** wird die Straße 23 zur Autobahn, vorher hat man aber noch Gelegenheit sich die Stadt anzuschauen, indem man die Landstraße 57 nordwärts nutzt.

Sehenswert ist die **St.-Nikolai-Kirche,** die leicht oberhalb der Stadt liegt. Doch von größerer Bedeutung ist das Gotteshaus von Roskilde. Der **Dom** der Stadt ist seit 1995 Teil des **UNESCO-Weltkulturerbes,** dabei ist sein Aussehen eher schlicht. Doch diese Backsteinkirche im romanischen Stil beherbergt die Gebeine von 21 dänischen Königen und 17 Königinnen (s. S. 169), angefangen bei *Harald I. Blauzahn* (verstorben im 10. Jahrhundert) bis hin zum Königspaar *Friedrich IX.* und seiner Frau *Inge von Schweden,* die im Jahr 2000 in der Kathedrale beigesetzt wurde. Im Jahr 2007 wurden große Restaurierungsarbeiten vorgenommen und große Teile des Schiffes und der Türme waren hinter einer Plane verborgen.

Hinter dem Dom befindet sich der dreiflügelige **Bischofspalast,** denn Roskilde war lange Zeit Bischofssitz. In dem gelben Palast kann heute das Museum für zeitgenössische Kunst besucht werden. Davor befindet sich der Marktplatz, an dessen Westflanke

⌃ *UNESCO-Weltkulturerbe: der Dom von Roskilde*

das alte Rathaus von Roskilde zu sehen ist. In die andere Richtung, also links vom Dom, geht es durch eine Grünanlage bis zum Hafen an der Roskilder Bucht. Dort sind in den **Wikingerschiffshallen** mehrere Wikingerboote ausgestellt, die bei Grabungsarbeiten im Fjord gefunden wurden. Auf dem Weg zum Hafen hat man auf der linken Seite die Möglichkeit den kleinen Hügel zu besteigen, auf dem sich die St.-Jørgens-Kirche befindet. Lohnenswert ist dies weniger wegen der Kirche, sondern aufgrund der schönen Aussicht auf den Roskilde Fjord.

Abschließend sei noch anzumerken, dass Roskilde seit 1971 regelmäßig Ende Juni/Anfang Juli von mehreren Zehntausend Rockmusikfans besucht wird. Für einen gemütlichen Familienausflug ist der Zeitraum des legendären **Roskilde-Festivals** daher eher unpassend.

Touristeninformation

- **Roskilde Touristenbüro,** Stændertorvet 1, 4000 Roskilde, Tel. +45 46316565, www.visitroskilde.dk, Mo–Fr 10–16 Uhr, von April bis September 10–17 Uhr, Sa ganzjährig 10–13 Uhr

Sehenswertes

- **Museum für Gegenwartskunst im Roskilde Palais,** 4000 Roskilde, Stændertorvet 3d, Tel. +45 46316570, 12–16 Uhr, Eintritt: 30 DKK.
- **Wikingerschiffsmuseum,** 4000 Roskilde, Vindeboder 12, Tel. +45 46300200,www.vikingeskibsmuseet.dk. Austellung der Wikingerschiffe, Informationen über den Schiffsbau, die Wikingerzeit und die Archäologie unter Wasser. Täglich 10–17 Uhr, Eintritt: 120 DKK, in der Nebensaison nur 85 DKK.

Campingplätze

174 DK Borrevejle Camping

175 Roskilde Camping

CAMPINGPLÄTZE ENTLANG DER ROUTE

143 Hindsgavl Camping

55.5125, 9.69894

Kleiner, gemütlicher Platz mit angenehmer Atmosphäre. **Lage/Anfahrt:** Fredericia nicht über die Schnellstraße, sondern über die alte Lillebæltbrücke verlassen, nach der Überquerung die erste rechts, der Platz liegt direkt am südlichen Brückenkopf; **Platzanzahl:** 110; **Untergrund:** Wiese; fest; **Ver-/Entsorgung:** Strom, Trinkwasser, Abwasser, Chemie-WC; **Sicherheit:** umzäunt; **Preise:** 92 DKK pro Person, 35 DKK/Strom; **Geöffnet:** 1. April bis 31. Dezember; **Kontakt:** 5500 Middelfart, Søbadvej 10, Tel. +45 64415542, www.hindsgavl-camping.dk

144 Gals Klint Camping

55.51666, 9.68166

Größerer Platz, aber weiter von der Brücke entfernt, dadurch etwas ruhiger. **Lage/Anfahrt:** gleiche Anfahrt wie Hindsgavl Camping, an diesem aber dann vorbei durch den Wald; **Platzanzahl:** 200; **Untergrund:** Wiese; fest; **Ver-/Entsorgung:** Strom, Trinkwasser, Abwasser, Chemie-WC; **Sicherheit:** bewacht; **Preise:** 41–101 DKK Stellfläche, 80 DKK pro Person, 33 DKK/Strom; **Geöffnet:** 1. April bis 21. Oktober; **Kontakt:** 5500 Middelfart, Gals Klintvej 11, Tel. +45 64412059, www.galsklint.dk

145 Lillebælt Naturistcamping

55.46000, 9.78000

Nur für FKK-Freunde. **Lage/Anfahrt:** bei Nørre Åby rechts Richtung Gamborg, Beschilderung folgen, einsam auf Landzunge; **Platzanzahl:** 75; **Untergrund:** Wiese; fest; **Ver-/Entsorgung:** Strom, Trinkwasser, Abwasser; **Sicherheit:** umzäunt; **Preise:** 75 DKK/Fahrz., 70 DKK pro Person, 35 DKK/Strom; **Geöffnet:** Mai bis Ende August; **Kontakt:** 5500 Middelfart, Fjordvej 74, Tel. +45 64403359, www.naturisme.dk

209wd Abb.: as ©rpbmedia - stock.adobe.com

146 Ronæs Strand Camping

55.43972, 9.82416

Quickstop. Einsam, an einer ruhigen Bucht gelegener Platz. **Lage/Anfahrt:** bei Nørre Åby rechts in Richtung Rolund, dort der Beschilderung folgen; **Platzanzahl:** 160; **Untergrund:** Wiese; fest; **Ver-/Entsorgung:** Strom, Trinkwasser, Abwasser, Chemie-WC; **Sicherheit:** bewacht; **Preise:** 40–70 DKK Stellfläche, 70 DKK/Fahrz., Quickstop 130–150 DKK, 70 DKK pro Person, 35 DKK/Strom; **Geöffnet:** 1. April bis 16. Sept.; **Kontakt:** 5580 Nr. Åby, Ronæsvej 10, Tel. +45 64421763, www.camping-ferie.dk

147 Sandager Næs Camping

55.33416, 9.89000

Quickstop. Familienfreundlicher Platz mit Pool und Bootsanleger. **Lage/Anfahrt:** die Straße 313 bei Sandager verlassen und Richtung Næs fahren; **Platzanzahl:** 150; **Untergrund:** Wiese; fest; **Ver-/Entsorgung:** Strom, Trinkwasser, Abwasser, Chemie-WC, WLAN gratis; **Sicherheit:** bewacht; **Preise:** 180–295 DKK

Schiffe im Hafen von Roskilde

inkl. zwei Erw., 3,50 DKK je kWh; **Geöffnet:** 1. April bis 9. September; **Kontakt:** 5610 Assens, Strandgårdsvej 12, Tel. +45 64791156, www.sandagernaes.dk

148 CampOne

55.26527, 9.88527

Quickstop. Kleiner Platz zwischen industrieller Bebauung und Hafen. **Lage/Anfahrt:** vor der Fabrik in Assens rechts abbiegen, der Platz liegt rechts neben dem Hafen; **Platzanzahl:** 200; **Untergrund:** Wiese; fest; **Ver-/Entsorgung:** Strom, Trinkwasser, Abwasser, Chemie-WC; **Sicherheit:** bewacht; **Preise:** 50–60 DKK/Fahrz., 90 DKK pro Person, 40 DKK/Strom; **Geöffnet:** 5. April bis 9. September; **Kontakt:** 5610 Assens, Næsvej 15, Tel. +45 63606362, www.campone.dk

149 Aa Strand Camping

55.21694, 9.97416

Quickstop. Kleiner, ruhiger Platz, nur durch eine wenig befahrene Straße vom Strand getrennt. **Lage/Anfahrt:** Richtung Helnæs und hinter Ebberup die erste Möglichkeit rechts; **Platzanzahl:** 100; **Untergrund:** Wiese; fest; **Ver-/Entsorgung:** Strom, Trinkwasser, Abwasser, Chemie-WC; **Sicherheit:** bewacht; **Preise:** 40 DKK/Fahrz., 80 DKK pro Person, 35 DKK/Strom; **Geöffnet:** 1. April bis 15. September; **Kontakt:** 5631 Ebberup, Aa Strandvej 61, Tel. +45 64741003, www.aa-strand.dk

150 Helnæs Camping

55.13250, 10.03611

Quickstop. Für Angler ein idealer Platz, der Besitzer gibt gerne Tipps. **Lage/Anfahrt:** am Ende der Halbinsel Helnæs, über den Damm und einfach geradeaus bis zum Ende; **Platzanzahl:** 120; **Untergrund:** Wiese; fest; **Ver-/Entsorgung:** Strom, Trinkwasser, Abwasser, Chemie-WC; **Sicherheit:** umzäunt; **Preise:** 35 DKK Stellfläche, 88 DKK pro Person, 35 DKK/Strom, 100–130 DKK Quickstop; **Geöffnet:** 1. April bis 30. September; **Kontakt:** 5631 Ebberup, Strandbakken 21, Tel. +45 64771339, www.helnaes-camping.dk

151 Falsled Strand Camping

55.14711, 10.15293

Ein durch zahlreiche Bäume schattiger Platz mit direktem Zugang zur Helnæs-Bucht. **Lage/Anfahrt:** auf der Straße 329 in Richtung Faaborg, in Falsled rechts abbiegen; **Platzanzahl:** 120; **Untergrund:** Wiese; fest; **Ver-/Entsorgung:** Strom, Trinkwasser, Abwasser, Chemie-WC; **Sicherheit:** bewacht; **Preise:** 125 DKK pro Person, 40 DKK/Strom; **Geöffnet:** 1. Mai bis 31. August; **Kontakt:** 5642 Millinge, Assensvej 461, Tel. +45 62681095, www.falsledstrandcamping.dk

152 Sinebjerg Camping

55.08055, 10.18388

Ruhiger, abgeschiedener Platz. **Lage/Anfahrt:** in Faaborg auf der Straße 8 in westliche Richtung, im Ortsteil Bjerne links abbiegen; **Platzanzahl:** 200; **Untergrund:** Wiese; fest; **Ver-/Entsorgung:** Strom, Trinkwasser, Abwasser, Chemie-WC; **Sicherheit:** umzäunt; **Preise:** 50 DKK/Fahrz., 80 DKK pro Person, 35 DKK/Strom, 135 DKK Quickstop; **Geöffnet:** 5. April bis 16. September; **Kontakt:** 5600 Faaborg, Sinebjergvej 57, Tel. +45 62601440, www.sinebjergcamping.dk

153 NAB Camping

55.06416, 10.31361

Mit Blick auf die vorgelagerten Inseln. **Lage/Anfahrt:** auf der Straße 44 Richtung Svendborg bei Bogentved rechts abbiegen; **Platzanzahl:** 100; **Untergrund:** Wiese; fest; **Ver-/Entsorgung:** Strom, Trinkwasser, Abwasser, Chemie-WC; **Sicherheit:** bewacht; **Preise:** 220 DKK für zwei Pers. inkl. Strom; **Geöffnet:** 1. Mai bis 26. August; **Kontakt:** 5600 Faaborg, Kildegårdsvej 8, Tel. +45 62616779, www.nabcamping.dk

154 Syltemae Camping

55.04194, 10.45888

Kleiner, gemütlicher Platz mit Blick auf die Insel Skarø. **Lage/Anfahrt:** die Straße 44 in Ulbølle nach rechts auf die Langegyde verlassen und immer geradeaus; **Platzanzahl:** 70; **Untergrund:** Wiese; fest; **Ver-/Entsorgung:** Strom, Trinkwasser, Abwasser; **Sicherheit:** umzäunt; **Preise:** 25 DKK/Fahrz., 80 DKK pro Person, 40 DKK/Strom; **Geöffnet:** 17. Mai bis 19. August; **Kontakt:** 5762 Vester Skerninge, Strandgårdsvej 13, Tel. +45 62241177, www.syltemae-camping.dk

155 Skårupøre Camping

55.05995, 10.70875

Kurios gelegen, da sich der Platz alleine auf einer Halbinsel befindet. **Lage/Anfahrt:** in Svendborg nicht über die Brücke, sondern vorher am Kreisverkehr links und immer geradeaus; **Platzanzahl:** 100; **Untergrund:**

096wd Abb.: mm

Wiese; fest; **Ver-/Entsorgung:** Strom, Trinkwasser, Abwasser, Chemie-WC; **Sicherheit:** umzäunt; **Preise:** 40 **DKK/Fahrz.,** 75 DKK pro Person, 40 DKK/Strom; **Geöffnet:** 1. Mai bis 31. August; **Kontakt:** 5881 Skårup, Skårupøre Strandvej 56a, Tel. +45 62232147, www.skaarupoerecamping.dk

156 Svendborg Sund Camping

55.05416, 10.63166

Abgelegen und ruhig, mit Bootsanleger. **Lage/Anfahrt:** in Svendborg über die Brücke, die erste links und in der Rechtskurve hinter dem Hafen erneut links; **Platzanzahl:** 150; **Untergrund:** Wiese; fest; **Ver-/Entsorgung:** Strom, Trinkwasser, Abwasser, Chemie-WC; **Sicherheit:** bewacht; **Preise:** 40 DKK/Fahrz., 85 DKK pro Person, 35 DKK/Strom; **Geöffnet:** 1. April bis 30. September; **Kontakt:** 5700 Svendborg, Vindebyørevej 52, Tel. +45 62225425, www.svendborgsund-camping.dk

Sanitärgebäude auf einem dänischen Campingplatz

157 Carlsberg Camping

55.03218, 10.61818

Familien- und kinderfreundlicher Platz mit Freibad. **Lage/Anfahrt:** in Svendborg über die Brücke, hinter der Kreuzung die erste Möglichkeit links; **Platzanzahl:** 350; **Untergrund:** Wiese; fest; **Ver-/Entsorgung:** Strom, Trinkwasser, Abwasser, Chemie-WC; **Sicherheit:** bewacht; **Preise:** 80 DKK/Fahrz., 78 DKK pro Person, 30 DKK/Strom; **Geöffnet:** 1. April bis 30. September; **Kontakt:** 5700 Svendborg, Sundbrovej 19, Tel. +45 62225384, www.carlsbergcamping.dk

158 Tåsinge Camping

54.97805, 10.63277

Quickstop. Sehr kleiner Platz, für Kinder eher ungeeignet. **Lage/Anfahrt:** an der Straße 9 kurz vor der Brücke nach Langeland auf der rechten Seite; **Platzanzahl:** 40; **Untergrund:** Wiese; fest; **Ver-/Entsorgung:** Strom, Trinkwasser, Abwasser; **Sicherheit:** umzäunt; **Preise:** 75 DKK pro Person, 45 DKK/Strom; **Geöffnet:** ganzjährig; **Kontakt:** 5700 Svendborg, Sundbrovej 130, Tel. +45 62541327, www.taasinge-camping.dk

159 Rudkøbing Camping

54.93333, 10.71722

Drei kleine Wiesen am Stadtrand von Rudkøbing. **Lage/Anfahrt:** hinter der Brücke die erste rechts, am Ende der Straße der Beschilderung folgen; **Platzanzahl:** 40; **Untergrund:** Wiese; fest; **Ver-/Entsorgung:** Strom, Trinkwasser, Abwasser; **Sicherheit:** umzäunt; **Preise:** 40 DKK/Fahrz., 80 DKK pro Person, 40 DKK/Strom; **Geöffnet:** 1. Mai bis 30. September; **Kontakt:** 5900 Rudkøbing, Engdraget 11, Tel. +45 62511830, www.rudkobing-camping.dk

160 Langelands Camping og Motel

54.92388, 10.80444

Kleiner Platz, von Agrarfeldern eingerahmt. **Lage/Anfahrt:** Anfahrt wie Færgegårdens Camping, aber daran und an Billevænge Camping vorbei; **Platzanzahl:** 65; **Untergrund:** Wiese; fest; **Ver-/Entsorgung:** Strom, Trinkwasser, Abwasser; **Sicherheit:** umzäunt; **Preise:** 250 DKK/Parzelle, 25 DKK/Person; **Geöffnet:** ganzjährig; **Kontakt:** 5900 Rudkøbing, Spodsbjergvej 277, Tel. +45 62501092, www.langelandcamping.dk

161 Billevænge Camping

54.92305, 10.81666

Quickstop. Angenehmer Platz am Waldrand. **Lage/Anfahrt:** Anfahrt wie Færgegårdens Camping, aber daran vorbei; **Platzanzahl:** 130; **Untergrund:** Wiese; fest; **Ver-/Entsorgung:** Strom, Trinkwasser, Abwasser, Chemie-WC; **Sicherheit:** bewacht; **Preise:** 60 DKK/Fahrz., 80 DKK pro Person, 30 DKK/Strom; **Geöffnet:** 1. April bis 21. Oktober; **Kontakt:** 5900 Rudkøbing, Spodsbjergvej 182, Tel. +45 62501006, www.camping-billevaenge.dk

162 Færgegårdens Camping

54.93222, 10.82833

Kleiner, parzellierter Platz, nur durch eine Straße vom Steinstrand getrennt. **Lage/Anfahrt:** auf der Straße 9 bis zum Ende, vor dem Fähranleger rechts zum Jachthafen; **Platzanzahl:** 200; **Untergrund:** Wiese; fest; **Ver-/Entsorgung:** Strom, Trinkwasser, Abwasser, Chemie-WC; **Sicherheit:** bewacht; **Preise:** 30 DKK pro Fahrzeug, 75 DKK pro Person, 30 DKK/Strom, Stellplatz vor der Schranke 130 DKK; **Geöffnet:** ganzjährig; **Kontakt:** 5900 Rudkøbing, Spodsbjergvej 335, Tel. +45 62501136, www.spodsbjerg.dk

163 Feriepark Langeland

55.03333, 10.84833

Lebhafter, kinderfreundlicher Platz mit direktem Zugang zum Strand. **Lage/Anfahrt:** von der Straße 305 in Lejbølle links abbiegen; **Platzanzahl:** 300; **Untergrund:** Wiese; fest; **Ver-/Entsorgung:** Strom, Trinkwasser, Abwasser, Chemie-WC; **Sicherheit:** bewacht; **Preise:** 69 DKK Stellfläche, 99 DKK je Pers. plus

210wd Abb.: as ©bayleeoglouie - stock.adobe.com

Umweltgebühr 20 DKK/Pers., 39 DKK/Strom, 25 DKK Quickstop bzw. Transitplatz; **Geöffnet:** 1. April bis 21. Oktober; **Kontakt:** 5953 Tranekær, Emmerbøllevej 24, Tel. +45 62591226, www.emmerbolle.dk

164 Lohals Camping
55.13388, 10.90555
Quickstop. Mitten in Lohals, von Wohnhäusern umgeben, mit Minigolf. **Lage/Anfahrt:** in Lohals bis zum Hafen und zweimal links; **Platzanzahl:** 110; **Untergrund:** Wiese; fest; **Ver-/Entsorgung:** Strom, Trinkwasser, Abwasser, Chemie-WC; **Sicherheit:** bewacht; **Preise:** 40 DKK/Fahrz., 85 DKK pro Person, 35 DKK/Strom; **Geöffnet:** ganzjährig; **Kontakt:** 5953 Tranekær, Birkevej 11, Tel. +45 58375080, www.lohalscamping.dk

165 Midtfyns Camping
55.24000, 10.47388
Quickstop. Kleiner Platz zwischen Sportplatz und Bauernhof. **Lage/Anfahrt:** von der Straße 9 Richtung Odense links nach Ringe, dort zum Sportplatz; **Platzanzahl:** 50; **Untergrund:** Wiese; fest; **Ver-/Entsorgung:** Strom, Trinkwasser, Abwasser, Chemie-WC; **Sicherheit:** umzäunt; **Preise:** 110 DKK pro Person; **Geöffnet:** 1. Mai bis 30. Sept.; **Kontakt:** 5750 Ringe, Søvej 32, Tel. +45 62622151, www.midtfyns-fritidscenter.dk

166 Odense Camping DCU
55.36944, 10.39305
Parzellierter und zentral gelegener Platz mit Minigolf und Pool. **Lage/Anfahrt:** im südlichen Odense; an der St.-Albani-Kirche im Zentrum vorbei und immer geradeaus; **Platzanzahl:** 200; **Untergrund:** Wiese, Schotter; fest; **Ver-/Entsorgung:** Strom, Trinkwasser, Abwasser, Chemie-WC; **Sicherheit:** bewacht; **Preise:** 70 DKK/Fahrz., 99 DKK pro Person, 30 DKK/Strom; **Geöffnet:** ganzjährig; **Kontakt:** 5260 Odense S, Odensevej 102, Tel. +45 66114702, www.camping-odense.dk

167 Kerteminde Camping
55.46361, 10.67027
Quickstop. Freundlicher Platz, durch eine Straße und einen Parkplatz von der Ostsee getrennt. **Lage/Anfahrt:** auf der Straße 315 durch Kerteminde nach Norden; **Platzanzahl:** 200; **Untergrund:** Wiese; fest; **Ver-/Entsorgung:** Strom, Trinkwasser, Abwasser, Chemie-WC; **Sicherheit:** bewacht; **Preise:** 50 DKK/Fahrz., 92 DKK pro Person, 38 DKK/Strom, Stellplatz vor der Schranke 150 DKK; **Geöffnet:** 4. April bis 16. September; **Kontakt:** 5300 Kerteminde, Hindsholmvej 80, Tel. +45 65321971, www.kertemindecamping.dk

Blick auf Odense

168 Grønnehave Strand Camping

55.35871, 10.78650

Einsam und ruhig gelegener Platz. **Lage/Anfahrt:** von der Straße 160 in Avnslev links abbiegen, erste sofort wieder rechts und bis zum Ende; **Platzanzahl:** 150; **Untergrund:** Wiese; fest; **Ver-/Entsorgung:** Strom, Trinkwasser, Abwasser, Chemie-WC; **Sicherheit:** bewacht; **Preise:** 50 DKK/Fahrz., 86 DKK pro Person, 36 DKK/Strom; **Geöffnet:** 4. April bis 9. September; **Kontakt:** 5800 Nyborg, Rejstrupvej 83, Tel. +45 65361550, www.gronnehave.dk

169 Nyborg Strandcamping

55.30416, 10.82500

Lauter Platz, dafür mit eigenem Sandstrand und Blick auf den ersten Teil der Storebæltbrücke. **Lage/Anfahrt:** direkt neben der Autobahn, in Nyborg die Autobahn überqueren und neben ihr südwärts in Richtung Brücke fahren; **Platzanzahl:** 160; **Untergrund:** Wiese; fest; **Ver-/Entsorgung:** Strom, Trinkwasser, Abwasser, Chemie-WC; **Sicherheit:** bewacht; **Preise:** 50 DKK/Fahrz., 90 DKK pro Person, 38 DKK/Strom, Stellplatz vor der Schranke 150 DKK; **Geöffnet:** 21. April bis 23. September; **Kontakt:** 5800 Nyborg, Hjejlevej 99, Tel. +45 65310256, www.strandcamping.dk

170 Storebælt Camping og Feriecenter

55.34777, 11.10666

Quickstop. Gut besuchter Platz, eingegrenzt von Autobahn, Belt und Hafen. **Lage/Anfahrt:** hinter der Brücke, erste Abfahrt ganz rechts, erneut rechts bis zum Kreisverkehr, dort befindet sich die Einfahrt zum Campingplatz; **Platzanzahl:** 250; **Untergrund:** Wiese; fest; **Ver-/Entsorgung:** Strom, Trinkwasser, Abwasser, Chemie-WC; **Sicherheit:** bewacht; **Preise:** 50 DKK pro Fahrzeug, 80 DKK pro Person, 15 DKK/Strom; **Geöffnet:** 1. März bis 31. Oktober; **Kontakt:** 4220 Korsør, Storebæltvej 85, Tel. +45 58383805, www.storebaeltferiecenter.dk

171 Skarresø Camping Jyderup

55.65222, 11.39583

Kleiner, freundlicher Platz auf offener Wiese mit Zugang zum See. **Lage/Anfahrt:** westlich von Jyderup die Straße 23 im Wald rechts verlassen und in den Kalundborgvej einbiegen; **Platzanzahl:** 70; **Untergrund:** Wiese; fest; **Ver-/Entsorgung:** Strom, Trinkwasser, Abwasser, Chemie-WC; **Sicherheit:** bewacht; **Preise:** 65 DKK/Pers., 30 DKK Strom; **Geöffnet:** 23. März bis 23. September; **Kontakt:** 4450 Jyderup, Slagelsevej 40, Tel. +45 59248680, www.facebook.com/skarresocamping

172 Holbæk Camping FDM

55.71777, 11.76027

Freundlicher Platz mit Wellnessangebot, Whirlpool und Blick über den Fjord. **Lage/Anfahrt:** am östlichen Rand von Holbæk zwischen Jachthafen und Feriensiedlung, auf Beschilderung achten; **Platzanzahl:** 200; **Untergrund:** Wiese; fest; **Ver-/Entsorgung:** Strom, Trinkwasser, Abwasser, Chemie-WC; **Sicherheit:** bewacht; **Preise:** 75–110 DKK/Fahrz., 78 DKK pro Person; **Geöffnet:** ganzjährig; **Kontakt:** 4300 Holbæk, Sofiesminde Allé 1, Tel. +45 59435064, www.holbaekfjord.dk

173 Tempelkrogens Familiecamping

55.66083, 11.76250

Lauter, kinderfreundlicher Platz. **Lage/Anfahrt:** unmittelbar neben der Autobahn, auf der Straße 155 südwärts und auf dem Agerupvej die Autobahn überqueren; **Platzanzahl:** 120; **Untergrund:** Wiese; fest; **Ver-/Entsorgung:** Strom, Trinkwasser, Abwasser, Chemie-WC; **Sicherheit:** bewacht; **Preise:** 25–45 DKK/Fahrz., 80 DKK pro Person, 35 DKK/Strom; **Geöffnet:** ganzjährig; **Kontakt:** 4390 Vipperød, Krogvej 2, Tel. +45 59181307, https://tempelkrogens-familiecamping.dk

174 DK Borrevejle Camping

55.65277, 11.92083

Kleiner, gemütlicher Platz. **Lage/Anfahrt:** südlich der Autobahn und der Straße 155; **Platzanzahl:** 135; **Untergrund:** Wiese; fest; **Ver-/Entsorgung:** Strom, Trinkwasser, Abwasser, Chemie-WC; **Sicherheit:** bewacht; **Preise:** 70 DKK pro Person, 35 DKK/Strom; **Geöffnet:** ganzjährig; **Kontakt:** 4060 Kirke Såby, Hornsherredvej 3, Tel. +45 46400140, www.borrevejlecenteret.dk

175 Roskilde Camping

55.67384, 12.08223

Großer, kinderfreundlicher Platz. **Lage/Anfahrt:** auf der Halbinsel Veddelev, nördlich von Roskilde, direkt an der Küste; **Platzanzahl:** 300; **Untergrund:** Wiese; fest; **Ver-/Entsorgung:** Strom, Trinkwasser, Abwasser, Chemie-WC; **Sicherheit:** bewacht; **Preise:** 50 DKK Stellfläche, 95 DKK pro Person, 50 DKK/Strom, 150 DKK Quickstop; **Geöffnet:** 1. April bis 16. September; **Kontakt:** 4000 Roskilde, Baunehøvej 7–9, Tel. +45 46757996, www.roskildecamping.dk

Küstenlandschaft am Storebælt

VON HELSINGØR BIS NACH KOPENHAGEN

Die Route beginnt mit dem imposanten Wasserschloss Frederiksborg bei Hillerød, wo der Große Nordische Krieg zwischen Schweden und Dänemark beendet wurde. Ein weiteres, weithin bekanntes Schloss liegt nur wenige Kilometer entfernt mit Blick auf Schweden. Das unter dem Schutz des UNESCO-Weltkulturerbes stehende Schloss Kronborg befindet sich direkt am Øresund in Helsingør und dient als Schauplatz von Shakespeares Tragödie „Hamlet, Prinz von Dänemark". Über die Autobahn fährt man in südlicher Richtung am breiter werdenden Øresund entlang und erreicht nach Passieren der Parforce-Jagdlandschaft – Teil eines weiteren UNESCO-Weltkulturerbes – schließlich die Hauptstadt Kopenhagen. In Dänemarks größter Stadt lässt man natürlich das Wohnmobil stehen und begibt sich zu Fuß zu den zahlreichen Sehenswürdigkeiten, angefangen bei der weltberühmten „Kleinen Meerjungfrau" über das Schloss Christiansborg bis hin zum Tivoli und vielen weiteren Bauwerken, die man gesehen haben sollte.

⊡ *Immer ein lebhaftes Treiben auf der Straße Nyhavn in Kopenhagen*

012wd Abb.: mm

ROUTE 6

SCHLÖSSERROUTE UND KOPENHAGEN

STRECKENVERLAUF

Strecke:
Frederikssund und Frederiksværk (40 km) – Hillerød (17 km) – Helsingør (15 km) – København (43 km)

Streckenlänge:
Ohne Abstecher circa 115 km

FREDERIKSSUND UND FREDERIKSVÆRK

(40 km – km 40)

Auf der Hauptstraße 6, die Roskilde nach Norden hin verlässt, passiert man zunächst **Jyllinge,** bevor man nördlich von Stenløse auf die kleinere Straße 207 nach Westen wechselt. An deren Ende trifft man auf **Frederikssund,** das über die Straße 211 nur wenige Kilometer von der Ortschaft Frederiksværk entfernt ist. Beide Städte wurden nach einem Frederik benannt, aber nicht nach demselben. Frederikssund erhielt die Bezeichnung durch **Frederik III.,** im nördlicheren Ort war es **Frederik V.** Beide Städte sind ungefähr gleich groß und liegen am Roskilde Fjord – eine gewisse Verwechslungsgefahr ist also gegeben. Frederikssund ist bekannt für die alljährlich stattfindenden **Wikingerspiele,** die auf der Freilichtbühne in Hafennähe aufgeführt werden. Währenddessen besteht im Nachbarort die Möglichkeit, das Krudværksmuseum zu besichtigen und die Industriegeschichte von Frederiksværk kennenzulernen oder auf der gemütlichen Einkaufsstraße, die parallel zu einem kleinen Bach verläuft, zu schlendern.

Touristeninformation

- **Frederiksværk Touristenbüro,** 3300 Frederiksværk, Gjethusgade 5, Tel. +45 47723001, www.visitnordseeland.de, Mo–Fr 10–16 Uhr, Sa 10–13 Uhr, in der Hauptsaison Mo–Fr auch bis 17 Uhr.
- **Frederikssund Touristenbüro,** 3600 Frederikssund, Havnegade 5a, Tel. +45 47310685, www.visitfrederikssund.dk, Mo–Fr 10–17 Uhr, Sa 10–13 Uhr, in der Hauptsaison Sa auch bis 14 Uhr.

Campingplätze

176 Bokildegårds Camping
177 Byaasgaard Camping

Stellplatz

S47 **Stellplatz Marbæk Lystbådehavn (55.827775, 12.063233).** V/Jeppe Sonne, Strandlystvej 26 D, 3600 Frederikssund, Tel. +45 21276620; Toilette, Frischwasser, Abwasser, Strom; enge Zufahrt auf Schotterparkplatz am lebhaften Hafen.

097wd Abb.: mm

097wd Abb.: mm

HILLERØD

(17 km – km 57)

Da diese Route die Überschrift „Schlösserroute“ hat, soll nun nach den *hyggeligen* Örtchen mit der Vorstellung der einzelnen Schlösser begonnen werden. Über die Straße 16 erreicht man entlang des Arresøs die Kleinstadt **Hillerød,** wo es wieder etwas zu besichtigen gibt, das nach einem Frederik benannt ist. In diesem Fall handelte es sich um **Frederik II.,** der im 16. Jahrhundert für den Aufschwung der Stadt verantwortlich war. Um den Ort zu schützen, wurde von *Christian IV.* das **Frederiksborg Slot** gebaut. Das prächtige Wasserschloss im Stil der Renaissance verteilt sich auf drei Inseln. Auf der südlichen Insel befinden sich die Brücke und der Zugangsbereich zum Hauptgebäude aus Backsteinziegeln. Auf der mittleren Insel ist der prachtvolle und aufwendig gestaltete Neptunsbrunnen zu sehen. Um in das Innere des Schlosses zu gelangen, wird heutzutage in der Regel das Westportal benutzt, was bedeutet, dass man um die Inseln herumgehen muss.

Auf der Kronprins Frederiks Bro gelangt man nach Frederikssund

Prachtvoll und imposant ist das Schloss Frederiksborg in Hillerød

Dänisches Königshaus

Immer wieder wird auch in Dänemark darüber diskutiert, ob eine Monarchie noch zeitgemäß ist. Doch in der ausländischen Presse fällt das dänische Königshaus bei Weitem nicht so durch Schlagzeilen auf wie zum Beispiel das britische. Momentan steht Königin Margrethe II. an der Spitze Dänemarks, deren Motto wie folgt lautet: „Gottes Hilfe, die Liebe des Volkes, Dänemarks Stärke“.Durch ihren scharfen Intellekt sowie ihre künstlerischen Werke als Bühnenbildnerin und Illustratorin und ihre Übersetzungen literarischer Werke in das Dänische hat sie sich einen großen Respekt in der Bevölkerung verschafft. Verheiratet war sie mit Prinz Henrik, der im Februar 2018 auf Schloss Fredensborg verstarb und mit dem sie zwei Kinder hat: Kronprinz Frederik und Prinz Joachim.

Ist man schon einmal dabei, so sollte auch der hinter dem Schloss liegende Park besucht werden, der zusammen mit dem Schloss ein schönes Bild abgibt.

Touristeninformation

› **C4 Hillerød Touristenbüro,** Krakasvej 17, 3400 Hillerød, Christiansgade 1, Tel. +45 45271000, www.c4.dk

Sehenswertes

› **Nationalhistorisches Museum im Schloss Frederiksborg,** 3400 Hillerød, November–März 11–15 Uhr, April–Oktober 10–17 Uhr, Eintritt: 60 DKK

Campingplatz

178 Hillerød Camping

Stellplatz

S41 **Stellplatz Annisse Vingård (55.981201, 12.174742).** V/Dorte & Niels Frees, Præstevej 89, Annisse, 3200 Helsinge, Tel. +45 48285804, www.annisse-vingaard.dk. Ganz kleines Weingut mit Verköstigungsmöglichkeit. Nur ein Stellplatz für ein Fahrzeug bis 6,5 Meter Länge. Stromanschluss vorhanden.

Ein weiteres Schloss, das jedoch in der Regel nur von außen besichtigt werden kann, findet sich auf der Straße 6 in östlicher Richtung, nur wenige Kilometer hinter Hillerød. Das barocke **Schloss Fredensborg** wird auch als das Versailles Dänemarks bezeichnet und heute noch von der Königsfamilie als Residenz genutzt. Sollte das Königspaar anwesend sein, kann man täglich um 12 Uhr die **Wachablösung** sehen. Bei dem Bau dieses Schlosses hatten diesmal sogar mehrere Frederiks ihre Hand im Spiel: Schloss Fredensborg wurde unter **Frederik IV.** errichtet und von seinen Nachfolgern Frederik V. und Frederik VI. erweitert und schließlich fertiggestellt. Hinter dem Schloss befindet sich ein halbkreisförmig angelegter Park, der allerdings auch nur stark eingeschränkt besucht werden kann.

Sehenswertes gibt es auch außerhalb von Hillerod zu entdecken. Nördlich der Stadt erstreckt sich der jüngste Nationalpark des

098wd Abb.: mm

Landes, der zugleich nach dem Wattenmeer der größte des Landes ist. Der **Nationalpark Kongernes Nordsjælland** verbindet dank eines weitgespannten Routennetzes mehrere Schlösser zwischen Binnenseen, Steilküsten und einer ausgeprägten Waldlandschaft miteinander.

Sehenswertes

› **Schloss Fredensborg,** GPS: 55.98027, 12.3961

Campingplätze

179 Højsager Camping

180 Nyrup Camping

Schloss Kronborg, Schauplatz des Dramas „Hamlet"

Schloss Fredensborg kann nur von außen besichtigt werden

HELSINGØR

(15 km – km 72)

Nach dem prächtigsten und dem königlichsten geht es weiter zum wohl bekanntesten Schloss im Nordosten Dänemarks. Allerdings hat **Schloss Kronborg** seinen Bekanntheitsgrad wohl einzig und alleine *William Shakespeares* Drama **Hamlet** (s. S. 174) zu verdanken, das hier seinen Schauplatz hat. Das Schloss liegt mit bester Aussicht auf Schweden an der engsten Stelle des **Øresunds** und auf dem Wasser sieht man zahlreiche Fähren, die im Viertelstundentakt zwischen Helsingør und dem schwedischen Gegenüber Helsingborg pendeln.

Die erste Festung wurde an dieser Stelle bereits in der ersten Hälfte des 15. Jahrhunderts erbaut, doch das heutige Schloss, das mit seinen Wällen von oben in der Tat wie eine Krone aussieht, stammt aus dem 17. Jahrhundert. In seiner Geschichte diente das mächtige Bauwerk auch schon als Gefängnis und als Kaserne. Seit dem Jahr 2000 steht es auf der Liste des **UNESCO-Welterbes,** nicht zuletzt auch wegen des **Rittersaales,** der mit seinen fast 700 qm als der größte Nordeuropas gilt.

Helsingør
0
200 m
©Reise Know-How 2019
Øresund
Marienlyst
Nationernes alle
Strandprom.
181
Camping Vej
Slotsv.
Marienlyst Trb.
Marienlyst Slot
Lappen
G. Hellebækvej
Strandprom
P
Jachthafen
Nordhavnsv.
Øresunds-akvariet
Grønnehavev.
Womotauglicher Parkplatz
P
Grønnehave Station
Kronborgvej
Kronborg
Claessensv.
Sct. Anna G.
Lundegade
Marienlystalle
Ørebakken
Mølle-vænget
B
Sct. Anna
Havnegade
Esrumvej
P
Karmeliter Klosteret
Gade
Kronborgvej
Bjergegade
Kirkestr.
P
Gurrevej
Kirkegård
Stjerne-
I L Tvedes Vej
Dom
Wibrots Plads
Rosenhøjv.
Olai Gade
Bramstr.
Rathaus
Sudergade
Enighedv.
Fiolgade
Sct. gade
Søstræ-de
Strandgade
Rosenkildevej
Touristen-information
P
Bahnhof
Stengade
Trækbanen
Rosenkildestien
Rolighedsv.
Strandgade
Fähren nach Schweden
Gl. Banegårdsv.
Simon Spied Plads
Jernbanevej
Hollandsvej
Kongevejen
Færgevej
Stubbe-damsv.
Søndre Strandv.
Vinkelvej
Flynderborgv.
Stellplätze
181 Helsingør Camping Grønnehave

Ansonsten ist die Ortschaft Helsingør stark von den Fähranlegern geprägt und macht durch die zahlreichen Touristen einen eher hektischen Eindruck.

Touristeninformation

- **Helsingør Touristenbüro,** 3000 Helsingør, Havnepladsen 3, Tel. +45 49211333, www.visithelsingor.dk, Mo–Fr 10–16 Uhr, Sa 10–13 Uhr, in der Hauptsaison Mo–Fr 10–17 Uhr, Sa 10–15 Uhr

Sehenswertes

- **Schloss Kronborg,** 3000 Helsingør. Im Sommer tgl. 10.30–17 Uhr, sonst Di–So 11–15 Uhr, www.kronborg.dk, 145 DKK. GPS: 56.04000, 12.61444.
- **Øresund Aquarium,** Strandpromenaden 5, Eintritt: 3–11 Jahre 59 DKK, ab 12 Jahre 79 DKK, www.oresundsakvariet.ku.dk, Tel. +45 35321970, geöffnet: Juni–Aug. tgl. 10–17 Uhr, Sept.–Mai Mo–Fr 10–16 Uhr, Sa–So 10–17 Uhr. Kleines, für Kinder geeignetes Salzwasseraquarium, GPS (Parkplatz) 56.041786, 12.610759.

Campingplatz

181 Helsingør Camping Grønnehave

KØBENHAVN (KOPENHAGEN)

(43 km - km 115)

In Helsingør hat man die Wahl zwischen zwei Routen in die Hauptstadt. Die einfachste ist die Fahrt über die Autobahn E47 bzw. E55. Etwas anstrengender, da sie durch zahlreiche kleinere Städte entlang des Øresunds verläuft, ist die Benutzung der Straße 152.

Allerdings hat diese den Vorteil, dass man in **Humlebæk** am **Louisiana Museum für Moderne Kunst** vorbeikommt. Dieses Museum präsentiert regelmäßig Wechselausstellungen, zu den festen Exponaten gehören beispielsweise Werke von *Andy Warhol, Pablo Picasso, Max Ernst* und *Anselm Kiefer.*

Zudem passiert man auf dem Weg nach Kopenhagen einen Teil des UNESCO-Weltkulturerbes Parforce-Jagdlandschaft. Diese

Im Viertelstundentakt pendeln Schiffe nach Schweden

100wd Abb.: mm

Hamlet

Der berühmte englische Schriftsteller William Shakespeare schrieb Komödien wie „Der Widerspenstigen Zähmung“ und Dramen wie „Othello“, „Macbeth“, „Romeo und Julia“ und „Hamlet“. Aus letzterem kennen viele das Zitat „Es ist was faul im Staate Dänemark“ und spätestens „Sein oder Nichtsein“ ist jedem bekannt.

Shakespeares Stück spielt in Dänemark, genauer gesagt in Helsingør auf dem ***Schloss Kronborg*** *(s. S. 173). Dort stirbt der Vater des dänischen Prinzen Hamlet, womit die Tragödie ihren Lauf nimmt. Hamlet erfährt vom Geist des Vaters, dass dieser ermordet wurde, und beschließt, Rache zu üben. Er spielt den Wahnsinnigen, ermordet versehentlich den Vater seiner großen Liebe Ophelia und wird daraufhin nach England geschickt, wo er heimlich hingerichtet werden soll. Auf der Überfahrt gelingt es ihm jedoch, zu fliehen und nach Dänemark zurückzureisen. Dort trifft er zur Beerdigung von Ophelia ein, die sich das Leben genommen hat, und beginnt einen Streit mit dem Bruder der Verstorbenen, der zu einem Duell führt, bei dem sich die Ereignisse überschlagen.*

Aufgeführt wurde „Hamlet“ zum ersten Mal zu Beginn des 17. Jahrhunderts in England und gilt bis heute als eines der meistgespielten Theaterstücke und zählt zur Weltliteratur. Neben Aufführungen auf der Bühne wurde das Drama bereits zahlreiche Male verfilmt. Im Jahr 1948 gewann ein Hamlet-Film von Laurence Olivier vier Oscars, während einige Jahrzehnte später Mel Gibson den dänischen Prinzen mimte.

nach der Hetzjagd der Adeligen benannte Wald- und Kulturlandschaft besteht aus drei Gebieten im nördlichen Seeland. Im Norden von Kopenhagen umfasst es den Jægersborg Dyrehave mit einem Bestand von über 2000 Hirschen.

Egal für welche Route man sich entscheidet, beide Verkehrswege treffen in der Hauptstadt automatisch auf den Cityring 02, dem man am besten nach Osten, also nach links folgen sollte. Da Kopenhagen im direkten Umfeld über keinen Campingplatz verfügt und es auch mit einer Ausnahme keinen ganzjährigen Stellplatz im Zentrum gibt, bleibt nur die Parkplatzsuche. Befand sich der Citycamp einst in Innenstadtnähe, so wurde er später zum Südhafen und mittlerweile in die Peripherie gedrängt. Es scheint, als seien Wohnmobilisten in der dänischen Hauptstadt nicht mehr willkommen. Das bedeutet, dass Reisende in der Nebensaison Schwierigkeiten haben, in unmittelbarer Nähe des Stadtzentrums zu übernachten. Immerhin gibt es in der näheren Umgebung der dänischen Hauptstadt mehrere Stellplätze (s. S. 185).

Es ist angebracht, sich auf eine kurze **Parkplatzsuche** einzustellen, die sich allerdings noch im Rahmen hält, wenn man nicht direkt vor dem Tivoli in Nyhavn parken möchte. Gute Möglichkeiten gibt es schon in den Seitenstraßen am Cityring 02 oder sogar direkt neben dem Kastell auf der dortigen Hauptstraße.

Daher soll an dieser Stelle das Kastell als Ausgangspunkt für eine Stadtbesichtigung genommen werden. Die Beschreibung einer Stadt, über die ganze Bücher geschrieben wurden, kann hier allerdings selbstverständlich nur die wichtigsten Sehenswürdigkeiten beinhalten, alles andere würde an dieser Stelle den Rahmen sprengen. Man sollte für den Besuch Kopenhagens mindestens zwei Tage einplanen, viele Reisende nutzen auch direkt die Gelegenheit, über die Øresundbrücke zu fahren und auch das gegenüberliegende schwedische Malmö zu besichtigen.

An dieser Stelle soll jedoch ein Rundgang durch das Zentrum von Dänemarks Hauptstadt ausreichen. Durch die gepflegten Grünanlagen geht es zum Südtor des **Kastells,** womit man den Außenbereich der heutigen Königlichen Garnisonsbibliothek betritt. Erbauen ließ sie *Frederik III.* in der zweiten Hälfte des 17. Jahrhunderts. Im Zentrum befindet sich die gelb angestrichene Kirche des Kastells, während man nur wenige Schritte weiter durch das Norwegentor wieder nach außen schreitet. Das Tor wurde im Zweiten Weltkrieg zwar durch die deutschen Besatzer zerstört, aber anschließend wieder aufgebaut.

Gleich hinter der Brücke geht man links auf der Straße in Richtung der Hafenanlagen, wo bereits das Wahrzeichen der Stadt wartet. Zu erkennen ist es an den zahlreichen Touristen, die sich gegenseitig fotografieren und sich dabei an der Schwanzflosse der **Kleinen Meerjungfrau** festhalten. Es ist nicht leicht, ein Foto zu machen, auf dem kein Tourist zu sehen ist. Die beste Möglichkeit findet sich in den frühen Morgenstunden, wenn die kleine Jungfrau noch alleine am Hafenbecken sitzt. Möglicherweise erwischt man zugleich einen der Übeltäter, die sich immer wieder an der kleinen Figur zu schaffen machen. Abgesägter Kopf, Farbanstrich, Sprengung, Burkas – was hat die mittlerweile über 100-jährige Dame nicht schon alles mitgemacht? Geht man von der Lille Havfrue aus ein wenig am Hafenbecken in Richtung des Zentrums spazieren, gelangt man zum imposanten **Gefionbrunnen,** der die gleichnamige Göttin an den Zügeln von vier Ochsen darstellt.

Genau in Blickrichtung der Göttin geht man geradewegs in Richtung Kopenhagener Zentrum und passiert dabei den Amalienborg Plads.

Dieser ist zugleich der Hof des **Schlosses Amalienborg** und Paradeplatz für die täglich um 12 Uhr stattfindende **Wachablösung,** vorausgesetzt, ein königliches Familienmitglied (s. S. 169) ist in Kopenhagen anwesend. Dies erkennt man an der dänischen Flagge, die dann auf dem südlichsten Gebäude weht, also in Gehrichtung das Gebäude vorne links. Das Schloss besteht aus den vier sich gegenüberliegenden **Palais Schack, Moltke, Levetzau und Brockdorff.** Zwischen dem Schack- und dem Levetzau-Palais sieht man am Ende der Straße die große, grüne Kuppel der **Frederikskirche.** Fast eineinhalb Jahrhunderte hat es gedauert, bis dieses mächtige

Die berühmteste Meerjungfrau der Welt

128wd Abb.: mm

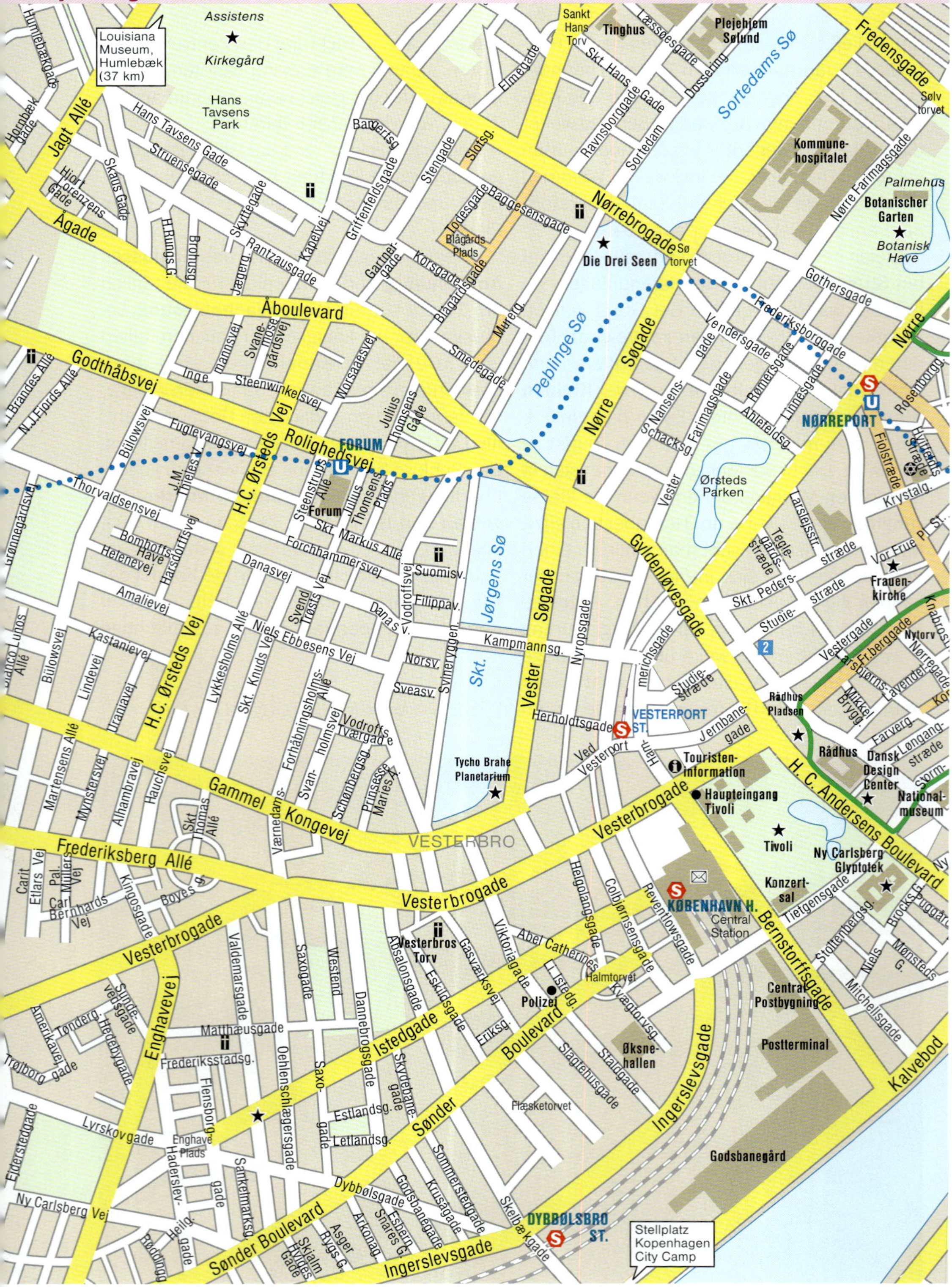

Louisiana Museum, Humlebæk (37 km)
Assistens Kirkegård
Hans Tavsens Park
Sankt Hans Torv
Tinghus
Plejehjem Sølund
Sortedams Sø
Fredensgade
Kommune-hospitalet
Palmehus
Botanischer Garten
Botanisk Have
Nørrebrogade
Søtorvet
Die Drei Seen
Jagt Allé
Ågade
Åboulevard
Godthåbsvej
Rolighedsvej
FORUM
Forum
H.C. Ørsteds Vej
Peblinge Sø
Nørre Søgade
Gothersgade
Frederiksborggade
NØRREPORT
Fiolstræde
Ørsteds Parken
Krystalg.
Frauenkirche
Gyldenløvesgade
Jørgens Sø
Skt. Jørgens Sø
Vester Søgade
Kampmannsg.
Tycho Brahe Planetarium
VESTERPORT ST.
Rådhus Pladsen
Rådhus
Dansk Design Center
National-museum
Touristen-information
Haupteingang Tivoli
Tivoli
Ny Carlsberg Glyptotek
Konzert-sal
KØBENHAVN H. Central Station
Gammel Kongevej
VESTERBRO
Frederiksberg Allé
Vesterbrogade
Vesterbros Torv
Istedgade
Halmtorvet
Polizei
Øksne-hallen
Central Postbygning
Postterminal
Bernstorffsgade
H. C. Andersens Boulevard
Kalvebod
Enghavevej
Sønder Boulevard
Ingerslevsgade
Flæsketorvet
Godsbanegård
DYBBØLSBRO ST.
Stellplatz Kopenhagen City Camp
Ny Carlsberg Vej
Lyrskovgade
Matthæusgade

0 500 m

Essen und Trinken
1 Aamanns Smørrebrød
2 L'Éducation Nationale
3 Kong Hans Kælder
Stadtspaziergang
Deutsche Botschaft
Østre Anlæg
Kastell
Kleine Meerjungfrau
St. Albans Church
Gefionbrunnen
Staatliches Museum für Kunst
Geologisches Museum
Voldgade
Øster
Oslo Pl
Grønningen
Krokodilleg.
Elsdyrsg.
Suensonsg.
Gernersgade
Skt. Paulus Gade
Fredericiagade
Kronprinsessegade
Rigensgade
Klerkegade
Sølvgade
Borgergade
Bredgade
Esplanaden
Amaliegade
Schloss Rosenborg und Königlicher Garten
Historiske Sammling
Rosenborg Have (Kongens have)
Frederikskirche/ Marmorkirche
Schloss Amalienborg
Slotsplads
Dronningens Tværgade
Adelgade
Gothersgade
Kultorvet
Observatorium Rundetårn und Trinitatiskirche
Kongens Nytorv
Guinness World of Records Museum
Schweizer Botschaft
Toldbod gade
Kvæsthusbroen
Oper
Nyhavn
Skt. Annæ Plads
Schauspielhaus
KONGENS NYTORV
Königliches Theater
Herluf Trolles G.
Gråbrødretorv
Heiliggeistkirche
Strøget
Nygade
Vimmelskaftet
Østergade
Amagertorv
Højbro Plads
Gammel Strand
Holmens Kanal
Holbergsgade
Peder Skrams Gade
Havnegade
Thorvaldsens Museum
Slotsplads
Christiansborg
Børse
Børsgade
Chr. IV's Bro
Tøjhusgade
Christians Brygge
Den Sorte Diamant
Søren Kierkeg. Plads
Christiansbro
Frederiksholm Kanal
Prinsens bro
Torvegade
CHRISTIANSHAVN
Strandgade
Wildersgade
Overgaden oven Vandet
Overg. neden Vandet
Erlöserkirche
CHRISTIANIA
Freistaat Christiania
Pusherstr.
Ulriks Bastion
Kaninøen
Løvens Bastion
Ravelinen
Stadsgraven
Langgade
Refshalevej
Kløvermarksv.
Dronningensgade
Langebrogade
Kalvebod Bastion
Enhjørningens Bastion
Panterens Bastion
Elefantens Bastion
Stadtgraben
Christmas Møllers Plads
Vermlandsg.
Langebro
Amager Boulevard
Ved Stadsgraven
Amagerbrogade
Markmandsg.
Uplandsg.
Holmbladsgade
Hollænderdybet
Amager Fælledvej
Peter Vedels G.
Islands Brygge
Njalsgade
Weidekampsgade
Artillerivej
Brygge
Christianshavn
Halvtolv
Danneskiold-Samsøes Allé
Galionsvej
Takkeladsvej
Ekvipagemestervej
Dokøvej
Per Knutzons Vej
Kanonbådsvej
Mathiesens V.
H.c. Sneedorffs Allé
Eskadrevej

102wd Abb.: mm

Gotteshaus, welches oft als „Marmorkirche" bezeichnet wird, fertiggestellt wurde.

Geht man vor der Kirche links, trifft man nach wenigen Metern auf den großen Platz **Kongens Nytorv,** um dessen Reiterstandbild ovalförmig Bäume angepflanzt und Sitzgelegenheiten aufgestellt wurden.

Gleich auf der linken Seite dümpeln in einem kleinen Kanal mehrere Fischerboote und Ausflugsschiffe, während die Promenade eine gut besuchte Flaniermeile ist. Es handelt sich um die Straße **Nyhavn** mit ihren Häusern aus dem 18. und 19. Jahrhundert. Sie ist weit über die Stadtgrenzen hinaus bekannt und lockt allabendlich ausgehfreudige Besucher und Gäste an.

Schräg gegenüber vom Kongens Nytorv beginnt die Fußgängerzone Strøget, die aus mehreren einzelnen Staßen mit jeweils eigenem Namen besteht und sich bis zum Rathausplatz und mit ihren Stichstraßen in die andere Richtung bis zum Nørreport hinzieht. Neben Einkaufsläden und Straßenmusikern findet man aber auch andere interessante Dinge wie z. B. das Museum des Guinness-Buchs der Rekorde.

Über den Gammeltorv mit seinem Brunnen im Renaissance-Stil gelangt man zum **Rådhus Pladsen,** wo sich das dazugehörige **Rathaus** auf der linken Seite erhebt. Will man dem lebhaften Treiben auf dem Platz entgehen oder es sich von oben anschauen, dann lohnt sich die Besteigung des höchsten dänischen Turmes. Vom Rathausturm hat man einen prächtigen Blick auf die gesamte Stadt.

Gleich hinter dem Verwaltungsgebäude beherbergt das **Dansk Design Centre** seit dem Jahr 2000 zahlreiche dänische Design-Produkte. Den H.C. Andersens Boulevard überquerend, gelangt man zu einem weiteren Wahrzeichen der Hauptstadt, dem **Freizeitpark Tivoli.** Zahlreiche Shows und Fahrgeschäfte laden Groß und Klein zu einer Pause von der Stadtbesichtigung ein.

Nutzt man nach dem Besuch den Ausgang Ost, geht man abermals am Dänischen Design Zentrum vorbei, passiert das Nationalmuseum und trifft auf Schloss Christiansborg. Alles, was irgendwie dänisch ist oder mit

⊡ *Südliches Tor zum Kastell*

⊡ *Der Gefionbrunnen nördlich des Zentrums*

dem Land zu tun hat, ist im **Nationalmuseum** dokumentiert und so ist es kein Wunder, dass allein für die Besichtigung dieser Ausstellungen (z. B. Grönlandsammlung, Wikingerhelme, mittelalterliche Altäre etc.) mehrere Stunden eingeplant werden müssen.

Das auf der anderen Seite des kleinen Kanals befindliche **Schloss Christiansborg** beherbergt das Finanzministerium, den Obersten Gerichtshof und nicht zuletzt das dänische Parlament. Doch bis es zum heutigen Bauwerk kam, hat es lange gedauert, da an der Stelle bereits mehrfach Schlossanlagen errichtet wurden. Die erste stammte im 12. Jahrhundert von *Bischof Absalon,* musste aber auf Wunsch von *Christian IV.* weichen. Besichtigt werden können die Stallungen des Königshauses, das Zeughausmuseum, das Theatermuseum sowie die Ruinen der Burg von Absalon. Auf der anderen Seite des Schlosses erkennt man auf dem Schlossplatz rechter Hand ein weiteres schönes Gebäude. Es handelt sich um das Renaissancegebäude der **Börse,** das aber nur von außen besichtigt werden kann. Eine Statue des *Bischofs Absalon* sieht man auf dem auf der linken Seite gelegenen Højbro Plads.

Überquert man diesen und durchschreitet die **Fußgängerzone Købmagergade,** so hat man auf der rechten Seite das **Observatorium Rundetårn,** das mit seinen 36 m Höhe ebenfalls eine schöne Rundumsicht auf die Stadt bietet. Der Clou an der Sache ist, dass man keine einzige Treppenstufe benutzen muss. Ein Wendelgang führt ansteigend nach oben. Der russische *Zar Peter der Große* nutzte die Möglichkeit und stieg auf dem Weg nach oben erst gar nicht von seinem Pferd ab. Hätte es zu seiner Zeit schon Autos gegeben, dann wäre er wohl hochgefahren, so wie man es zum ersten Mal im Jahr 1902 machte.

Zum Turm gehört die direkt dahinter liegende **Trinitatiskirche** mit ihrem barocken Altar. Hinter der Kirche sollte man rechts abzweigen, um zum **Schloss Rosenborg** zu

104wd Abb.: mm

129wd Abb.: mm

Über die Øster Voldgade gelangt man abschließend zur Grøningen Gade bzw. zum Kastell.

Zwei Sehenswürdigkeiten sollten jedoch nicht ausgelassen werden, sind aber vom eigentlichen Zentrum ein gutes Stück entfernt, sodass man entweder mit öffentlichen Verkehrsmitteln oder mit dem eigenen Wagen dorthin fahren muss. Zudem gehören beide nicht zu Kopenhagen (und irgendwie wiederum doch).

Im Westen liegt auf einem Hügel im Grünen das **Schloss Frederiksberg,** welches nach den Besichtigungen der bisherigen Schlösser auf dieser Route zwar eher schlicht ausfällt, aber dennoch nicht unbeachtet gelassen werden sollte. Eine Besonderheit von Frederiksberg ist der Umstand, dass es sich nicht um einen Stadtteil Kopenhagens handelt, sondern um eine eigenständige Kommune, die seit über 100 Jahren von der Hauptstadt umschlossen ist und sich daher flächenmäßig nicht ausbreiten kann.

Die zweite Sehenswürdigkeit, die man automatisch mit zu Kopenhagen zählt, die aber eigentlich lieber für sich alleine sein will, ist die **Freistadt Christiania,** nach dem Tivoli

gelangen. Das über 400 Jahre alte Bauwerk entstand wie so vieles auf Geheiß von *Christian IV.* Im Inneren sind neben 24 original möblierten Räumen unter anderem auch in der königlichen Schatzkammer die Kronjuwelen zu besichtigen. Auf der Südseite erstreckt sich der Rosenborgs Have genannte Schlosspark, während auf der anderen Seite der Øster Voldgade der **Botanische Garten** und das **Geologische Museum** zu einem Besuch einladen. In direkter Nachbarschaft befindet sich das **Staatliche Museum für Kunst** und zeigt neben dänischer Kunst der letzten 400 Jahre auch eine Skulpturen- und Gemäldesammlung des Königshauses.

Fingerplanen

Wer heute mit einem Stadtplan oder GPS-Gerät durch die Gassen und Straßen von Kopenhagen zieht, weiß meistens nicht, dass die städtebauliche Entwicklung von Dänemarks Hauptstadt auf die 1940er-Jahre zurückgeht. Zum damaligen Zeitpunkt gab es ein enormes Bevölkerungswachstum in Kopenhagen und die Hovestadtkommision (Hauptstadtkommission) kam mit ihrer Stadtplanung kaum hinterher. Eine private Organisation erstellte daraufhin einen regionalen Entwicklungsplan mit dem Namen Fingerplanen. Dieser Plan sah vor, dass die Entfernungen zwischen Wohn- und Arbeitsort möglichst gering gehalten werden und sich die Stadt nicht wahllos in alle Richtungen ausbreiten sollte. Außerdem achtete man darauf, dass zwischen dem Verkehrsnetz der Kopenhagener S-Bahn auch Grün- und Erholungsflächen angelegt wurden. Das S-Bahnnetz war dabei als Grundgerüst wie das Skelett einer Hand zu verstehen, woher sich der Name Fingerplanen ableitete. Die Umsetzung dieses Konzepts wurde zwar nie endgültig beschlossen, doch ließ man sich bei zukünftigen Baumaßnahmen sehr von den Grundsätzen beeinflussen.

Im Jahr 2006 wurde Fingerplanen auf Grund seiner „robusten Planung und einer indiskutablen Pädagogik […] die weiterhin die gesamte Entwicklung der Hauptstadtregion prägt" in den Kulturkanon aufgenommen und erhielt somit das Prädikat eines dänischen Kulturerbes.

136wd Abb.: mm

die zweitbeliebteste Touristenattraktion der Hauptstadt. 1971 gründeten Hippies und Aussteiger auf einem ehemaligen Militärgelände die Mikronation „Freie Republik Christiania“. Zwei Jahrzehnte wurde die alternative Wohnsiedlung geduldet, bis man sich im Jahr 1991 darauf einigte, dass die Besetzung des Geländes als soziales Experiment weitergeführt wird, während die Bewohner Miete zahlen. Damit hatten die Bewohner von Christiania einen Teilerfolg erzielt. Nach vermehrten Polizeieinsätzen gegen die autonome Kolonie, die teilweise auch zu Ausschreitungen führten, haben die Bewohner von Christiana dem dänischen Staat einige Gebäude und Grundstücke abgekauft und dabei die Geburtsstunde der Freistadt gefeiert.

Literaturtipp

„CityTrip Kopenhagen“ von Lars Dörenmeier, Reise Know-How Verlag. Die dänische Hauptstadt mit diesem praktischen Reiseführer in all ihren Facetten entdecken.

Touristeninformation

- **Kopenhagen Touristenbüro,** 1620 København V, Vesterbrogade 4A, www.visitcopenhagen.com, Tel. +45 70222442, Mo–Fr 10–16 Uhr

Sehenswertes

- **Absalon-Ruinen unter dem Schloss Christiansborg,** 1218 København K, Mai–September täglich 10–16 Uhr, sonst Mo geschlossen, Eintritt: 40 DKK.
- **Botanischer Garten,** 1353 København K, Øster Farimagsgade 2b, Tel. +45 35322222. Neben dänischen Pflanzen und einem Rosengarten gibt es in dem 10 Hektar großen Park auch ein Palmenhaus.

Wache am Schloss Amalienborg

Nyhavn, beliebt bei Einheimischen und Touristen

106wd Abb.: mm

Vom Turm des Rathauses (s. S. 178) hat man einen schönen Blick auf die Stadt

In der Hauptsaison täglich 8.30–18 Uhr, sonst nur bis 16.00 Uhr, der Eintritt ist frei.

- **Chronologische Sammlung der dänischen Könige,** 1257 København K, Amalienborg Schlossplatz, Tel. +45 33122186. Zu sehen gibt es die Privatgemächer von König Christian IX bis Frederik IX. Täglich 10–16 Uhr, Eintritt: 90 DKK
- **Geologisches Museum,** 1350 København K, Øster Voldgade 5, Tel. +45 35322345. Neben Versteinerungen von Flora und Fauna gibt es auch eine Sammlung von Meteoriten und einen Gesteinsbrocken des Mondes. Do–Di 13–16 Uhr, mittwochs ist der Eintritt frei, sonst kostet er 105 DKK.
- **Guinness World of Records Museum,** 1100 København K, Østergade 16, Tel. +45 33323131, Do–Mo 10–18 Uhr, Fr und Sa 10–20 Uhr, im Sommer durchgehend von 9.30–22.30 Uhr, Eintritt: 105 DKK.
- **Königliche Repräsentationssäle, Schloss Christiansborg,** 1218 København K. Vom Thronsaal bis zum Rittersaal können die Säle bei einer Führung in englischer Sprache besichtigt werden, vorausgesetzt, es steht kein offizieller Staatsbesuch an. Eintritt: 95 DKK.
- **Nationalmuseum,** 1471 København K, Ny Vestergade 10, Tel. +45 33134411. Die gesamte Geschichte Dänemarks von der Vorzeit bis zum 21. Jahrhundert

Geschichte der Stadt Kopenhagen

Kopenhagens Geschichte ist untrennbar mit der Lage der Stadt verbunden. Der Name leitet sich nämlich von „Køpmannæhafn“ ab, was so viel bedeutet wie „Kaufmännerhafen“. Die Kaufleute des 12. Jahrhunderts handelten mit ihren Waren zwischen den Bischofssitzen Lund, das damals noch zu Dänemark gehörte, und Roskilde. Aufgrund der zentralen Lage und der Anbindung an das Meer wuchs der Handelsplatz schnell zu einer wichtigen Ortschaft heran, die Mitte des 15. Jahrhunderts zur Hauptstadt wurde, eine Rolle, die bis dahin Roskilde innehatte. Seine Blütezeit hatte Kopenhagen unter König Christian IV., der jedoch den Rest des Landes völlig vernachlässigte und in den Ruin stürzte. Die Stadt musste die Pest, Stadtbrände und Angriffe der Engländer im 18. und 19. Jahrhundert überstehen. Während des Zweiten Weltkrieges war Kopenhagen fast die gesamte Zeit von den Deutschen besetzt, blieb aber weitgehend von Zerstörungen verschont. In der Stadt selbst wohnen heute für eine europäische Hauptstadt relativ wenig Menschen, doch der Großraum rund um Kopenhagen wächst kontinuierlich weiter. Dies ist nicht zuletzt auch bedingt durch den Bau der Øresundbrücke, die die Stadt mit dem schwedischen Malmö verbindet, was auch ein Zusammenwachsen beider Städte fördert. Leider hat die weltpolitische Lage mit islamistischen Anschlägen auch vor Kopenhagen nicht halt gemacht. So kam es im Februar 2015 zu zwei Anschlägen auf ein Kulturzentrum und eine Synagoge.

in Form von Dokumenten, verschiedenen Exponaten und einem kleinen Spielzeugmuseum. Di–So 10–17 Uhr, 95 DKK.

- **Observatorium Rundetårn,** 1150 København K, Købmagergade 52a, Tel. +45 33730373. Fast ganz oben in dem ehemaligen Observatorium befindet sich eine Bibliothek mit Wechselausstellungen. Juni bis August Mo–Sa 10–20 Uhr, So 12–20 Uhr, sonst täglich nur bis 17 Uhr, Eintritt: 25 DKK.
- **Staatliches Museum für Kunst,** 1307 København K, Sølvgade 48, Tel. +45 33748494. Europäische Malerei und Bildhauerkunst der letzten 800 Jahre. Do–Di 10–17 Uhr, Mi bis 20.00 Uhr, Eintritt frei außer bei Sonderveranstaltungen.
- **Theatermuseum, Schloss Christiansborg,** 1218 København K, Christiansborg Ridebane 18, Tel. +45 33115176. Im Hoftheater aus dem Jahr 1767 ist das Museum untergebracht und erläutert anhand von Kulissen und Kostümen die Geschichte des dänischen Theaters. Sämtliche Einrichtungen des Theaters wie z. B. Bühne und Garderobe dürfen besichtigt werden. Di, Do, Fr 11–15 Uhr, Mi 11–17 Uhr, am Wochenende 13–16 Uhr, Eintritt: 40 DKK.
- **Tivoli,** Vesterbrogade 3, S-Bahn: Haptbahnhof, Tel. 33151001, www.tivoli.dk, Eintritt: Kinder von 3 bis 7 Jahren 60 DKK, über 8 Jahre 130 DKK, Turpassbillet (freie Fahrt in allen Fahrgeschäften) zusätzl. 199 DKK, geöffnet: Mitte April bis Ende September So–Do 11–23 Uhr, Fr–Sa bis 24 Uhr, sowie um Halloween und in der Vorweihnachtszeit von Mitte November bis 23. Dezember

Niels Bohr

Einen wichtigen Schritt in der Quantenmechanik stellt das Bohr'sche Atommodell dar, welches der Kopenhagener Niels Bohr im Jahr 1913 vorstellte. Neun Jahre später erhielt er den Nobelpreis für Physik für seine Bemühungen zur Erforschung von Atomstrukturen sowie der dazugehörigen Strahlung. Dieses Talent schien in der Familie zu liegen. Sein Vater beschäftigte sich mit naturwissenschaftlichen Themen und Bohrs Sohn erhielt im Jahr 1975 ebenfalls den Physik-Nobelpreis. Nach Niels Bohr wurde das chemische Element Bohrium benannt.

- **Zeughausmuseum, Schloss Christiansborg,** 1214 København K, Tøjhusgade 3, Tel. +45 33116037. Das Zeughaus von Christian IV. besticht durch eine

107wd Abb.: mm

⊡ *Eines der beliebtesten Ziele in Kopenhagen: der Freizeitpark Tivoli (s. S. 178)*

Fahrradfreundliches Kopenhagen

Dänemark bietet vorzügliche Voraussetzungen für Drahtesel und ihre Reiter (s. S. 36). Diese enden zum Glück nicht in der lauten Hauptstadt – ganz im Gegenteil. Schon seit Jahrzehnten wird der Fahrradverkehr in Kopenhagen gefördert und die Metropole war bei unterschiedlichen Vergleichstests weltweit immer unter den ersten drei Städten, wenn es um die Fahrradfreundlichkeit ging. Doch auf den Lorbeeren dieser hervorragenden Ergebnisse wurde sich nicht ausgeruht: Die Metropole gilt schon lange als fahrradfreundlichste Stadt der Welt. Dazu gehört zum Beispiel auch der Ausbau der über 400 Kilometer Radwege in Kopenhagen, die in der Regel als Einbahnstraße angelegt sind und eine Mindestbreite von 1,70 Metern aufweisen müssen. Vielfach sind die Radwege sogar deutlich breiter. Außerdem sind sie oft baulich von anderen Fahrbahnen oder vom Bürgersteig abgetrennt. Mancherorts wurden sogar Brücken eigens nur für Radler angelegt. Kein Wunder also, dass 45 % der Hauptstadtbewohner mit dem Fahrrad unterwegs sind. Dennoch sollte man als Fußgänger gut aufpassen, wo man entlang läuft, da Kopenhagens Radfahrer durch diese besonderen Maßnahmen auf eine hohe Geschwindigkeit kommen.

108wd Abb.: mm

große Halle mit Gewölbedecke im Stil der Renaissance und präsentiert eine Waffensammlung sowie eine Ausstellung über Fahnen, Uniformen und Rüstungen. So–Mo 12–16 Uhr, Eintritt: 40 DKK, mittwochs ist der Eintritt frei.

Sehenswertes

- **Louisiana Museum,** 3050 Humlebæk, Gammel Strandvej 13, Tel. +45 49190719, Geöffnet: Di–Fr 11–22 Uhr, Sa/So 11–18 Uhr, Eintritt: 125 DKK, www.louisiana.dk. Nur wenige Meter vom Öresund entfernt, befindet sich das bedeutendste Museum für moderne Kunst in Dänemark.

Campingplätze

182 Nærum Camping DCU
183 Hundige Strand Familiecamping

Reiterstatue auf dem Schlossplatz, dahinter das Gebäude der Börse

Bunte Häuserfront im alternativen Bezirk Christiania

Essen

- **Aamanns Smørrebrød,** Øster Farimagsgade 12, Tel. +45 35553310, www.aamanns.dk. Hier ist der Name Programm: Smørrebrød (s. S. 16).
- **Kong Hans Kælder,** Vingaardstræde 6, 1070 Kopenhagen K, Tel. +45 33116868. Gediegenes und nobles Restaurant mit französischer Küche.
- **L'Éducation Nationale,** Larsbjørnsstræde 12, 1454 Kopenhagen K, Tel. +45 33915360, www.leducation.dk. Es bewirbt sich selbst mit „Omelette im Alpenstil mit Pommes Frites und leicht unverschämter Bedienung". Beliebter Treffpunkt mit Szenecharakter.

Stellplätze

S42 **Kopenhagen City Camp (55.654678, 12.555590).** Blushøjvej 17, 2450 Kopenhagen, Tel. +45 21425384, www.citycamp.dk; 220 DKK für ein Wohnmobil mit 2 Pers.; nur Parken bis 18 Uhr 150 DKK inkl. Entsorgung, Strom, Staubsauger, Chemie-WC, Dusche, Toilette und Stadtplan; eingezäunt und rund um die Uhr überwacht. Ende Mai–Sept.

S43 **Stellplatz Svaneknoppen (55.717910, 12.588774).** Svaneknoppen 8, 2100 Kopenhagen, 150 DKK. 3,5 km nördlich der Kleinen Meerjungfrau

137wd Abb.: mm

in einem Jachthafen gelegener Stellplatz, der gut besucht ist und daher eine frühe Anreise erfordert. Platz ist nur für maximal zehn Fahrzeuge.

S44 Stellplatz Nördlicher Hafen (55.718102, 12.589700). Am nördlichen Hafen von Kopenhagen gibt es von Mai bis September einen weiteren, jedoch sehr kleinen Stellplatz für maximal 20 Fahrzeuge. Oftmals voll belegt. 190 DKK, Schranke, Sanitäreinrichtung, Ver- und Entsorgung vorhanden.

S45 Stellplatz Taastrup Park Hotel (55.653839, 12.300524). V/Jørgen Vestergaard, Brorsonsvej 3, 2630 Taastrup, Tel. +45 43711819, www.tphotel.dk (Autocamper). Auf dem Parkplatz des Park Hotels in der Nähe des Bahnhofs; Toilette und Dusche 200 DKK; für 75 DKK pro Person kann im Hotel am Büffet gefrühstückt werden.

S46 Stellplatz Vallensbæk Lystbådehavn (55.61305, 12.396385). Vallensbæk Havnevej, 2665 Vallensbæk Strand, Tel. +45 45343575, Nach der Hafenzufahrt an der T-Kreuzung rechts halten und sich am besten am Hafenkontor einen Platz geben lassen. Der Hafen ist recht voll und unübersichtlich. Frischwasser, Abwasser, Toiletten, Mietfahrräder.

Tuborg, die stolze Brauerei im Norden von Kopenhagen

CAMPINGPLÄTZE ENTLANG DER ROUTE

176 Bokildegårds Camping

55.99857, 11.96813

Ruhiger, parzellierter Platz. **Lage/Anfahrt:** am nördlichen Ortsrand von Melby, nördlich von Frederiksværk; **Platzanzahl:** 140; **Untergrund:** Wiese; fest; **Ver-/Entsorgung:** Strom, Trinkwasser, Abwasser, Chemie-WC; **Sicherheit:** umzäunt; **Preise:** 40 DKK Stellfläche, 80 DKK pro Person, 40 DKK/Strom; **Geöffnet:** 1. April bis 30. September; **Kontakt:** 3370 Melby, Lindebjergvej 13, Tel. +45 47923094, www.bokildegaardscamping.com

177 Byaasgaard Camping

55.96368, 11.95641

Küstennaher Platz, jedoch mit viel Wiese bzw. Schwemmland. **Lage/Anfahrt:** auf der Halbinsel westlich von Frederiksværk am Nordrand der Bucht; **Platzanzahl:** 290; **Untergrund:** Wiese; fest; **Ver-/Entsorgung:** Strom, Trinkwasser, Abwasser, Chemie-WC; **Sicherheit:** bewacht; **Preise:** 45 DKK/Fahrz., 80 DKK pro Person, 35 DKK/Strom; **Geöffnet:** ganzjährig; **Kontakt:** 3390 Hundested, Amtsvejen 340, Tel. +45 47923102, www.byaasgaard.dk

178 Hillerød Camping

55.92361, 12.29527

Idealer Platz für die Besichtigung des Schlosses. **Lage/Anfahrt:** mitten im Stadtzentrum, nur wenige Meter vom Schloss entfernt; **Platzanzahl:** 80; **Untergrund:** Wiese; fest; **Ver-/Entsorgung:** Strom, Trinkwasser, Abwasser, Chemie-WC; **Sicherheit:** umzäunt; **Preise:** 120 DKK pro Person, 40 DKK/Strom; **Geöffnet:** 1. April bis 16. September; **Kontakt:** 3400 Hillerød, Blytækkervej 18, Tel. +45 48264854, www.hillerodcamping.dk

179 Højsager Camping

55.96777, 12.45527

Abgelegener, gemütlicher Platz. **Lage/Anfahrt:** südöstlich von Fredensborg auf dem Weg zur Autobahn kurz vor Søholm; **Platzanzahl:** 100; **Untergrund:** Wiese; fest; **Ver-/Entsorgung:** Strom, Trinkwasser, Abwasser, Chemie-WC; **Sicherheit:** umzäunt; **Preise:** 80 DKK pro Pers., 30 DKK/Strom; **Geöffnet:** April–Sept.; **Kontakt:** 3480 Fredensborg, Humlebækvej 31, Tel. +45 49194448, http://hojsager.dk-camp.dk

180 Nyrup Camping

56.00083, 12.51555

Kleiner, durch viele Bäume schattiger Platz. **Lage/Anfahrt:** direkt neben der Autobahn gelegen, der Beschilderung folgen; **Platzanzahl:** 1000; **Untergrund:** Wiese; fest; **Ver-/Entsorgung:** Strom, Trinkwasser, Abwasser, Chemie-WC; **Sicherheit:** bewacht; **Preise:** 25 DKK/Fahrz., 70 DKK pro Person, 35 DKK/Strom, 115–150 DKK Quickstop (ohne und mit Strom); **Geöffnet:** ganzjährig; **Kontakt:** 3490 Kvistgård, Kongevejen 383, Tel. +45 49139103, www.nyrupcamping.dk

181 Helsingør Camping Grønnehave

56.04327, 12.60498

Kleiner Platz, gut zur Besichtigung. **Lage/Anfahrt:** nördlich des Schlosses und des Hafens, dort der Beschilderung folgen; **Platzanzahl:** 50; **Untergrund:** Wiese; fest; **Ver-/Entsorgung:** Strom, Trinkwasser, Abwasser, Chemie-WC; **Sicherheit:** umzäunt; **Preise:** 50 DKK/Fahrz., 75 DKK pro Person, 35 DKK/Strom; **Geöffnet:** ganzjährig; **Kontakt:** 3000 Helsingør, Strandalleen 2, Tel. +45 49281212, www.helsingorcamping.dk

182 Nærum Camping DCU

55.80750, 12.53027

Günstig gelegen für einen Besuch der Hauptstadt. **Lage/Anfahrt:** direkt neben der Autobahn gelegen; **Platzanzahl:** 250; **Untergrund:** Wiese; fest; **Ver-/Entsorgung:** Strom, Trinkwasser, Abwasser, Chemie-WC; **Sicherheit:** bewacht; **Preise:** 70 DKK pro Fahrzeug, 96 DKK pro Person, 30 DKK/Strom; **Geöffnet:** 24. März bis 21. Oktober; **Kontakt:** 2850 Nærum, Ravnebakken, Tel. +45 45801957, www.camping-naerum.dk

183 Hundige Strand Familiecamping

55.59388, 12.34166

Guter Ausgangsort für eine Besichtigung der Hauptstadt, das Zentrum ist in 20 Minuten mit der S-Bahn zu erreichen. **Lage/Anfahrt:** zwischen Køge und Kopenhagen die Ausfahrt 27 benutzen; **Platzanzahl:** 200; **Untergrund:** Wiese; fest; **Ver-/Entsorgung:** Strom, Trinkwasser, Abwasser; **Sicherheit:** umzäunt; **Preise:** 45 DKK/Fahrz., 85 DKK pro Person, 52 DKK/Strom; **Geöffnet:** 3.1.–20.12.; **Kontakt:** 2670 Greve, Hundige Strandvej 72, Tel. +45 43903185, www.camping-koebenhavn.dk

VON INSELHAUPTSTADT ZU INSELHAUPTSTADT

Etwa gleich weit entfernt von Schweden, Polen und Deutschland befindet sich die östlichste Insel Dänemarks, Bornholm. Der Weg dorthin ist zwar etwas weiter, ein Besuch aber dennoch empfehlenswert. Kiefernwälder, die bis an den Strand reichen, und Sand, der so fein ist, dass er in früheren Zeiten für Sanduhren benutzt wurde, sind die natürlichen Attribute der Insel. Hinzu kommen die schönen Altstädte der pittoresken Hafen- und Fischerörtchen Gudhjem, Allinge und Rønne. Als Tipp bleibt nur zu sagen, dass man das Wohnmobil auf einem der Campingplätze abstellen und Bornholm mit dem Fahrrad erkunden sollte. Dabei kann man rundherum an der Küste entlangfahren oder quer durch die Mitte, wobei auch die höchste Erhebung, der Rytterknægten, passiert wird. Falster ist bekannt für den südlichsten Punkt Dänemarks bei Gedser und für die Stadt Nykøbing F mit ihren Fachwerkhäusern. Von dort geht es über den Guldborgsund weiter auf die Insel Lolland, deren höchste Erhebung es gerade einmal auf 25 m schafft. In Richtung Nordwesten passiert man zunächst das kleine Städtchen Maribo und steigt abschließend in ein ausgedientes sowjetisches U-Boot.

013wd Abb.: mm

⊡ *Auch im Osten Dänemarks geht es idyllisch, ruhig und „hyggelig" zu*

ROUTE 7

INSELLEBEN VON BORNHOLM BIS LOLLAND

STRECKENVERLAUF

Strecke:
Køge (34 km) - Bornholms Süden (45 km) - Bornholms Norden (56 km) - Stevns Klint und Faxe (43 km) - Næstved und Vordingborg (53 km) - Insel Møn (85 km) - Nykøbing F (39 km) - Insel Lolland (95 km)

Streckenlänge:
Ohne Abstecher circa 450 km

KØGE
(34 km - km 34)

Wie schon auf der Anfahrt nach Kopenhagen, hat man auch beim Verlassen der Stadt zwei Möglichkeiten nach Süden zu gelangen. Über die Autobahn E20, die an dieser Stelle auch die E47 und E55 beinhaltet, kommt man gemütlich aus der Hauptstadt hinaus und lässt den dichten Verkehr langsam hinter sich. Weniger ruhig ist die Küstenstraße 151 über **Greve Strand** und **Solrød Strand.** Diese beiden Badeorte kann man als Vororte Kopenhagens bezeichnen, die besonders an sonnigen Wochenenden von den Hauptstädtern bevölkert werden, und so sieht man auf der Straße nicht allzu viel von der Küste.

Das auf einem dieser beiden Wege erreichte **Køge** zeigt sich rund um den **mittelalterlichen Marktplatz** mit einigen sehenswerten Fachwerkhäusern von seiner schönsten Seite. Mittelpunkt des Ortes ist das gotische Gotteshaus aus dem 13. Jahrhundert. Bemerkenswert ist der dazugehörige Turm, der in der Vergangenheit auch als Leuchtturm genutzt wurde. Kunst- und Kulturinteressierte besuchen das Stadtgeschichtliche Museum oder das **Kunstmuseum.** Beide befinden sich in der Nørregade und zeigen neben lokalhistorischen Exponaten einen Silberschatz und eine Darstellung, wie ein Kunstwerk von der ersten Skizze an entsteht.

Dies alles kann man in Ruhe besichtigen, während man den Nachmittag und Abend über auf die Fähre nach Bornholm wartet. Der Hafen befindet sich nördlich des Zentrums und ist gut beschildert.

Touristeninformation
› **Køge Touristenbüro,** 4600 Køge, Vestergade 1, Tel. +45 56676001,www.visitkoege.com, Mo–Fr 9–17 Uhr, Sa 10–13 Uhr, in der Hauptsaison Mo–Fr 9–17 Uhr, Sa 9–14 Uhr

Sehenswertes
› **Kunstmuseet Køge,** 4600 Køge, Nørregade 29, Tel. +45 56676020, Di–So 11–17 Uhr, Do 11–21 Uhr, Eintritt: 60 DKK

Entsorgungsstation
› Auf der Autobahn zwischen Kopenhagen und Køge befindet sich zwischen den Ausfahrten 29 und 30 in beiden Fahrtrichtungen ein Rastplatz mit einer Entsorgungsstelle. GPS: 55.560534, 12.229003

Campingplatz
184 Tangloppen FDM

BORNHOLMS SÜDEN
(45 km - km 79)

Es gibt mehrere Bücher, die sich ausschließlich mit der Insel **Bornholm** befassen und damit dürfte das Eiland die einzige dänische Insel sein, die so gewürdigt wird. Was ist also so Besonderes an Bornholm? Zum einen die Lage, denn die rund 30 km breite Insel befindet sich weit außerhalb von Dänemark im „Dreiländereck“ von Schweden, Polen und Deutschland und erinnert auch eher an Südschweden als an Dänemark.

▷ *Farbenfrohe Hausfassaden in Nexø (s. S. 192)*

Touristeninformation

> **Bornholms Velkomstcenter,** 3700 Rønne, Ndr. Kystvej 3, Tel. +45 56959500, www.bornholm.info, Mo–Fr 9–16 Uhr

Die **Fähre von Køge** pendelt rund 6 ½ Stunden zur Inselhauptstadt **Rønne** und erreicht diese gegen 6 Uhr in den frühen Morgenstunden. Wer also nicht viel Zeit hat und nur einen Tagesausflug machen möchte, für den sind diese Fahrzeiten ideal, da man den ganzen Tag damit verbringen kann, die Insel zu erkunden. Allerdings stellt sich die Frage, ob sich die Mitnahme des Wohnmobils für einen Tag lohnt. Entscheidet man sich stattdessen für eine Radtour auf dem Eiland, wird man zwar an einem Tag nicht alles sehen können, dafür aber eine Menge Geld sparen. Mehrere Fahrradgeschäfte in Rønne verleihen auch Fahrräder. Wer jedoch ausreichend Zeit mitgebracht hat, der sollte sich einen mehrtägigen Aufenthalt auf Bornholm nicht entgehen lassen.

Wie bereits erwähnt, ist Rønne der erste Anlaufpunkt und größter Ort von Bornholm. Rund drei Viertel aller Insulaner wohnen in der dennoch gemütlich wirkenden Stadt. Da der Bornholmer Wehrmachtskommandant auch noch nach der deutschen Kapitulation im Zweiten Weltkrieg Widerstand leistete, kam es dazu, dass Rønne weiterhin Bombenangriffen ausgesetzt war. Dies hatte zur Folge, dass das alte Stadtbild zu großen Teilen unter Trümmern verschwand und sich heute eine modern gestaltete Ortschaft präsentiert.

Überragt wird Rønne von der hübschen **St.-Nikolai-Kirche** aus dem 13. Jahrhundert. Gleichwohl hat man Rønne schnell besichtigt und es geht stadtauswärts nach Osten. Entweder nutzt man die größte Straße der Insel (Straße 38), um nach Aarkirkeby und nach Nexø zu gelangen, oder man fährt an der bewaldeten Küste auf einer nicht nummerierten schmalen Straße entlang, wo man zum südlichsten Punkt Bornholms gelangt, nach Dueodde. Neben der besonderen Beliebtheit

als Badeort ist **Dueodde** auch bekannt dafür, dass der hiesige weiße und sehr feine Sand in der Vergangenheit dafür genutzt wurde, um Sanduhren zu füllen.

Die bereits erwähnte Ortschaft **Aakirkeby** ist die älteste Siedlung auf der Insel und auch die größte, die sich nicht direkt an der Küste befindet. Zudem besitzt Aarkirkeby das größte sakrale Gebäude Bornholms, das mit seinem Doppelturm aber in früheren Zeiten auch zur Abwehr diente. Eine Kirche ganz anderer Art findet sich westlich der Ortschaft in Nylars. Sie ist eine der vier **Rundkirchen,** die das typische Bild von Bornholm prägen. Sie sind bis zu 800 Jahre alt, verfügen über einen frei stehenden Kirchturm und dienten ursprünglich ebenfalls zum Schutz, was ihren wehrhaften Charakter mit den dicken Außenmauern erklärt.

Nördlich von Aakirkeby gelangt man zu einem großen Waldgebiet mit zahlreichen Wanderwegen. Ein beliebtes Ziel in dem **Almindingen** genannten Wald ist hierbei der höchste Berg Bornholms, der 162 m hohe **Rytterknægten.**

Weitere Wanderwege finden sich weiter östlich, kurz vor den Toren der Ortschaft **Nexø.** Dort liegt mit seinen zahlreichen Findlingen und Heideflächen das zerklüftete Felsgebiet **Paradisbakkerne,** welches als Naturschutzgebiet ausgewiesen ist.

Hans Christian Andersen: „Die alte Straßenlaterne“

Dieses Märchen handelt von einer Straßenlaterne, die sich Gedanken darüber macht, was mit ihr geschehen wird, wenn sie durch ein neueres Modell ausgewechselt wird. Dabei hat sie hauptsächlich Angst eingeschmolzen zu werden und ihre Erinnerungen zu verlieren. Doch alles wendet sich zum Guten: Der Wächter, der sie jahrelang gepflegt hat, nimmt sie bei seinem Ruhestand mit nach Hause und pflegt sie dort weiter.

Nexø (auch Neksø geschrieben) ist weniger spektakulär und von der Fischindustrie geprägt. Durch die Zerstörungen der alten Fischersiedlung im Zweiten Weltkrieg sind zudem keine wesentlichen Baudenkmäler erhalten geblieben. Erwähnenswert ist jedoch ein Schriftsteller namens *Andersen* – mit Vornamen jedoch nicht *Hans Christian,* sondern *Martin* – der aus dem Ort stammt und den Roman „Pelle, der Eroberer“ verfasste. Das Buch wurde später verfilmt und mit einem Oscar ausgezeichnet.

Touristeninformation

› **Nexø Touristenbüro,** 3730 Nexø, Sdr. Hammer 2, Tel. +45 56497079, www.bornholm.info

Essen

› **Restaurant Pejsestuen,** 3730 Nexø, Torvet 5, Tel. +45 56494945. Terrassenrestaurant mit internationaler Küche, auch Smørrebrød (s. S. 16).

Campingplätze

185 Galløken Camping

186 Møllers Dueodde Camping

187 Bornholms Familiecamping

Stellplatz

S48 **Stellplatz Rødvig Fiskerihavn (55.254352, 12.374488).** Fiskerihavnen 8, 4673 Rødvig Stevns, Tel. +45 56506954; 120 DKK; Frischwasser, Abwasser, Toiletten, Duschen. Vor dem Einparken beim Hafenmeister im kleinen Holzhaus melden. Die Nutzung von Ver- und Entsorgung mit dem Hafenmeister vereinbaren, keine Selbstbedienung.

▷ *Das malerische Gudhjem auf der Insel Bornholm*

214wd Abb.: as ©Mariusz witulski - stock.adobe.com

BORNHOLMS NORDEN

(56 km – km 135)

War die Küste im Süden mit feinstem Sand überzogen, so dominieren im Norden eher Steilküsten und zerklüftete Felsenlandschaften das Bild Bornholms. An der nordöstlichsten Ecke liegt das kleine Örtchen **Svaneke,** das bereits mehrfach für sein bewahrtes Stadtbild ausgezeichnet wurde. Wahrzeichen der kleinsten Stadt Bornholms ist die alte **Bockmühle,** die bereits von Weitem zu erkennen ist.

Touristeninformation

- Bornholm (Nordbornholm) Touristenbüro, 3770 Allinge, Kirkegade 4, Postboks 40, Tel. +45 56480001

Auf der Straße 158 kann man die gesamte Küstenlinie abfahren. Dabei durchquert man zumeist kleine, sich ähnelnde Dörfer, bis man Gudhjem erreicht. Südlich von Gudhjem befindet sich die mit 18 m Durchmesser größte der vier Rundkirchen mit dem Namen **Øster Lars Kirke.** Der Ort selbst gilt mit seinen überraschend steilen Straßen als der schönste der gesamten Insel. Da sich dies aber schnell herumspricht, sind die angeblich weniger schönen Orte Bornholms wesentlich leerer. Wer also in der Hauptsaison nach **Gudhjem** fährt, sollte sein Fahrzeug möglichst vor der Stadt stehen lassen. Von hier pendeln übrigens Fähren zum östlichsten Einflussbereich Dänemarks. Die kleine Insel **Christiansø** ist nur 700 m mal 350 m groß und befindet sich nordöstlich von Bornholm.

Touristeninformation

- Gudhjem Touristenbüro, 3760 Gudhjem, Åbogade 9, Tel. +45 56485210

Auf der Straße 158 geht es weiter in Richtung Westen zur Doppelstadt **Allinge-Sandvig.** Eigentlich sind es zwei Gemeinden, aber das fällt kaum auf. Wie im Ruhrgebiet ist der Übergang von einer Ortschaft zur nächsten fließend. Auch hier muss man mit sehr vielen Reisenden rechnen, da in Allinge und Sandvig der Tourismus blüht, nicht zuletzt deshalb, weil es hier wieder einen schönen **Badestrand** gibt und sich die Städtchen mit hübschen Gassen und farbenfrohen kleinen Häusern präsentieren.

Einkaufen

- **Det Gamle Lysestøberi,** 3770 Allinge, Kirkestræde 1, Tel. +45 56481429. Kerzengießerei, in der man im Sommer auch selbst Kerzen ziehen darf.

Nicht weit davon entfernt liegt auf einem Felsplateau hoch über der Ostsee die Ruine der **Festung Hammershus.** Entstanden ist sie vermutlich zwischen dem 12. und 13. Jh. auf Anordnung des Bischofs *Lund.* Nach zahlreichen Besitzerwechseln in den folgenden Jahrhunderten wurde die Festung in den 1740er-Jahren aufgegeben und von den Bornholmer Bewohnern als Steinbruch genutzt, um mit dem Material ihre Häuser zu befestigen. Dem Treiben wurde erst Einhalt geboten, als man Hammershus 1822 unter Denkmalschutz stellte.

Südlich der Festung erreicht man als letzten Ort vor der Inselhauptstadt die wesentlich kleinere Ortschaft **Hasle.** Doch einmal im Jahr, Mitte Juli, hat Hasle so viele Besucher wie Rønne Einwohner hat, denn dann findet regelmäßig das **Hafenfest** statt, die größte Feierlichkeit der Insel. Spätestens dann kommt man nicht umhin, das typische Produkt von Bornholm zu probieren, **geräucherten Fisch.** Überall auf der Insel kann man zahlreiche haushohe Schornsteine entdecken. In Hasle wird es spätestens Zeit, eine dieser Räuchereien von innen zu besichtigen. Direkt daran angeschlossen ist das **Räuchereimuseum.**

Von Hasle geht es südwärts weiter nach Rønne, wo abermals in den späten Abendstunden die Fähre nach Køge ablegt.

Touristeninformation

› **Hasle Touristenbüro,** 3790 Hasle, Havnegade 1, Tel. +45 56964481, Juni Mo–Fr 10–16 Uhr, Sa 10–12 Uhr, Juli und August Mo–Fr 10–16 Uhr, Sa 10–12 Uhr, September Mo–Fr 10–14 Uhr

Sehenswertes

› **Silderøgerierne,** 3790 Hasle, Søndre Bæk 16-20. Das Museum in der Räucherei ist im Stil des Jahres 1897 erhalten geblieben. Mai-Sept. tägl. 10–18 Uhr, Eintritt frei.

Campingplätze

188 Hullehavn Camping
189 Sandkaas Familiecamping
190 Hasle Familiecamping

STEVNS KLINT UND FAXE

(43 km – km 178)

Zurück auf der Insel Seeland geht es weiter in Richtung Süden. Auf der Straße 261 erreicht man nach einer halben Stunde von Køge aus den kleinen Ort **Store Heddinge.** Die Gemeindekirche verfügt über ein außergewöhnliches, achtkantiges Kirchenschiff. Eine weitere sehenswerte Kirche befindet bzw. befand sich südöstlich von Store Heddinge. An der steilen **Felsenküste aus Kalkstein** stehen noch die Überreste der Kapelle, die im Jahr 1928 ihren Chorraum verloren hat, als dieser bei einem Sturm von der See weggerissen wurde und in die Tiefe stürzte. **Stevns Klint** heißt dieser Küstenabschnitt, der geologisch betrachtet mit Møns Klint verwandt ist und schon einen Vorgeschmack auf die Insel Møn gibt. Im Jahr 2014 wurde Stevns Klint in die Liste des UNESCO-Weltnaturerbes aufgenommen.

Doch zuvor geht es über die Straße 154 nach **Faxe** bzw. nach Faxe Ladeplads, dem **Hafen- und Badeort** von Faxee. Östlich des Ortes wird seit Jahren in Dänemarks größtem **Tagebau** Kalk abgebaut, doch bekannter wurde die Gemeinde durch die Herstellung eines gleichnamigen Getränks: das Faxe-Bier.

Touristeninformation

› **Touristinfo Faxe Ladeplads,** 4654 Faxe Ladeplads, Elmuevej 32, Tel. +45 56717444, www.visitsydsjaelland-moen.dk, Mo–Fr 10–16 Uhr, in der Hauptsaison Sa 10–16 Uhr

▷ *Auf dem Weg in die Altstadt von Næstved*

NÆSTVED UND VORDINGBORG

(53 km – km 231)

Faxe verlässt man über die Straße 154 nach Westen, durchquert Rønnede, passiert die Autobahn und erreicht schließlich auf der Straße 54 die Ortschaft **Næstved.** Beim Wechsel auf die Straße 54 sollte man einen Stopp am Kletterpark **Camp Adventure** einlegen. Wie ein nach oben geöffneter Trichter erhebt sich dort der **Skovtårnet.** Dieser Aussichtsturm besteht aus einer 650 Meter langen Rampe, die spiralförmig nach oben führt und den Besucher auf eine Aussichtsplattform in 45 Metern Höhe bringt. Damit hat man über den Bäumen einen fantastischen Rundumblick über die Landschaft. Aber auch der Blick in die Tiefe, genauer gesagt, in die „Trichteröffnung" hinein ist spektakulär. Nicht umsonst wurde der Turm bereits vor seiner Eröffnung 2019 mit internationalen Design- und Architekturpreisen ausgezeichnet. Wer Lust und keine Höhenangst hat, kann im angrenzenden Hochseilgarten gleich weiterklettern. Die Besteigung kostet 150 DKK (auf www.campadventure.dk 125 DKK).

Die Ortschaft am **Karrebæk-Fjord** besticht durch ein schönes Gildehaus und hat an jedem Ende der Stadt ein Schloss. Im Norden ist es das **Schloss Herlufsholm,** ein ehemaliges Kloster und Internat. Im Südwesten erreicht man auf der **Halbinsel Gavnø** das gleichnamige Schloss mit seinem ansprechenden Park. Im Inneren beherbergt es eine große private Gemäldegalerie.

Auf dem weiteren Weg nach Süden über die Straße 22 lohnt noch ein kleiner Abstecher auf die Halbinsel **Knudshoved Odde.** Am Ende der Sackgasse wartet ein in Privatbesitz befindliches Waldareal, das aber besucht werden darf. Allerdings hat der Besitzer am Parkplatz eine kleine Kasse aufgestellt, deren Erlös zur Pflege und zum Erhalt der Flora und Fauna der Halbinsel dient.

Das als nächstes erreichte **Vordingborg** ist schnell durchquert und wenig sehenswert. Einen Stopp sollte man aber im Osten des Ortes einlegen. Dort befand sich einstmals eine große Wehranlage, von der heute jedoch nur Fragmente und der **Gåsetårnet** übrig geblieben sind. Dieser 34 m hohe Turm steht durch das Fehlen der Festung heute inmitten einer Grünanlage. Seinen Namen erhielt der ehemalige Gefängnisturm durch die vergoldete Gans, die oben auf dem Dach angebracht ist.

110wd Abb.: mm

⊡ *Skulpturengruppe in Vordingborg. Die Männchen sind nur faustgroß.*

Touristeninformation

› **Næstved Touristenbüro,** 4700 Næstved, Havnen 1, Tel. +45 55721122, www.visitnaestved.com, Jan. bis Mitte Juni und Sept. bis Dezember Mo–Fr 9–16 Uhr, Sa 9–12 Uhr, Juni und August Mo–Fr 9–17 Uhr, Sa 9–14 Uhr, Juli Mo–Fr 9–18 Uhr, Sa 9–14 Uhr

INSEL MØN

(85 km – km 316)

Nach erneuter Überquerung der Autobahn bleibt man auf der Straße 59, die als **Møn-Brücke** den **Ulvsund** überspannt und auf die Insel Møn führt.

Am Ende der Straße hat man die Hauptstadt von Møn, **Stege,** erreicht. Doch diese ist wenig sehenswert und es kann sogleich auf der Straße 287 in Richtung Osten weitergehen.

Dabei passiert man die schöne **Kirche Elmelunde** auf der rechten Seite. Ein kleiner Blick in das Innere lohnt sich, denn diese älteste Kirche der Insel ist mit zahlreichen schönen Fresken geschmückt, was für Dänemark eher untypisch ist.

Die Straße mündet am Campingplatz in einen Wald, der aber befahren werden kann und an dessen Ende sich ein kostenpflichtiger Parkplatz befindet. Wer sich die Parkgebühren sparen möchte, der sollte den ersten Parkplatz – rund einen Kilometer zuvor – benutzen und einen kleinen Waldspaziergang machen. Herauskommen wird man in beiden Fällen an **Møns Klint,** der spektakulären Steilküste, die mit ihren Kreideklippen bis zu 128 m über der Ostsee aufragt. Møns Klint gilt als eine der schönsten Natursehenswürdigkeiten des gesamten Landes und sollte nicht verpasst werden. Besonders schön ist der Anblick von oben auf das türkis leuchtende Wasser der Ostsee, doch auch von unten ist die gewaltige Steilküste sehenswert und es lohnt sich, die lange Holztreppe nach unten zu gehen. Allerdings ist diese nicht immer geöffnet, besonders im Winter und auch noch kurz danach, im Frühjahr, muss mit Steinschlag gerechnet werden. Dennoch sieht man immer wieder Unverantwortliche, die den Verbotsschildern trotzen, über die Brüstung klettern und sich auf den einsamen Weg nach unten machen. Sollte ihnen etwas passieren, wird man sie so schnell nicht finden.

Entsorgungsstation

› Auf der kleinen Insel Farø befindet sich unterhalb der Autobahnausfahrt 42 ein sehr schöner Parkplatz mit einer Entsorgungsmöglichkeit für das Chemie-WC. Das Parken ist hier nur max. zwei Stunden erlaubt, was aber viele nicht davon abhält, den Blick auf die imposante Brücke länger zu genießen. GPS: 54.948843, 11.986887

Møns Klint

› GPS: 54.96666, 12.54666

Stellplätze

S49 **Stellplatz Lystbådehavn (54.995441, 12.167008).** Kalvehave Havnevej 26, 4771 Kalvehave, Tel. +45 55388460; Abwasser, Frischwasser, Toiletten; Hafenplatz mit Blick auf die Brücke über den Ulvsund.

S50 **Stellplatz Klintholm Havn – Marina (54.95384, 12.46828).** V/Molen vest, Thyravej, 4791 Borre, Tel. +45 55819044; Strom, Frischwasser, Abwasser; asphaltierter Platz am ruhigen Hafen, direkt am Wasser. Supermarkt in der Nähe.

S51 **Stellplatz Café-Restaurant Stalden (54.930021, 12.028043).** V/Kirsten Wilkki, Hougårdsbanke 5, 4793 Bogø By, Tel. +45 55894705. Einsam gelegenes Bed and Breakfast auf der kleinen Insel Bogø, westlich des Hauptortes. Ver- und Entsorgung möglich, Stromanschluss.

Campingplatz

191 Camping Møns Klint

NYKØBING F

(39 km – km 355)

Westlich von Stege zweigt die Straße 287 ab, auf der man die kleine **Insel Bogø** erreicht. Von dieser kann man in den Sommermonaten mit einer Fähre nach **Stubbekøbing** auf der **Insel Falster** übersetzen. Anderenfalls nutzt man die Autobahnbrücke bei Farø. Folgt man der E55, so geht es automatisch nach Nykøbing, das mit einem F seinen Standort auf der Insel Falster markiert. Nykøbing F ist selbst nicht besonders sehenswert, doch am Nordrand der Stadt liegt das Middelaldercentret, also das **Mittelalterzentrum.** Bei diesem handelt es sich um ein Freilichtmuseum, welches Techniken und das Handwerk aus der Zeit vor einigen Hundert Jahren dokumentiert und erlebbar macht. Zu sehen gibt es z. B. einen Turnierplatz, eine Werft, eine Schmiede und weitere Handwerksbetriebe des Mittelalters.

111wd Abb.: mm

Kirche in Elmelunde auf der Insel Møn

Touristeninformation

› **Nykøbing F Touristenbüro,** 4800 Nykøbing F, Østergågade 7, Tel. +45 54851303, www.visitlolland-falster.dk

S52 Stellplatz Toreby Sejlklub (54.76059, 11.86019). Dæmningen 2, Sundby Lolland, 4800 Nykøbing Falster, Tel. +45 54857801, http://toreby-sejlklub.dk, 100 DKK, bezahlt wird per Umschlag an der Säule am Klubhaus des Jachthafens. Toiletten und Duschen vorhanden, keine Ver- und Entsorgung. Enge Zufahrt.

Campingplatz

192 Falster Familiecamping

INSEL LOLLAND

(95 km – km 450)

Mit dem Verlassen von Nykøbing erreicht man zugleich die letzte Insel auf der Dänemark-Rundreise. Lolland gilt als die wirtschaftlich schwierigste Region des Landes. Überwiegend wird hier Landwirtschaft betrieben, von Tourismus ist nur wenig zu spüren.

So scheint es nicht verwunderlich, dass die erste Ortschaft, **Sakskøbing,** schnell bereist ist. Der Ort nennt sich selbst „Stadt des Lächelns“, doch das einzig Bemerkenswerte ist der Wasserturm, dem man ein Lächeln aufgemalt hat.

Touristeninformation

› **Sakskøbing Touristenbüro,** 4990 Sakskøbing, Torvet, Tel. +45 54705630, www.visitsakskobing.dk, Juni bis August Mo–Fr 10–15 Uhr.

Stellplatz

S53 Stellplatz Tårs Fiskeri- og Lystbådehavn (54.878236, 11.023575). Tårsvej 15, 4912 Harpelunde. Sehr abseits gelegen mit viel Ruhe. Westlich von Sandby, nicht zu verwechseln mit dem Fährhafen. Zur Entsorgung mit dem Hafenmeister Kontakt aufnehmen.

Parkplatz

› Am Fährhafen von Sandby/Spodsbjerg. GPS: 54.875817, 11.031763

Rinder auf derInsel Bogø

Die U-359 in Nakskov ist nicht mehr einsatzfähig und kann besichtigt werden

Über die Straße 153 oder auch über die Autobahn E47 erreicht man das nahe gelegene **Maribo.** Zu besichtigen gibt es in der zentral gelegenen Stadt die **Domkirche** mit ihren zwei Chorräumen. Das ehemalige Klostergebäude war unterteilt in einen Bereich für die Mönche und einen für die Nonnen. Diese Trennung wurde daher auch in der Kirche fortgeführt.

Touristeninformation

› **Maribo Touristenbüro,** 4930 Maribo, Torvet 1, Tel. +45 54780496, www.visitlolland-falster.dk, Mo–Fr 10–16 Uhr, Sa 10–12 Uhr.

Am westlichen Rand von Lolland wartet schließlich als letzte Stadt **Nakskov,** doch auch hier herrscht kaum touristisches Treiben. Einzig sehenswert ist das **U-Boot** der Sowjets, das „überseeisch“ am Hafen zu besichtigen ist. Im Hafenbecken schwimmen könnte es wohl sowieso kaum noch, da an einigen Stellen der Zahn der Zeit in Form von Rost nagt.

Über die Straße 291 geht es schließlich Richtung **Rødbyhavn,** wo die Fähre nach Puttgarden ablegt.

Touristeninformation

› **Nakskov Touristenbüro,** 4900 Nakskov, Axeltorv 3, Tel. +45 54922172, Mo–Do 10–17 Uhr, Fr 10–18 Uhr, Sa 9–12.30 Uhr

Sehenswertes

› **U-Boot U-359,** 4900 Nakskov, Skibsværftsvej 8, Tel. +45 54952016. Altes sowjetisches U-Boot, das größer ist, als es scheint. Täglich 10–16 Uhr, Eintritt: 45 DKK, GPS: 54.83166, 11.13000

Campingplatz

193 Western Camping

Hans Christian Andersen: „Die Prinzessin auf der Erbse“

Ein Prinz ist auf der Suche nach einer Prinzessin, findet auf seinen Reisen aber keine, die seinen Erwartungen entspricht. Eines Tages klopft es an der Tür und eine junge Frau behauptet, eine Prinzessin zu sein, und bittet um ein Nachtlager. Sie soll daraufhin, um ihre Feinfühligkeit zu testen, auf einem Berg von 20 Matratzen schlafen, die auf einer einzelnen Erbse liegen.

114wd Abb.: mm

CAMPINGPLÄTZE ENTLANG DER ROUTE

184 Tangloppen FDM

55.60750, 12.38000

Geräumiger Platz mit Blick auf das Kunstmuseum. **Lage/Anfahrt:** direkt an der Køge-Bucht. Über die Straße 151 Richtung Ishøj Strand; **Platzanzahl:** 120; **Untergrund:** Wiese; fest; **Ver-/Entsorgung:** Strom, Trinkwasser, Abwasser, Chemie-WC; **Sicherheit:** bewacht; **Preise:** 60–80 DKK/Fahrz., 90 DKK pro Person, 54 DKK/Strom; **Geöffnet:** 1. April bis 21. Oktober; **Kontakt:** 2635 Ishøj, Tangloppen 2, Tel. +45 43540767, www.tangloppen.dk

185 Galløken Camping

55.08916, 14.70472

Sehr kinderfreundlicher Platz. **Lage/Anfahrt:** ca. einen Kilometer von Rønnes Zentrum entfernt, direkt am Meer; **Platzanzahl:** 90; **Untergrund:** Wiese; fest; **Ver-/Entsorgung:** Strom, Trinkwasser, Abwasser, Chemie-WC; **Sicherheit:** bewacht; **Preise:** 40 DKK pro Fahrzeug, 89 DKK pro Person, 30 DKK/Strom; **Geöffnet:** 4. Mai bis 31. August; **Kontakt:** 3700 Rønne, Strandvejen 4, Tel. +45 56952320, www.gallokken.dk

186 Møllers Dueodde Camping

54.9958, 15.07889

Quickstop. Großer Platz mit südländischem Flair und Freibad. **Lage/Anfahrt:** direkt am Strand von Dueodde, von der Straße 38 vor Nexø rechts abbiegen; **Platzanzahl:** 250; **Untergrund:** Wiese, Sand; fest; **Ver-/Entsorgung:** Strom, Trinkwasser, Abwasser, Chemie-WC; **Sicherheit:** bewacht; **Preise:** 50 DKK/Fahrz., 79 DKK pro Person, 32 DKK/Strom; **Geöffnet:** 15. Mai bis 20. September; **Kontakt:** 3730 Nexø, Duegårdsvej 2, Tel. +45 56488149, www.dueodde-camp.dk

187 Bornholms Familiecamping

55.00349, 15.09686

Mit Garantie hat man nach diesem Campingplatz Sand im Auto. **Lage/Anfahrt:** sehr schöne Lage, direkt am feinen Sandstrand von Dueodde neben Møllers Dueodde Camping; **Platzanzahl:** 170; **Untergrund:** Wiese, Sand; fest; **Ver-/Entsorgung:** Strom, Trinkwasser, Abwasser, Chemie-WC; **Sicherheit:** bewacht; **Preise:** 62 DKK/Fahrz., 77 DKK pro Person, 37 DKK/Strom; **Geöffnet:** 19. Mai bis 9. September; **Kontakt:** 3730 Nexø, Krogegårdsvejen 2, Tel. +45 56488150, www.bornholms-familiecamping.dk

188 Hullehavn Camping

55.12888, 15.15111

Einer der ruhigeren Plätze auf der Insel. **Lage/Anfahrt:** von der Straße 158 rechts abbiegen, zum Teil auf den Küstenfelsen gelegen; **Platzanzahl:** 100 (davon 55 mit Strom); **Untergrund:** Wiese; fest; **Ver-/Entsorgung:**

Strom, Trinkwasser, Abwasser, Chemie-WC; **Sicherheit:** bewacht; **Preise:** 40 DKK Stellfläche, 89 DKK pro Person, 30 DKK/Strom; **Geöffnet:** 15. Mai bis 31. August; **Kontakt:** 3740 Svaneke, Sydskovvej 9, Tel. +45 56496363, www.hullehavn.dk

189 Sandkaas Familiecamping

55.26361, 14.81194

Quickstop. Kleiner, aber familienfreundlicher Platz mit Zugang zur Felsenküste. **Lage/Anfahrt:** kurz vor Allinge auf der rechten Seite; **Platzanzahl:** 800; **Untergrund:** Wiese; fest; **Ver-/Entsorgung:** Strom, Trinkwasser, Abwasser, Chemie-WC; **Sicherheit:** bewacht; **Preise:** 50 DKK/Fahrz., 95 DKK pro Person, 30 DKK/Strom; **Geöffnet:** 1. April bis 21. Oktober; **Kontakt:** 3770 Allinge, Poppelvej 2, Tel. +45 56480441, www.sandkaas-camping.dk

190 Hasle Familiecamping

55.17888, 14.70694

Für Kinder sehr gut geeigneter Platz. **Lage/Anfahrt:** südlich von Hasle, auf der Straße 159 der Beschilderung folgen; **Platzanzahl:** 200; **Untergrund:** Wiese; fest; **Ver-/Entsorgung:** Strom, Trinkwasser, Abwasser, Chemie-WC; **Sicherheit:** bewacht; **Preise:** Platzgebühr 40 DKK, 80 DKK pro Person, Strom 40 DKK; **Geöffnet:** 1. Mai bis 16. September; **Kontakt:** 3790 Hasle, Fælledvej 30, Tel. +45 56964202, www.haslecamp.dk

215wd Abb.: as ©Mariusz witulski - stock.adobe.com

191 Camping Møns Klint

54.97972, 12.52388

Der Platz ist ein idealer Ausgangspunkt für einen Ausflug zu den Kreidefelsen. **Lage/Anfahrt:** auf der 287 der Beschilderung zu Møns Klint folgen, der Platz liegt vor der Einfahrt in den Wald; **Platzanzahl:** 400; **Untergrund:** Wiese; fest; **Ver-/Entsorgung:** Strom, Trinkwasser, Abwasser, Chemie-WC; **Sicherheit:** bewacht; **Preise:** 90 DKK/Fahrz., 116 DKK pro Person, 44 DKK/Strom; **Geöffnet:** 1. April bis 31. Oktober; **Kontakt:** 4791 Borre, Klintevej 544, Tel. +45 55812025, www.campingmoensklint.dk

192 Falster Familiecamping

54.81250, 12.07666

Gemütlicher Platz mit kleinem Pool. **Anfahrt:** südlich von Stubbekøbing, zu erreichen über die Straße 271, in Falkerslev links ab; **Platzanzahl:** 120; **Untergrund:** Wiese; fest; **Ver-/Entsorgung:** Strom, Trinkwasser, Abwasser, Chemie-WC; **Sicherheit:** bewacht; **Preise:** 30 DKK/Stellfläche, 80 DKK/Pers., 35 DKK/Strom, Stellplatz vor der Schranke 130 DKK; **Geöffnet:** ganzjährig; **Kontakt:** 4871 Horbelev, Tværmosevej 2, Tel. +45 54445219, www.199.dk

193 Western Camping

54.70944, 11.25694

Ungewöhnlichster Platz des Landes, komplett im Western-Stil. Sollte man gesehen haben. **Lage/Anfahrt:** die Straße 291 in Richtung Kramnitse bzw. Windmühlenpark verlassen und der Beschilderung folgen; **Platzanzahl:** 250; **Untergrund:** Wiese; fest; **Ver-/Entsorgung:** Strom, Trinkwasser, Abwasser, Chemie-WC; **Sicherheit:** bewacht; **Preise:** 66 DKK pro Fahrzeug, 88 DKK pro Person; **Geöffnet:** 1. April bis 23. September; **Kontakt:** 4970 Rødby, Noret 2, Tel. +45 54946100, www.westerncamp.dk

Unterwegs am Hafen von Nysted auf Lolland

015wd Abb.: mm

014wd Abb.: mm

ANHANG

ÜBERSICHT CAMPINGPLÄTZE

GPS-Koordinaten der Stell- und Campingplätze im Buch (Kartendatum WGS84)
Die aufgeführten Campingplätze können als Waypoint-Liste auf der Produktseite dieses Buches unter www.reise-know-how.de heruntergeladen werden.

ANREISE

Nr.	Platz	Koordinaten (Breite, Länge)	Seite
200	Ostseecamp Glücksburg-Holnis	54.85868, 9.59029	13

ROUTE 1

Nr.	Platz	Koordinaten (Breite, Länge)	Seite
1	Krusaa Camping og Hytter	54.85361, 9.40222	60
2	Frigård Camping	54.84236, 9.45824	60
3	Lærkelunden Camping	54.90111, 9.57083	60
4	Gammelmark Strand Camping	54.88619, 9.72822	60
5	Sønderborg Camping	54.90083, 9.79777	61
6	Madeskov Camping	54.93528, 9.84578	61
7	Augustenborg Yachthavens Camping	54.94138, 9.87055	61
8	Hertugbyns Camping	54.94694, 9.85416	62
9	Augustenhof Strand Camping	55.0775, 9.71444	62
10	Købingsmark Strand Camping	55.07861, 9.72861	62
11	Lavensby Strand Camping	55.07083, 9.79583	62
12	Naldmose Camping	54.99416, 9.97638	63
13	Lillebælt Camping	54.98527, 9.98861	63
14	Mommark Marina Camping	54.9325, 10.04333	63
15	Lysabildskov Camping	54.88972, 10.055	63
16	Skovmose Camping	54.87138, 10.01388	64
17	Drejby Strandcamping	54.86055, 9.99916	64
18	Sønderkobbel Camping	54.85388, 9.95861	64
19	Møllers Camping	54.86333, 9.91388	64
20	Sønderby Strand Camping	54.86555, 9.89166	65
21	Fjordlyst Camping	55.02472, 9.41444	65
22	Skarrev Camping	55.04666, 9.49916	65
23	Loddenhøj Camping	55.10444, 9.525	65
24	Sandskær Camping	55.11666, 9.49666	65
25	Genner Hoel Camping	55.11027, 9.43916	65
26	Sønderballe Camping	55.13194, 9.47611	65
27	Gåsevig Strand Camping	55.1425, 9.50138	66
28	Vikær-Diernæs Strand Camping	55.14972, 9.49583	66
29	Kolding City Camp	55.46305, 9.47333	66
30	Foldingbro Camping	55.44111, 9.00	66
31	Ribehøj Camping	55.43527, 8.91277	67
32	Darum Camping	55.43416, 8.64083	67
33	Esbjerg Camping	55.5125, 8.38833	67
34	Sjelborg Camping	55.5432, 8.33895	67

35	Rødgård Camping Fanø	55.42666, 8.39083	67
36	Feldberg Familie Camping	55.42888, 8.39166	67
37	Feldberg Strand Camping	55.42298, 8.38421	67
38	Ribe Camping	55.34194, 8.76666	67
39	Mandø Brugs Camping	55.27388, 8.53888	68
40	Skærbæk Familie Camping	55.16777, 8.78416	68
41	Lakolk Camping	55.14583, 8.49337	68
42	Kommandørgårdens Camping	55.09973, 8.54258	68
43	Tønder Camping	54.93444, 8.87944	69
44	Campingplatz Højer	54.98569, 8.66369	69

ROUTE 2

Nr.	Platz	Koordinaten (Breite, Länge)	Seite
45	Hvidbjerg Strand Camping	55.54673, 8.13756	85
46	Vejers Familie Camping	55.61944, 8.13583	85
47	Vejers Strand Camping	55.61944, 8.11888	85
48	Stjerne Camping I/S	55.61916, 8.14277	85
49	Børsmose Strand Camping	55.67138, 8.14555	85
50	Henne Strand Camping	55.73777, 8.18416	85
51	Henneby Camping	55.73361, 8.22222	85
52	Lyngboparken Naturistcamping	55.73583, 8.20777	86
53	Houstrup Camping	55.77444, 8.23805	86
54	Nymindegab Familie Camping	55.8124, 8.20011	86
55	Tipperne Camping	55.82666, 8.21527	86
56	Nordsø Camping og Badeland	55.94984, 8.14916	87
57	Holmsland Klit Camping	55.9621, 8.142	87
58	Hvidesande Camping	55.98728, 8.13439	87
59	Nørre Lyngvig Camping	56.04194, 8.1175	87
60	Søndervig Camping	56.11184, 8.11755	88
61	Ringkøbing Camping	56.08833, 8.31666	88
62	Grindsted Aktiv Camping	55.74972, 8.91722	88
63	Legoland Holiday Village	55.73111, 9.13305	88
64	Give Camping	55.85055, 9.22972	89
65	Gudenåens Camping Silkeborg	56.15665, 9.56293	89
66	Silkeborg Sø-Camping	56.16972, 9.57638	89
67	Jyllandsringen Camping	56.17805, 9.65555	89
68	Sejs Bakker Camping	56.14027, 9.62027	89
69	Skyttehusets Camping	56.12416, 9.63916	89
70	Askehøj Camping	56.13611, 9.69027	89
71	Terrassen Camping	56.12472, 9.71	89
72	Hesselhus Camping DCU	56.14833, 9.39694	90
73	Mejdal Camping DCU	56.34972, 8.64444	90
74	Fjand Camping og Feriecenter	56.31861, 8.14833	90
75	Thorsminde Camping	56.37625, 8.12257	90
76	Lemvig Strand Camping	56.56722, 8.29305	90
77	Bremdal Camping	56.50277, 8.58222	90
78	Viborg Sø Camping DCU	56.43777, 9.42166	90

79	Skive Fjord Camping FDM	56.59777, 9.03805	91
80	Salling Camping	56.76305, 9.10027	91
81	Fur Camping	56.83333, 8.9775	91
82	Nøreng Strandcamping	56.79666, 8.95333	91
83	Glyngøre Camping	56.74337, 8.86805	91

ROUTE 3

Nr.	Platz	Koordinaten (Breite, Länge)	Seite
84	Sallingsund Camping	56.75128, 8.83616	107
85	Jesperhus Camping	56.76416, 8.81555	107
86	Morsø Camping	56.7975, 8.87638	107
87	Vildsund Camping	56.88, 8.62444	107
88	Krohavens Camping	56.91805, 8.36555	107
89	Strandgårdens Camping	56.95416, 8.36611	107
90	Nystrup Camping Klitmøller	57.03305, 8.47916	107
91	Hanstholm Camping	57.10888, 8.66722	108
92	Svinkløv Camping	57.14833, 9.32027	108
93	Tranum Klit Camping	57.17083, 9.46222	108
94	Rødhus Klit Camping	57.20113, 9.51606	108
95	Blokhus Klit Camping	57.22027, 9.58472	108
96	Blokhus By Camping	57.24972, 9.59777	108
97	Fårup Camping	57.25972, 9.64861	108
98	Saltum Strand Camping	57.28527, 9.65222	108
99	Jambo Vesterhav Camping	57.27805, 9.66138	109
100	Guldager Camping	57.29333, 9.65361	109
101	Grønhøj Strand Camping	57.32084, 9.67633	109
102	Camping Rolighed	57.31805, 9.695	109
103	Løkken Klit Camping	57.34444, 9.70111	109
104	Løkken Campingcenter	57.36416, 9.70888	109
105	Løkken Strand Camping	57.38555, 9.72555	109
106	Løkken Familiecamping	57.37846, 9.74011	110
107	Gl. Klitgård Camping og Hytteby	57.42027, 9.76111	110
108	Egelunds Camping Hytter og Motel	57.46611, 9.79722	110
109	Møllebakkens Camping	57.47361, 9.80083	110
110	Tornby Strand Camping	57.55527, 9.93222	111
111	Hirtshals Camping	57.58666, 9.9475	111
112	Kjul Camping	57.5825, 10.03055	111
113	Aabo Camping Vandland	57.58472, 10.18444	111
114	Tannisby Camping	57.59027, 10.18833	112
115	Skiveren Camping	57.61611, 10.27972	112
116	Råbjerg Mile Camping	57.6525, 10.45333	112
117	Bunken Camping	57.64426, 10.46219	112
118	Skagen Camping	57.71972, 10.53972	113
119	Poul Eeg Camping	57.735, 10.60388	113
120	Frederikshavn Nordstrand Camping	57.46434, 10.52756	113
121	Svalereden Camping og Hytteby	57.36, 10.50861	113
122	Hedebo Strand Camping	57.35457, 10.51143	113

ROUTE 4

Nr.	Platz	Koordinaten (Breite, Länge)	Seite
123	Aalborg Familie Camping Strandparken	57.055, 9.88555	134
124	Aalborg Camping	57.05388, 9.87194	134
125	Randers City Camp	56.45027, 9.95277	134
126	Auning Camping	56.43527, 10.38416	134
127	Dalgård Camping	56.50972, 10.54416	135
128	Hegedal Strand Camping FDM	56.51222, 10.54833	135
129	Hestehaven Camping	56.51194, 10.59138	135
130	Fjellerups Strand Camping	56.51638, 10.58972	135
131	Grenaa Strand Camping	56.38972, 10.91166	135
132	Rugaard Camping	56.27222, 10.82222	135
133	Dråby Strand Camping	56.22216, 10.73713	135
134	Ebeltoft Strand Camping	56.20972, 10.67833	136
135	Mols Camping DCU	56.21361, 10.68777	136
136	Sølystgaard Camping	56.17527, 10.53444	136
137	Krakær Camping	56.2525, 10.6	136
138	Blommehavn Camping DCU	56.11, 10.23194	137
139	Skanderborg Sø Camping	56.02083, 9.89055	137
140	Vejle City Camping	55.715, 9.5625	137
141	Mørkholt Camping	55.65666, 9.72555	137
142	Trelde Næs Supercamp	55.62472, 9.83277	137

ROUTE 5

Nr.	Platz	Koordinaten (Breite, Länge)	Seite
143	Hindsgavl Camping	55.5125, 9.69894	159
144	Gals Klint Camping	55.51666, 9.68166	159
145	Lillebælt Naturistcamping	55.46, 9.78	159
146	Ronæs Strand Camping	55.43972, 9.82416	159
147	Sandager Næs Camping	55.33416, 9.89	159
148	CampOne	55.26527, 9.88527	160
149	Aa Strand Camping	55.21694, 9.97416	160
150	Helnæs Camping	55.1325, 10.03611	160
151	Falsled Strand Camping	55.14711, 10.15293	160
152	Sinebjerg Camping	55.08055, 10.18388	160
153	NAB Camping	55.06416, 10.31361	160
154	Syltemae Camping	55.04194, 10.45888	160
155	Skårupøre Camping	55.05995, 10.70875	160
156	Svendborg Sund Camping	55.05416, 10.63166	161
157	Carlsberg Camping	55.03218, 10.61818	161
158	Tåsinge Camping	54.97805, 10.63277	161
159	Rudkøbing Camping	54.93333, 10.71722	162
160	Langelands Camping og Motel	54.92388, 10.80444	162
161	Billevænge Camping	54.92305, 10.81666	162
162	Færgegårdens Camping	54.93222, 10.82833	162
163	Feriepark Langeland	55.03333, 10.84833	162
164	Lohals Camping	55.13388, 10.90555	163

165	Midtfyns Camping	55.24, 10.47388	163
166	Odense Camping DCU	55.36944, 10.39305	163
167	Kerteminde Camping	55.46361, 10.67027	163
168	Grønnehave Strand Camping	55.35871, 10.7865	164
169	Nyborg Strandcamping	55.30416, 10.825	164
170	Storebælt Camping og Feriecenter	55.34777, 11.10666	164
171	Skarresø Camping Jyderup	55.65222, 11.39583	164
172	Holbæk Camping FDM	55.71777, 11.76027	165
173	Tempelkrogens Familiecamping	55.66083, 11.7625	165
174	DK Borrevejle Camping	55.65277, 11.92083	165
175	Roskilde Camping	55.67384, 12.08223	165

ROUTE 6

Nr.	Platz	Koordinaten (Breite, Länge)	Seite
176	Bokildegårds Camping	55.99857, 11.96813	187
177	Byaasgaard Camping	55.96368, 11.95641	187
178	Hillerød Camping	55.92361, 12.29527	187
179	Højsager Camping	55.96777, 12.45527	187
180	Nyrup Camping	56.00083, 12.51555	187
181	Helsingør Camping Grønnehave	56.04327, 12.60498	187
182	Nærum Camping DCU	55.8075, 12.53027	187
183	Hundige Strand Familiecamping	55.59388, 12.34166	187

ROUTE 7

Nr.	Platz	Koordinaten (Breite, Länge)	Seite
184	Tangloppen FDM	55.6075, 12.38	200
185	Galløken Camping	55.08916, 14.70472	200
186	Møllers Dueodde Camping	54.9958, 15.07889	200
187	Bornholms Familiecamping	55.00349, 15.09686	200
188	Hullehavn Camping	55.12888, 15.15111	200
189	Sandkaas Familiecamping	55.26361, 14.81194	201
190	Hasle Familiecamping	55.17888, 14.70694	201
191	Camping Møns Klint	54.97972, 12.52388	201
192	Falster Familiecamping	54.8125, 12.07666	201
193	Western Camping	54.70944, 11.25694	201

ÜBERSICHT STELLPLÄTZE

GPS-Koordinaten der im Buch beschriebenen Stellplätze (Kartendatum WGS84)

Die hier gelisteten Stellplätze sind im Buch mit einem rotbraunen Symbol und fortlaufender Nummer ausgezeichnet (z. B. S1).

ROUTE 1

Nr.	Name	Koordinaten (Breite, Länge)	Seite
S1	Stellplatz Kruså	54.872130, 9.454148	42
S2	Stellplatz Kystvej	55.034239, 9.423565	46
S3	Camper Stop Aabenraa	55.024626, 9.414688	46
S4	Wohnmobilstellplatz im Jachthafen von Haderslev	55.248026, 9.500216	47
S5	Stellplatz Kolding Lystbådehavn	55.488082, 9.501166	49
S6	Stellplatz Fanø Fiskesø v/ Arne Pedersen	55.434459, 8.392261	53
S7	Wohnmobilstellplatz Storkesøen Ribe	55.317008, 8.760268	56
S8	Stellplatz Oasen	55.094202, 8.541481	57

ROUTE 2

Nr.	Name	Koordinaten (Breite, Länge)	Seite
S10	Stellplatz Hvide Sande	55.997877, 8.121964	74
S11	Stellplatz Ringkøbing Havn	56.086237, 8.240593	75
S12	Stellplatz Ringkøbing-Vesterled	56.093704, 8.237127	75
S13	Stellplatz Billund	55.705315, 9.124894	78
S14	Stellplatz Thorsminde	56.365803, 8.121990	82
S15	Stellplatz Lemvig	56.55423, 8.308855	83
S16	Stellplatz Holstebro-Struer Lystbådehavn	56.494311, 8.58987	84

ROUTE 3

Nr.	Name	Koordinaten (Breite, Länge)	Seite
S17	Stellplatz Morsø Sejlklub og Marina	56.792917, 8.862703	94
S18	Haverslev Havn	57.02854, 9.400935	96
S19	Stellplatz Hirtshals	57.590240, 9.964182	101
S20	Stellplatz Skagen	57.738987, 10.633117	103
S21	Stellplatz zwischen Skagen und Frederikshavn	57.592296, 10.427306	103
S22	Stellplatz Frederikshavn Marina	57.424477, 10.527475	105
S23	Stellplatz Sæby	57.331953, 10.534129	105
S24	Stellplatz Fiskerleje	57.203759, 10.493828	105

ROUTE 4

Nr.	Name	Koordinaten (Breite, Länge)	Seite
S25	Stellplatz an der Marina	56.611416, 10.306245	121
S26	Stellplatz Bønnerup Lystbådehavn	56.531348, 10.710803	121
S27	Stellplatz Kristiansmindevej	56.437065, 10.82743	123
S28	Wohnmobilstellplatz Ebeltoft	56.190601, 10.669900	124
S29	Stellplatz Aarhus Centrum	56.148624, 10.210512	129
S30	Stellplatz am Jachthafen Marselisborg	56.139556, 10.219537	129
S31	Stellplatz Egå Marina	56.210234, 10.287553	129
S32	Stellplatz Horsens Lystbådehavn	55.857515, 9.873039	131
S33	Stellplatz Vejle	55.706972, 9.552263	132
S34	Stellplatz Vejle Bil Elektro/ Autocampercenter	55.722696, 9.565003	132
S35	Stellplatz Fredericia Lystbådehavn	55.554746, 9.730559	133

ROUTE 5

Nr.	Name	Koordinaten (Breite, Länge)	Seite
S36	Stellplatz Middelfart	55.505267, 9.737421	141
S37	Stellplatz Lystbådehavn	55.492562, 9.730945	141
S38	Stellplatz Fjællebroen	55.059122, 10.382958	143
S39	Stellplatz Tarup Campingcenter	55.365509, 10.466304	151
S40	Stellplatz Korsør Lystbådehavn	55.326486, 11.131918	153

ROUTE 6

Nr.	Name	Koordinaten (Breite, Länge)	Seite
S41	Stellplatz Annisse Vingård	55.981201, 12.174742	170
S42	Kopenhagen City Camp	55.654678, 12.555590	185
S43	Stellplatz Svaneknoppen	55.717910, 12.588774	185
S44	Stellplatz Nördlicher Hafen	55.718102, 12.589700	186
S45	Stellplatz Taastrup Park Hotel	55.653839, 12.300524	186
S46	Stellplatz Vallensbæk Lystbådehavn	55.61305, 12.396385	186
S47	Stellplatz Marbæk Lystbådehavn	55.827775, 12.063233	168

ROUTE 7

Nr.	Name	Koordinaten (Breite, Länge)	Seite
S48	Stellplatz Rødvig Fiskerihavn	55.254352, 12.374488	192
S49	Stellplatz Lystbådehavn	54.995441, 12.167008	197
S50	Stellplatz Klintholm Havn - Marina	54.95384, 12.46828	197
S51	Stellplatz Café-Restaurant Stalden	54.930021, 12.028043	197
S52	Stellplatz Toreby Sejlklub	54.76059, 11.86019	198
S53	Stellplatz Tårs Fiskeri- og Lystbådehavn	54.878236, 11.023575	198

WOMO-WÖRTERLISTE DEUTSCH – DÄNISCH

A

Abblendlicht	*nærlys*
abdichten	*tætte*
abschleppen	*slæbe*
Abschleppdienst	*redningstjeneste*
Abschleppseil	*slæbetov*
abstellen	*stille bort*
Abwasser	*kloakvand*
Achse	*akse*
Alarmanlage	*alarmapparat*
Alkoholtest	*spiritusprøve*
Ampel	*ampel, hængelampe*
Anlasser	*starter*
Anschluss	*tilslutning*
Anwohner	*nabo*
Auffahrt	*opstigning*
Auffahrunfall	*påkørsel*
Ausfahrt	*køretur*
Auspuff	*udblæsning*
Auto	*bil, vogn*
Autobahn	*motorvej*
Autowerkstatt	*bilværksted*

B

Batterie	*batteri*
befahrbar	*farbar*
Benzin	*bensin*
beschädigt	*beskadiget*
Bleifrei	*blyfri*
Blinker	*blinklys*
Breite	*bredde, breddegrad*
Bremse, bremsen	*bremse, bremse (op)*
Bremsbelag	*bremsbelægning*
Bremsflüssigkeit	*bremsevædske*
Bremslicht	*stoplys*
Brücke	*bro*

C

Campingwagen	*campingvogn*
Campingplatz	*camping-plads*
Chemietoilette	*kemitoilet*

D

defekt	*i stykker*
dicht	*tæt*
Dichtung	*tætning*
Diebstahl	*tyveri*
Diesel	*diesel*
Differenzial	*differential*

E

Einbahnstraße	*gade med ensrettet kørsel*
Einspritzmotor	*indsprøjtningsmotor*
eng, schmal	*smal, snæver*
entleeren	*tømme*
erlauben	*tillade*
Ersatzrad	*reservehjul*
Ersatzteil	*reservedel*

F

Fahrbahn	*kørebane*
fahren	*køre*
Fahrer	*chauffør*
Fahrerlaubnis	*køretilladelse*
Fahrrad	*cykel*
Fahrspur	*spor*
Fahrtrichtung	*kørselsretning*
Fährschiff	*færge*
Fährverbindung	*færgefornbindelse*
Feder	*fjeder*
Fernlicht	*fjernlys*
Feuerlöscher	*ildslukker*
Frostschutzmittel	*kølervæske*
Führerschein	*kørekort*

G

Gang	*gear*
Gas	*gas*
Gasflasche	*kosangas, gasflaske*
Gaspedal	*speeder*
Gasse	*gyde, smøge, stræde*
gebrochen	*brudt*
Gebühr	*pligt, skyldighed*
gebührenpflichtig	*afgiftspligtig*
geöffnet	*åben*
Gepäckträger	*tagbagagebærer*
geradeaus	*lige ud*
geschlossen	*lukket, sluttet*
Geschwindigkeit	*hastighed, fart*

Geschwindigkeits-beschränkung	*hastighedsbegrænsning*
Getriebe	*gearkasse*
Gewicht	*vægt*
Glühbirne	*pære*

H

Handbremse	*håndbremse*
Hebel	*løftestang*
Heizung	*opvarmning, varmeanlæg*
Hilfe	*hjælp, støtte*
Höhe	*højde*
Hubraum	*cylindervolumen*
Hupe	*bilhorn*

K

Kabel	*kabel*
Kanister	*dunk*
kaputt	*aput, ødelagt, i stykker*
Kardanwelle	*kardanaksel*
Karosserie	*karosseri*
Keil	*kile*
Keilriemen	*ventilatorrem*
Kennzeichen	*kendetegn*
Kfz	*motorkøretøj*
km/h	*km/t*
Kolben	*kolbe*
Kugellager	*kugleleje*
Kühler	*køler*
Kühlschrank	*køleskab*
Kühlwasser	*kølevand*
Kupplung	*kobling*
Kurve	*kurve, sving*
Kurzschluss	*kortsluttning*

L

Länge	*lændge*
langsam	*langsom*
leer	*fri, ledig*
Lenkradschloss	*bilrat*
Lenkung	*ledelse, styrelse*
Licht	*lys*
Lichtmaschine	*generator*
links	*til venstre*
Luftdruck	*lufttryck*
Lüftung	*ventilation, luftning*

M, N

Motor(-haube)	*motor (-hjelm)*
Motorrad	*motorcykel*
M+S Reifen	*vinterdæk*
(Schrauben)Mutter	*møtrik*
Nabe	*(hjul)nav*
Nebel	*tåge, dis*
Nebelscheinwerfer	*tågelygte*
Nebelschlussleuchte	*tågebaglygte*

O

Öl	*olie*
Ölwanne	*olietrug*
Ölwechsel	*olieskift*

P, Q

Panne	*motorskade, uheld*
Pannenhilfe	*vejhjælp*
parken	*parkere*
Parkgebühr	*parkeringsafgift*
Parkscheibe	*p-skive*
Parkuhr	*parkometer*
Parkverbot	*forbud, mod parkering*
Pkw	*personbil*
Polizei	*politi*
Propangas	*flaskegas*
Querstraße	*tværgade*

R

Rad	*hjul*
Radweg	*cykelsti*
Rast	*rast, hvile*
Rasthaus	*landevejskro*
rechts	*til højre*
Reifen	*dæk*
Reifenpanne	*punktering*
Reparatur	*reparation*
Reparaturwerkstatt	*reparationsværkstad*
Rücklicht	*baglygte*
Rückspiegel	*bakspejl*
Rückwärtsgang	*bakgear*

S

Schalter	*afbryder, kontakt*
Scheibe	*skive*
Scheibenwaschanlage	*sprinkleranlæg*
Scheibenwischer	*vinduevisker*

Scheinwerfer	*lyskaster, projektør*
Schlauch	*slange*
Schlüssel	*nøgle*
Schneekette	*snekæder*
Schraubendreher	*skruetrækker*
Schraubenschüssel	*skruenøgle*
Sicherung	*sikring*
Sommerreifen	*sommerdæk*
Starthilfe	*hjælp til start*
Steckdose	*stikkontakt, stikdåse*
Stecker	*stik, stikprop*
Stoßdämpfer	*støddæmper*
Straße	*stræde*
Straßengraben	*landevejsgrøft*
Straßenkreuzung	*gadekryds*
Strom	*strøm*

T, U

Tank	*tank*
Tankstelle	*benzintank, servicestation*
Tempo	*tempo, fart, hastighed*
Trinkwasser	*drikkevand*
übernachten	*overnatte*
undicht	*utæt*
Unfall	*ulykke, ulykkestilfælde*

V

Ventil	*ventil, klap*
Ventilator	*ventilator*
verboten	*forbudt, ikke tilladt*
Vergaser	*karburator*
Verletzte(r)	*såret*
Versorgung	*forsyning, pasning*

W

Wagen	*vogn*
Wagenheber	*donkraft*
Wagenwäsche	*bilvask*
Wasser	*vand*
Werkstatt	*værkstad*
Werkzeug	*værktoj*
Wohnmobil	*campingbil*
Wohnwagen	*campingvogn, caravan*

Z

Zoll	*tomme*
Zulassung	*adgang, tilladelse*
Zündkerze	*tændrør*
Zündschüssel	*tændingsnøgle*
Zylinder	*cylinder*

153wd Abb.: vd©Birgitte Wolfgang

REGISTER

A

Aabenraa 45
Aakirkeby 192
Aalborg 116
Aalborghus 116
Aarhus 125
Absalon-Ruinen 181
ADAC 28
Allinge-Sandvig 193
Almindingen 192
Andersen, Hans Christian 153
Andersens Hus 150
Angeln 36
Anreise 12
Apotheken 25
Aquarium, Øresund 173
Århus 125
Arzt 25
Assens 141
Augustenborg 43, 45
Auslands-Krankenversicherung 25
Autovermieter 12
Avernakø 142

B

Bagenkop 146
Bågø 141
Bangsbo 104
Barrierefreies Reisen 13
Bering, Vitus 131
Beschilderung 31
Bildnachweis 221
Billund 77
Bjørnø 142
Blåvand 72
Bockmühle 193
Bogø, Insel 197
Bohr, Niels 183
Bornholm 13, 190, 193
Börse, Kopenhagen 179
Botanischer Garten Kolding 48
Botanischer Garten Kopenhagen 180
Botschaften 14
Brücken 140, 154
Brundlund, Schloss 46
Bunkeranlage Tirpitz-Stillingen 72
Bunkermuseum, Hanstholm 95
Burg Spøttrup 84

C

Camp Adventur 195
Camping 33
Campingplätze, Übersicht 204
Christiania, Kopenhagen 180
Christiansø, Insel 193

D

Danfoss 44
Dänische Begriffe 30, 212
Dänische Krone 23
Dänisches Nationalmuseum 57
Dänische Veteranen- und Flugzeugsammlung 76
Danmarks Fotomuseum 81
Danmarks Mediemuseum 150
Dansk Design Centre 178
Debitkarte 24
Den Gamle By 125
Design 178
Deutsches Museum Nordschleswig 44
Diplomatische Vertretungen 14
Drejø 144
Dueodde 192
Dunkerbeck, Bjørn 36

E

Ebeltoft 123
EC-Karte 24
Einkaufen 15
Einreisebestimmungen 17
Elia 81
Elmelunde 197
Entsorgung 39
Esbjerg 49
Essen 15

F

Faaborg 142
Fähren 17
Fährlinien 20
Fahrrad 30
Falster, Insel 197
Fanø 52

Fauna 22
Fausing 121
Faxe 194
Fehmarn 13
Feiertage 22
Festung Hammershus 194
Fingerplanen 180
Flensburg 13
Flora 22
Flugzeugsammlung, Skjern 76
Fotomuseum, Danmarks 81
Fredericia 133
Frederik II. 169
Frederiksborg Slot 169
Frederikshavn 103
Frederikskirche 175
Frederikssund 168
Frederiksværk 168
Fregatte Jylland 124
Freilichtmuseum Den gamle By 125
Frøslev-Lager 42
Fünen 140
Fur, Insel 84
Fußball 37
Fyn 140

G

Gammel Estrup 122
Gammel Torv 116
Gåsetårnet 195
Gasversorgung 23
Geld 23
Geologisches Museum 180, 182
Geschwindigkeitsbeschränkungen 38
Gesundheit 25
Giacometti, Alberto 81
Girocard 24
Give 78
Givskud Zoo 78
Glasmuseet Ebeltoft 124
Grenaa 121
Greve Strand 190
Grindsted 77
Grönland 22
Großer Belt 18
Gudhjem 193
Gutshof Kommandørgården 57

H

Haderslev 47
Hænning, Gitte 129
Hamlet 174
Handy 32
Hanse, Peter 142
Hanstholm 95, 96
Haraldstein 132
Hasle 194
Haustiere 25
Heimtierausweis 25
Helm Klink Havn 82
Helnæs By 141
Helnæs-Halbinsel 142
Helsingør 171
Herning 80
Hillerød 169
Himmelbjerget 79, 130
Hirtshals 99
Hjejlen, Raddampfer 79
Hjørring 97
Holbæk 156, 157
Holmsland Klit 73
Holstebro 81
Horsens 130
Hotdog 16
Humble 146
Humlebæk 173
Hvide Sande 73
hyggelig 30

I

Ikast 80
Informationsquellen 26
Inhaltsverzeichnis 5
Inselpass 18
Insel Rømø 56
Internetseiten 27
Internetzugang 32

J

Jachthäfen 35
Jacobsen, Arne 16
Jammerbugt 96
Jelling 131
Jomfru Ane Gade 120
Jomfru Ane Gade, Aalborg 116

Julsø 79
Jyllinge 168

K

Kalundborg 155
Kalvehave 197
Kap Grenen 103
Kartensperrung 24
Kartenzahlung 24
Kattegat 103
Kattegatcenter 122
Kegnæs 44
Kerteminde 151
Kfz-Kennzeichen 17, 39
Kirkeby 57
Kitestrände 37
Klitplantagen 95
Klöppelkunst 59
Knudshoved Odde 195
København 173
Køge 190, 191
Kolding 47
Koldinghus 48
Königshaus 169
Königshaus, Dänisches 169
Korsør 152
Krabbesholm 83
Krankenversicherung 25
Krankenversicherungskarte 25
Kreditkarte 24
Krone, Dänische 23
Kruså 42
Kunstmuseet Køge 190
Kunstmuseum, Esbjerg 51
Kunstmuseum Louisiana 185
Kunstmuseum, Silkeborg 80
Kunstmuseum, Südjütland 59
Kunstmuseum, Vendsyssel 98

L

Lakolk 57
Landwirtschaftsmuseum 122
Langeland 145
Larsen, Johannes 142
Lebensmittel 15
LEGO 17
LEGOLAND Billund 77
Lemvig 83
Lillebæltsbro 140
Lindegaarden 155
Lohals 146
Løkken 97
Lolland, Insel 198
Lord Nelson 141
Louisiana Museum 185
Lyø 142

M

Madsby Park 133
Mandø 54
Margrethe II. 169
Maribo 199
Marselisborg, Schloss 128
Marstal 145
Meerjungfrau 175
Middelfart 140
Middelfartmuseum 140
Mietwagen 12
Militärübungsplätze 37
Ministadt, Fredericia 133
Mittelalterzentrum 197
Molslinjen 21
Møn, Insel 196
Møns Klint 196
Mors, Insel 96
Morsø 94
Museum, Bangsbo 104
Museum, eologisches 180
Museum, Faaborg 143
Museum für Gegenwartskunst, Roskilde 158
Museum, Geologisches 180
Museum, Guinness World of Records 182
Museum, Horsens 131
Museum, Middelfart 140
Museum, Tønder 59

N

Næstved 195
Nakskov 199
Nationalhistorisches Museum, Fredriksborg 170
Nationalmuseum 179
Nexø 192
Nielsen, Kai 142
Nissum Fjord 82

Nordborg 44
Nordby 52
Nørresundby 106
Notrufnummern 28
Nyborg 152
Nyhavn 178
Nykøbing F 197
Nykøbing M 94
Ny Lillebæltsbro 140
Nymindegab 73

O

Observatorium Rundetårn 179, 183
Odense 148
Olsenbande 29
Ø-pas 18
Øresund Aquarium 173
Østerby 57

P

Padborg 42
Panne 27
Paradisbakkerne 192
Parken 28
Pfandsystem 16
Pintrip 36
Planetstien 83
Preisangaben 34
Preisangaben, Campingplätze 34

R

Råbjerg Mile 102
Raddampfer Hjejlen 79
Radfahren 36, 184
Radfahrern 30
Radrennweltmeisterschaft 19
Randers 120
Rasten 28
Rathaus, Kopenhagen 178
Regenwald, Randers 121
Reisezeit 28
Ribe 53
Riis, Bjarne 37
Ringkøbing 75
Ringstraßen 31
Rømø 35, 56
Rønne 191
Roskilde 157
Routenplanung 12
Rudkøbing 145
Rundetårn 179
Rundkirche, Bornholm 192
Runensteine 132

S

Sæby 105
Safaripark, Givskud 78
Saison 28
Sakskøbing 198
Salling 83
Sandskulpturenfestival, Søndervig 74
Sandvig 193
Scandlines 21
Schifffahrtsmuseum Fanø 52
Schiffsrouten 18
Schiffsverbindung 13
Schilder 31
Schloss Amalienborg 175
Schloss Brundlund 46
Schloss Christiansborg 179, 183
Schloss Egeskov 148
Schloss Frederiksberg 180
Schloss Frederiksborg 170
Schloss Herlufsholm 195
Schloss Kronborg 173
Schloss Marselisborg 128
Schloss Nyborg 152
Schloss Rosenborg 179
Schloss Tranekær 147
Schloss Valdemars 147
Sicherheit 29
Silderøgerierne 194
Silkeborg 79
Skærbæk 56
Skagen 101
Skallingen 72
Skanderborg 130
Skarø 144
Skjern 76
Slagelse 155
Smørrebrød 16
Søbatteri, Korsør 152
Solarkraftwerk 145
Solrød Strand 190

Sønderborg 43
Sønderho 52
Sønderjylland Kunstmuseum 59
Søndervig 74
Spøttrup, Burg 84
Sprache 29, 30, 212
Staatliches Museum für Kunst 180
Staby 80
Stege 196
Stellplätze 35
Stenbjerg 95
Stevns 194
Stevns Klint 194
Storebæltbrücke 17, 21, 155
Store Heddinge 194
Straßenverhältnisse 30
Strom 31
Stubbekøbing 197
Svaneke 193
Svendborg 144
Sylt 57

T

Tanken 32
Tarm 77
Tåsinge 145
Telefon 32
Telefonvorwahlen 33
Textilforum, Herning 81
Theatermuseum 183
Thisted 95
Thorsminde 82
Thyra 132
Tiere 38
Tirpitz-Stillingen, Bunkeranlage 72
Tivoli 178
Tønder 58
Tourismuszentrale, Deutschland 26
Trinitatiskirche 179
Trinkgeld 38

U

Übernachten 33
U-Boot U-359 199
Uldgade 59
Ulvsund 196
Unfall 27
Universe Wissenschaftspark 45

V

Varde 72
Vejen 49
Vejle 132
Verhaltenshinweise 38
Verkaufsstand 38
Verkehrsregeln 38
Ver- und Entsorgung 39
Veteranen- und Flugmuseum 76
Viborg 83
VikingeCenter, Ribe 55
Vikingermuseum, Ribe 55
Vogelschutzgebiet Tipperne 73
Vokabeln 30, 212
Vordingborg 195
Vor Frue Kirke 144, 155
Vorwahlen 33
Vorwort 8

W

Wachablösung 175
Währung 23
Walhaus, Nymindegab 73
Walknochenhaus 57
Wandern 37
Wassersport 36
Weidegitter 38
Wikingerschiffsmuseum 158
Wikingerspiele 49
Willemoes, Peter 141
Windmühlenpark, Tønder 58
Wörterliste 212

Z

Zelten 33
Zeughausmuseum 183
Zoo, Givskud 78

115wd Abb.: mm

DER AUTOR

Der in Essen geborene **Michael Moll** ist seit vielen Jahren als Reisebuchautor unterwegs und veröffentlichte bisher rund zwei Dutzend Reiseführer, überwiegend in den Bereichen Wander- und Wohnmobilreisen. Für seine Recherchetouren benutzt er niemals das Flugzeug, weshalb er zwar langsamer unterwegs ist, jedoch weitaus mehr Eindrücke aufnehmen kann. Um Ozeane zu überqueren, fährt er auf Frachtschiffen und für eine Reise nach China war er ausschließlich mit dem Zug unterwegs. Innerhalb Europas tourt er mit einem Wohnmobil von Ziel zu Ziel und lebte auch drei Jahre in einem.

Neben der Erstellung von Reiseführern hält er Multimediavorträge über seine Touren und veranstaltet Ausstellungen, in denen er seine Bilder präsentiert. Anzutreffen ist er auch auf seinem eigenen Wohnmobilstellplatz am Barockschloss Nordkirchen im Münsterland.

Über seine Reisen und Projekte berichtet er selbstverständlich auch im Internet: www.michael-moll.com.

Bildnachweis

Soweit ihre Namen nicht vollständig am Bild vermerkt sind, stehen die Kürzel an den Abbildungen für die folgenden Fotografen, Firmen und Einrichtungen. Wir bedanken uns für die freundliche Abdruckgenehmigung.

***mm und Umschlagbilder:** Michael Moll; **dt:** www.dreamstime.com; **Lego:** ®2014 The LEGO Group, Billund-Dänemark; **fo:** fotolia.com by adobe; **vd:** http://visitdenmark.digizuite.dk; **as:** stock.adobe.com; S. 233: stock.adobe.com © by-studio*

Bornholm
Skagen
Nexø
Aalborg
Thisted
Viborg
Randers
Århus
KØBENHAVN
Esbjerg
Kolding
Odense
Flensburg
Nykøbing F
E
F
9°40'
10°00'
S
K
A
G
E
R
R
A
K
Stavanger / Bergen, Kristiansand
Langesund
Larvik
99
Hirtshals
Nordsømuseum
S 19
EMMERSBÆK
Tornby Strand
Nørre Tornby
Horne
Asdal
Højrup
Allingdam
Dysse
ROUTE 3
Snerve
Kærsgård Strand
Kærsgård
Hjørring Nord
Nørlev Strand
Skallerup Strand
Slettingen
Vidstrup
Nørlev
Krustrup
Skibsby
97
Hjørring
Lønstrup
Sønderlev
Mårup Kirke
Villerup
Gjurup
Sorthede
Sandflugtsmuseum
Gammel Vennebjerg
Vennebjerg
Astrup
Fuglsig
BAGTERP
Jelstrup
Sønder Harritslev
Hæstrupgård
Rubjerg Kirke
Hundelev
Seilstrup
Hæstrup Mejeriby
Nørre Lyngby
Sønder Rubjerg
Seilstrup Kirke
Rakkeby
Vittrup
Christiansdal
Harken
Smidstrup
Furreby
Vejby
Gunderup
97
Løkken
Skøttrup
Børglum-kloster
Børglum
Nørre Vrå
Vrejlev Kirke
Vrejlev Kloster
Em
Vrå
Sønder Vrå
Poulstrup
Hvorup Klit
Vrensted
Grønhøj
Båsted Hede
Vrensted Østerhede
Stenum
Serritslev
Tømmerby
Ingstrup
Holte
Tolstrup
Tise
Ejerstedt
Vester Hjermitslev
Gulbjerg
Østér Hjermitslev
Saltum Kirke
SMALBY
Manna
Gammel Hammelmose
Hjermitslevgård
Brønderslev
Farup
Saltum
Alstrup
Østér Brønderslev
Brønderslev Syd
Sønder Saltum
Blokhus
Hune
Østrup
Gammel
226
b u g t e n
E39
190
35
55
543
593

1 cm = 3 km
5 km
© Reise Know-How 2019
G
Nordstrand
S20
Grenen
Drachmanns Grav
NORDBY
HØJEN
101
Skagen
Skagen Klitplantage
Den tilsandede Kirke
Tranestederne
Kandestederne
Rannerød
Hulsig
Bunken Klitplantage
Tannis Bugt
Råbjerg Kirke
Lodskovvad
Skiveren
Tversted Plantage
Ørnereservatet
Ålbæk
S21
Øster Knasborg
Ålbæk Bugt
Uggerby Klitplantage
Tversted
Tuen
Gårdbogård
Uggerby
Østenåen
Nørre Elkær
Hvims
Napstjært
Åbyen
Stabæk
Terpet
Sørig Kirke
Retholt
Uggerby Å
Stenbæk
Råbjerg Mose
Jerup Hede
Jerup
Mygdal
Odden
Bindslev
Blæsbjerg
Hellehøj
Grøntved
Bindslev Kirke
Sønder Bindslev
ROUTE 3
Bratten Strand
Mogensbæk
Måstrup
Dysse
Bjergby
Baggesvogn
Sindal
Tågholt
Mosbjerg Kirke
Mosbjerg
Nielstrup
Strandby
Hirsholmene
Græsholm
Hirsholm
Borrisholt
Sindal gamle Kirke
Dverget-ved
Tolne
Kvissel
Elling
Lerbæk
Rønnerne
Kastrup
Astrup
Sindal
Tolne Kirkeby
Elling Å
Hjørring Centrum
Bøgsted Hovedgård
Skårupgård
Mejling
Kniyholt
Sønderskov
Hørmested
Rammelhøj
Ravnshøj
103
Deget
Høgholt
Åsted
Frederikshavn
Oslo
Göteborg
Egebjerg
Skærum
Favrholt
Hjørring Syd
Linderum
Glimsholt
Rydal
Kilden
Lørslev
Ugilt
Tingstedet
Bangsbo
S22
Lendum
Ilbro
Rønnovsholm
Borup
Dysse
Gærum
Hvidstedgård
Trøderup
Halbjerg
Tårs
Stenhøj
Blakshøj
Bangsbo Å
Guldager
Morild
Løth
Højstrup
Skibtved
Øksnebjerg
Vrå
Høgsted
Sæby Nord
Graum
Sæsing
Søholt
Sulbæk
Ny Rønnebjerg
Hørbylund
Understed
Karup
Vrejlev Kloster
Gammel Rønnebjerg
Torslev Kirke
Hørby Kirke
105
Tollestrup
Koldbro
Øster Vrå
Thorshøj
Øksenhede
Sæby
Sæby Å
Ottestrup
Volstrup Kirke
Sæbygård
S23
Sterup
Mylund
Ormholt
Hørby
Volstrup
Flyvbjerg
Try
Sæby Syd
Kirkholt
Rampen
Hejselt
Haven
Syvsten
Store Øksfoft
Kragelund
Sæhedens Bakke
Skæve Kirke
Badskær
Jerslev
Brønden
Hugdrup
Solsbæk
Klæstrup
Stagsted
Dybvad
Stidsholt
Hellum
Hellum Kirke
Sønderklit
Kolskegård
Storstenbakke
Flauenskjold
Mølholt
Lyngså
Læsø
227

Bornholm
Skagen
Nexø
Aalborg
Thisted
Viborg
Randers
Århus
KØBENHAVN
Esbjerg
Kolding
Odense
Flensburg
Nykøbing F
N O R D -
S Ø E N
Lerwick (Shetlands), Seydisfjord (Island)
Egersund, Bergen
Kristiansand
Hanstholmfæstningen
Roshage
Hanstholm
Risbjerge
Blegsø
Vildtreservat
Hykær
Klitmøller
Vilsbøl Klit-plantage
Hinding
Nors Sø
Vandet Sø
Agerholm
Vester Vandet
Øster Vandet
Vangså
Nystrup Klitplantage
ROUTE 3
Vang
Vandet Klitplantage
Skinnerup
Torup Kirke
Torup Klitplantage
Skårup
Thorsted
Torup
Dollerup
Nordsøakvariet
Voldsted
Nørre Vorupør
Sjørring
Jannerup
Snejstrup
Rästrup
Sperring
Sønder Vorupør
Faddersbøl
Næstrup
Hundborg
Kallerup
Stenbjerg
Stenbjerg Klitplantage
Fredskilde
Ulstrup
Skjoldborg
Ås
Tegå
Nørhå
Årup
Sundby
Istrup
Snedsted
Vilsund Vest
Elsted
Øland
Lyngby
Hvidbjerg Klitplantage
Ovesø
Sønderhå
Stagstrup
Kjallerup
Hørsted
Harring Kirke
Gærup
Madsted
Kovstrup
Hørdum
Koldby
Hvidbjerg Kirke
Lyngholm
Skyum Bjerge
Vilsund
Svankær
Tandrup
Skyum
Lodbjerg Fyr
Svindborg
Hassing
Hvidbjerg Å
Gammel Bedsted
Irup
Vester Jølby
Tolbøt
Ørum
Villerslev
Gudnæs Strand
Dragstrup Vig
Flade Sø
Ørum Sø
Villerup
Bedsted
Trankær
Visby
Ørndrup Mark
Tæbring
Agger
Tåbel
Kloster Mølle
Tygstrup
Grurup
Gammelby
Visby Bredning
Agger Tange
Vestervig Kirke
Krik
Ullerup
Blåbjerg Gårde
Ettrup
Torp
Lundhøj
Vestervig
Ashøj
Heltborg
Karby
Rakkeby
Krik Vig
Hurup
Toftum
Arbjerg
Randrup
Refs
Vester Hvidbjerg
Nees Sund
Nees
Dover
Glomstrup
Thyborøn Kanal
Flarup
Doverodde
Boddum
Agero
Gettrup
Sønderby
Thyborøn
Ydby
Bisgård
Helligsø
Munkholm Odde
Ydby Hede
Lindholm
Sindrup
Sønder Ydby
228

1 cm = 3 km
5 km
© Reise Know-How 2019
Vigsø Bugt
Skarreklit
Lild Strand
Lild Klitplantage
Stenbjerg Sande
Torup Strand
Grønnestrand
Nørklit
Vester Torup Klitplantage
Klim Strand
Andrup
Hindelbjerge
Klim Bjerg
Vust
Vester Torup
Klim
Kollerup
Fjerritslev
Bryggeriмuseum
Hamborg
Febbersted
Hanstholm
Vigsø
Hesseldal
Bjerg
Bjerre
Sårup
Vullum Sø
Hjardemål Plantage
Hjardemål Klit
Glæde
Bjerget
Lund
Lund Fjord
Kærup Holme
Frøstrup
Torup Holme
Ullerup
Langvad
Tømmerby Kirke
Tømmerby
Tømmerby Fjord
Bygholm Vejle
Sløjkanal
Ågård
Kettrup
Skerping
Gundestrup
Gronhøj
Tved
Nørby
Korsø
Ballerum
Søhuse
Hjardemål
Klastrup
Østerild
Østerild Klitplantage
Sønderby
Hunstrup
Johan Skjoldborg
Skårup
Hannæs
ROUTE 3
Fjordholme
Gottrup
Drøstrup
Bejstrup
Nors
Kåstrup
Østerild
Vesløs Huse
Arup Vejle
Vesløs
Øslos
Amtoft
Amtoft Vig
Holmtange
Ullerup
Trehøje
Aggersund
Aggersborg
Hillerslev
Skovsted
Lønnerup
Østerild Fjord
Gammel Vesløs
Hovsør
Arup Kirke
Sønder Arup
Kjelstrup
Hov
Lønnerup Fjord
Brund
Tofthuse
Arup Holm
Feggerøn
Langholm
Borreholm
Løggstør Bredning
Thisted
Dragsbæk
Sennels
Fårtoft
Eshøj Plantage
Skarrehage
Feggesund
Feggeklit
Løgstør
Limfjordsmuseet
Øster Ørbæk
Kornum
Frederik d. VII's Kanal
Ravnstrup
Mjallerup
Skarp Salling
Silstrup
Molermuseet
Hesselbjerg
Ejerslev Røn
Lendrup Strand
Løgsted
Thisted Bredning
Skærbæk
Ejerslev
Sejerslev
Ejerslev Lyng
Limfjorden
Vandsted
Engelstrup
Malle
Næsby
Brøttrup
Vilsted
Salgjerhøj
Blinderøn
Livø
Ranum
Munksjørup
Fårtoft
Flade
Nandrup
Sø
Jørsby
Sønder Dråby
Rønbjerg Huse
Åle
Sundby
Bjergby
Ullerup
Dråby Vig
Livø Bredning
Vitskøl Kloster
Klosterhave
Vester Faldgårde
Skallerup
Solbjerg
Tøving
Galtrup
Skarum
Buksør Odde
Bjørnsholm Bugt
Overlade
Alsted
Mors
Fur
Favnedyb
Borregård
Øster Jølby
Øster Jølby Kirke
Erslev
Morsø
Tødso
Rodstenen
Færker Vig
Trend
Sønderlade
Dragstrup
Anshede
Lille Jenshøj
Engelst
Hyllebjerg
Vodstrup
Nykøbing Mors
Madsbad
Nederby
Ertebølle
Gunderup
Tandrup
Hvanstrup
Frøslev
Elsø
Søndergårde
Stenøre
Branden
Køkkenmøding
Fredbjerg
Gøttrup
Fjallerslev
Mollerup
Frøslevvang
Nørring
Fur Sund
Floutrup
Myrhøj
Vannerup
Lødderup
Refshammer
Grynderup
Strandby
Sjørup Gårde
Ovtrup
Fredsø
Holmgårde
Åsted
Risum
Selde
Risgårde
Fragtrup
Vejerslev Kirke
Vils
Vejerslev
Glyngøre
Nissum
Batum
Lindum
Jungetgård
Junget
Grønnerup
Fandrup
Karup
Sæby
Østergård
Durup
Thorum
Risgårde Bredning
Dammergårde
Ljørslev
Nautrup
Tøndering
Grættrup
Stistrup
Svingelbjerg
Redsted
Centrum
Toustrup
Hegnet
Hinnerup
Store Rotholm
Dollerup
Foulum
Blidstrup
Ørding
Dalstrup
Vile
Yttrup
Hestbæk
Nørre Thise
Ullits
Vester Assels
Øster Assels
Salling Sund
Lysen Bredning
Harre Vig
Harre
ROUTE 2
Roslev
Kirkeby
Grinderslev
Stouby
Sundsøre
Illerisøre
Gammel Ullits
Sillerslev
Over Hjerk
Ilbjerg
Thise
Hessel
Hvalpsund
Alstrup
Eskær
229
226

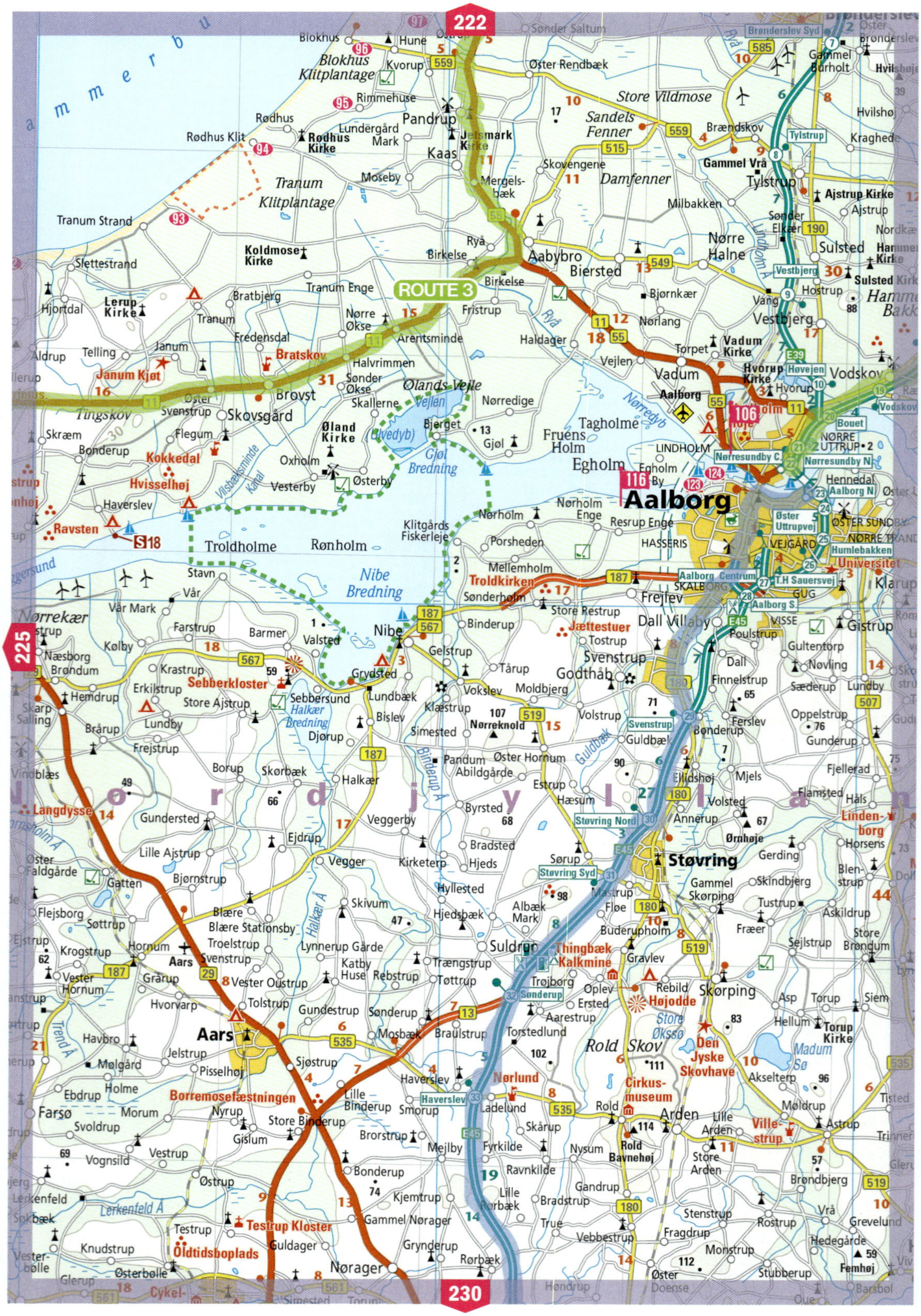
222
225
230
Jammerbugt
Blokhus
Hune
Blokhus Klitplantage
Kvorup
Rimmehuse
Pandrup
Rødhus
Rødhus Klit
Rødhus Kirke
Lundergård Mark
Jetsmark Kirke
Kaas
Tranum Klitplantage
Moseby
Mergelsbæk
Tranum Strand
Slettestrand
Koldmose Kirke
Birkelse
Ryå
ROUTE 3
Hjortdal
Lerup Kirke
Bratbjerg
Tranum Enge
Tranum
Nørre Økse
Fristrup
Birkelse
Fredensdal
Arentsminde
Aldrup
Telling
Janum
Bratskov
Halvrimmen
Janum Kjøt
Sønder Økse
Ølands Vejle
Tingskov
Øster Svenstrup
Brovst
Skallerne
Vejlen
Nørredige
Skovsgård
Øland Kirke
Bjerget
Ulvedyb
Gjøl
Skræm
Flegum
Bonderup
Kokkedal
Oxholm
Gjøl Bredning
Hvisselhøj
Vesterby
Østerby
Haverslev
Vilsbæksminde Kanal
Ravnsten
Troldholme
Rønholm
Klitgårds Fiskerleje
Nibe Bredning
Stavn
Vår
Vår Mark
Nørrekær
Farstrup
Barmer
Valsted
Nibe
Kølby
Næsborg
Brøndum
Krastrup
Sebberkloster
Erkilstrup
Store Ajstrup
Sebbersund
Halkær Bredning
Gudsted
Lundbæk
Hemdrup
Skarp Salling
Bislev
Lundby
Bråerup
Frejstrup
Djørup
Borup
Skørbæk
Halkær
Langdysse
Gundersted
Ejdrup
Veggerby
Lille Ajstrup
Vegger
Øster Faldgårde
Gatten
Bjørnstrup
Skivum
Flejsborg
Blære
Blære Stationsby
Halkær Å
Søttrup
Troelstrup
Lynnerup Gårde
Krogstrup
Hornum
Aars
Svenstrup
Katby Huse
Rebstrup
Vester Hornum
Grårup
Vester Oustrup
Hvorvarp
Tolstrup
Gundestrup
Aars
Havbro
Jelstrup
Mølgård
Pisselhøj
Sjøstrup
Ebdrup
Holme
Borremosefæstningen
Farsø
Morum
Nyrup
Svoldrup
Store Binderup
Lille Binderup
Gislum
Vognsild
Vestrup
Østrup
Lerkenfeld
Lerkenfeld Å
Testrup
Testrup Kloster
Knudstrup
Oldtidsboplads
Guldager
Østerbølle
Nørager
Cykel-
Bonderup
Kjemtrup
Gammel Nørager
Gryndерup
Rørbæk
Haverslev
Smorup
Ladelund
Brorstrup
Mejlby
Mosbæk
Braulstrup
Sønderup
Trængstrup
Tøttrup
Suldrup
Hyllested
Hjedsbæk
Albæk Mark
Hjeds
Kirketerp
Bradsted
Byrsted
Pandum
Abildgårde
Øster Hornum
Simested
Klæstrup
Nørreknold
Vokslev
Moldbjerg
Tårup
Bindeup Å
Binderup
Sønderholm
Troldkirken
Mellemholm
Porsheden
Nørholm
Nørholm Enge
Resrup Enge
Store Restrup
Jættestuer
Tostrup
Svenstrup
Godthåb
Volstrup
Guldbæk
Dall Villaby
Frejlev
Estrup
Hæsum
Sørup
Støvring Nord
Støvring Syd
Mastrup
Støvring
Fløe
Buderupholm
Thingbæk Kalkmine
Trøjborg
Oplev
Ersted
Aarestrup
Torstedlund
Rold Skov
Nørlund
Skårup
Fyrkilde
Ravnkilde
Nysum
Gandrup
Lille Rørbæk
Bradstrup
True
Vebbestrup
Cirkusmuseum
Rold
Rold Bavnehøj
Arden
Store Arden
Lille Arden
Villestrup
Gravlev
Rebild
Højodde
Store Økssø
Den Jyske Skovhave
Skørping
Gammel Skørping
Skindbjerg
Tustrup
Fræer
Sejlstrup
Store Brøndum
Asp
Torup
Siem
Hellum
Torup Kirke
Madum Sø
Akselterp
Møldrup
Astrup
Brøndbjerg
Vrå
Rostrup
Greveland
Hedegårde
Fragdrup
Monstrup
Stenstrup
Øster Doense
Stubberup
Femhøj
Høndrup
Aalborg
Lindholm
Nørresundby
Egholm
Egholm By
Fruens Holm
Tagholme
Nørredyb
Hasseris
Skalborg
Vejgård
Øster Sundby
Nørre Tranders
Universitet
Klarup
Gug
Visse
Gistrup
Poulstrup
Gultentorp
Novling
Sæderup
Lundby
Dall
Finnelstrup
Ferslev
Oppelstrup
Gunderup
Bonderup
Mjels
Fjellerad
Ellidshøj
Volsted
Flamsted
Hals
Annerup
Ørnhøje
Lindenborg
Gerding
Horsens
Blenstrup
Askildrup
Aabybro
Biersted
Bjørnkær
Nørlang
Haldager
Vejlen
Torpet
Vadum
Vadum Kirke
Hvorup Kirke
Hvorup
Vodskov
Store Vildmose
Sandels Fenner
Damfenner
Skovengene
Milbakken
Brændskov
Gammel Vrå
Tylstrup
Ajstrup Kirke
Ajstrup
Nørre Halne
Lindholm Å
Sønder Elkær
Sulsted
Sulsted Kirke
Vestbjerg
Vang
Hostrup
Øster Rendbæk
Sønder Saltum
Brønderslev
Brønderslev Syd
Gammel Burholt
Hvilshøj
Kraghede
Nordjylland

223
1 cm = 3 km
5 km
© Reise Know-How 2019
Kolskegård
Storstenbakke
Flauenskjold
Mølholt
Degnehøje
Lyngså
Læsø Rende
Hvilshøje
Hallund
Røgel-hede
Allerup
Dorf Kirkeby
Voer Kirke
Præstbro
Albæk
Favrholt
Hollensted
Dorf Mølle
Dorf
Gammel Agersted
Voers Å
Voerså
Klokker-holm
Jyske Ås
Sukkertoppen
Agersted Bakker
Fæbroen
Store Rugtved
Agersted
Ørum Vestermark
Dysse
Dronninglund Storskov
Krabdrup
Thorup
Ørum
Hjallerup Kirke
Hjallerup
Pyldbørsdysse
Ravnstrup
Dronninglund
Ørsø
Nørre Sørå
Sønder Sørå
Møgelmose
Stagsted
Grindsted
Kærsgårde
Dronninglund Slot
Asaa
Lyngdrup
Try
Bolle
Østerled
Hammer Bakker
Ugerhalne
ROUTE 3
Rørholt
Geraa Enge
Langholt
Geraa
Vodskov Nord
Tranholm
Hylholt
Melholt
Langholt
Gerå
Gettrup
Rærup
Vodskov
Hellighøe
Stae
Ulsted
Vester Hassing
Øster Hassing
Ulstedlund
Hou
Gandrup
Øster Uttrup
Mikkelmark
Langerak
Hals Nørreskov
Holtet
Møllestenen
Gåser Kirke
Ålebæk
Klarupgård
Storvorde
Gåser
Nymark
Bisnap
Klarup
Romdrup
Østerågård
Hals
Skansen
Sejlflod
Skellet
Hådybet
Lille-vorde
Tiendegårds Mark
Egense-kloster
Hals Barre N
Skov-strup
Gudumholm
Mou
Egense
Hals Barre S
Hals Barre
Torderup
Kærsholm
Møllegård Huse
Gudum
Gudumlund
Høstemark
Klattrup
Vårst
Vester-gårde
Mulbjerge
Refsnæs
Nørre Kongerslev
Lille Vildmose
Komdrup
Dokkedal
Store Monshøj
Kongerslev
Lillesø
Dollerup
Kongsted-lund
Vildmosegård
Randrup
Skibsted
Smidie
Svitringen Rende S
Svanfolk
Lyngby
Dragsgård
Bælum
Lille Brøndum
Terndrup
Solbjerg
Nørre Hurup
Sønder Hurup
Øster Hurup
Gammel Viffertsholm
Graverhuse
ÅLBORG BUGT
Fruerlund
Tisted
Sønderholt
Rønholt
Møgelholt
Korup
Veddum
Skelund
Trinnerup
Tornskær
Vejhuse
Glerup
Visborg-gård
Hadsund
Als
Glargårde
Brohuse
Bud-dum
Helberskov
Visborg
Vester Lovnkær
Havnø
Odde
Mariager Fjord
Hadsund
Vive
Hadsund Syd
Østergårde
Als Odde
231
Bornholm
Skagen
Nexø
Thisted
Aalborg
Viborg
Randers
Århus
København
Esbjerg
Kolding
Odense
Flensburg
Nykøbing F

224
234
Bornholm
Skagen
Nexø
Aalborg
Thisted
Viborg
Randers
Århus
KØBENHAVN
Esbjerg
Kolding
Odense
Flensburg
Nykøbing F
Harboøre Tange
Cheminova
Røjensø Odde
Nissum Bredning
Stavsholm
Harboøre
Bjerg
Vrist
Engbjerg Kirke
Vejlby
Gransgård
Sønderby
Byskov
Nejrup
Follup Odde
Underbjerg
Lem Vig
Søgårde
Tørring
Tørring Huse
Strande
Klinkby
Ferring Sø
Vandborg
Snabe
Heldum Kirkeby
Lemvig
Ferring Strand
Ferring
Jens Søndergård
Flansmose
Bonnet
Armose
Lemtorp Huse
Rom By
Bovbjerg Fyr
Dybe
Trans
Lundsby
Hvingelby
Lomborg
Rammekær
Ramme
Ramme Dige
Fjaltring
Fabjerg Kirke
Rysensten Hovedgård
Bøvling Kirke
Fåre
Flynder Kirke
Galsgård
Bøvlingbjerg
Krogshede
Bøvling Fjord
Bøvling Klit
Brørup
Nørmark
Bækmarksbro
Nees
Torp
Kvolsbæk Huse
Nees Hede
Thorsminde
S14
82
Nørby Gårde
Skalstrup
Nissum Fjord
ROUTE 2
Fjandø
Damhus Å
Mellemby
Vemb
Nørre Fjand
Fjand Gårde
Bjerghuse
Gjelstrup
Sønderby
Nørre Vosborg
Felsted Kog
Kyttrup
Lillelund
Sønder Nissum
Glistrup
Græm
Bækby
Husby
Klostergårde
Staby
Nørre Staby
Øby
Ulfborg
Ulfborg Plantage
Trankær
Vedersø
Kærgård
Madum
Tarp
Vedersø Kær
Bjerregård
Nørby
Mejlby
Tim Kirkeby
Husby Klit
Brunbjerg
Stadil
Strandgården
Fuglbjerg
Stadil Kirkeby
Tim Å
Alrum
Vest Stadil Fjord
Kryle
Stadil Fjord
Ejstrup
Agersbæk
Hee
Hovvig
Røjklit
Bandsby
8°00'E
8°20'
8°40'
Sindrup
Sønder Ydby
Ydby Hede
Skibsted Fjord
Lyngs Kirke
Torp
Hundser Odde
Lindholm
Munkholm Odde
Hindsels
Hestør Odde
Smerup
Styvel
Lyngs
Semb
Ibsted
Kallerup
Hvidbjerg
Flovlev
Jegind
Kirkeby
Thyholm
Uglev
Hellerød
Jegind Tap
Odby
Søndbjerg
Serup
Kås Hoved
Lavbjerg Hage
Torsodde
Grisetåodde
Oddesund Syd
Oddesund Nord
Oddesund
Østerbol
Kamstrup
Vejsbjerg
Venø
Venø By
Venø Sund
Breinholt
Nissumby
Fabjergbol
Nissum Seminarieby
Åmølle
Humlum
Bjerrum
Toftum
Borum
Vium
Makholm
Fabjerg
Gudum
Paris
Resenstad
Struer Bugt
Bremdal
Vrald Odde
Kilen
Struer
Fiskbæk
Ellebæk
Skodborg Huse
Gudumlund
Kærgård Mølle
Klosterhede Plantage
Ølby
Snøde
Fousing Kirkeby
Fousing
Lyngkrog
Volstrupby
Vejrum Kirkeby
Birkild
Asp
Vejrumstad
Hjerm
Hestbæk
Linde
Nørre Søller
Øster Avsum
Sønder Hjerm
Bossen
Kærgårde
Sir
Lindtorp
Blodmose
Krunderup
Hindkær
Donskær
Møborg
Falsig
Dellerup
Skræddergårde
Naur Kirke
Alstrup
Munktoft
Naur
Hornshøj
Holstebro
Bur
Strovstrup
Burlund
Storå
Idomlund
Estrup
Øster Vemb
Lille Stenum
Idom
Hvoldal
Råsted Kirke
Simonstrup
Harrestrup
Nybo
Hvolby
Hestbjerg
Ulfborg Kirkeby
Blæsbjerg
Nørre Felding
Skautrup
Gammel Råsted
Ormstrup
Vindgab
Vejlstrup Gårde
Røjkær
Spåbæk
Lystlund
Vind Kirke
Vind
Vinding
Stråsø Plantage
Sørvad
Madumflod
Lystbæk
Revning
Østerby
Lille Å
Lystbækkær
Troldtoft
Vognsbøl
Rejkær
Nørre Esp
Klovsig Plantage
Nørhede
Præstbjerg
Pølsmark
Meldhede
Bjerregård
Torsted
Helmosedal
Trehøje
Ørnhøj
Kærgårde
Ristoft
Askov
Midtjylland
Hoverdal Plantage
Grønbjerg
Abildå
Hvingel
Nørre Omme Kirke
Astrup
Kodal
Hover Kirke
Muldbjerg
Møltrup Hede
Højmose
Hover
Laugesens Have
Lybæk
A
B

225
1 cm = 3 km
5 km
© Reise Know-How 2019
Sillerslev
Øster Assels
Sønderby
Fjordkær
Over Hjerk
Nørre Andrup
Frammerslev
Grinderslevkloster
Nannerup
Vium
Jebjerg
Breum
Mogenstrup
Eskær
Hessel
Hvalpsund
Lovns
Gedsted
Skovgårde
Jenle
Ringvold
Kås Bredning
Neder Ginderup
Krejbjerg
Oddense
ROUTE 2
Bostrup
Grønning
Jelse Odde
Lovns Bredning
Spøttrup
Rødding
Buksager
Kåstrup
Øster Grønning
Grønning Øre
Nyby
Otting
Lyby
Ejskær
Øster Lyby
Vadum
Kås Sø
Nørre Balling
Hindborg
Intrup
Lundø
Ulbjerg
Ålbæk
Balling
Vester Dølby
Øster Dølby
Bådsgård Vig
Hejlskov
Kås Mark
Hovedgård
Lihme
Brodal
Vejby
Grove
Skive Fjord
Stårup
Stårup Hovedgård
Hald
Bøstrup
Ørslev-kloster
Virksund
Sundstrup
Lem
Ramsing
Hem
Vester Hærup
Vester Lem
Sønder Lem
Håsum
Brøndum
VINDE
RESEN
Skive
Krabbesholm
Højslev
Sejstrup
Strandet
Nørre Rind
Hostrup Strand
Sønder Lem Vig
Rettrup
Hvidbjerg
Halskov
Østerris
Nørre Ørum
Lavhede
Dommerby
EGERIS
BRÅRUP
Højslev Stationsby
Vinkel
Sønder Ørum
Børup
Lynderup
Knudby
Hjarbæk Fjord
Remmer
Geddal
Gammel Rønbjerg
Egebjerg
Kisum
Skive
Tårupgård
Kvosted
Venø Bugt
Ejsingholm
Ejsing
Rønbjerg
Estvad
Søby
Røgind
Kvols
Hjarbæk
Flyndersø
Hvidemose
Kobberup
Jordbro Å
Råst
Stokholm
Hjelm Hede
Bærs
Tastum
Feldingbjerg Kirke
Fiskbæk
Ål
Alskov
Landting Mark
Vinderup
Hasselholt
Sahl
Frilands-museum
Sebstrup
Karstoft
Åkær
Fly
Dysse
Stoholm
Gammelstrup
Sparkær
Kirkebæk
Handbjerg
Nørre Bjert
Svenstrup
Mogenstrup
Iglsø
Romlund
Kragelund
Sønder Bjert
Kjeldbjerg
Øster Børsting
Smollerup
Jegstrup
Lindholt
Sevel
Trevad
Kalkgruber
Mønsted
Fusager
Vejsgårde
Stubbergård Sø
Trandum
Stubberkloster
Vridsted
Lånum
Ravnstrup
Gårsdal
SØNDERMA
Kvium
Rovt
Ryde
Felde
Hedegård
Vroue
Daugbjerg
Avsum
Brodbæk
Djeld
Dueholm
Sjørup
Søvsø
Finderup
230
Hvam
Stendis
Herrup
Hagebro
Hald Ege
Hvam Mejeriby
Borbjerg
Trabjerg
Møgelvang
Vivtrup
Jættestue
Hald Slot
Sønder Hvam
Bjergby
Haderup
Stanghede
Birgitte
Risum
Skave
Brunbjerg
Nordre Feldborg Plantage
Høstrup
Resen
Kongenshus Mindepark
Fallesgårde
Hald Sø
Gammelby
Hogager
Fårbæk
Resen Østerhede
Grønhøj
Dollerup
Mejrup Kirkeby
Savstrup
Abildholt
Stavlund
Skelhøje
Tvis Kloster
Nørreholm
Egelund
Rabis
Firehuse
Lysgård
Halgårde
Yllebjerg
Feldborg
Høgild
Alhede
Frederiks
Sjørup
E'Bindstow
Tvis
Brogård Mark
Hessellund Hede
Hessellund
Havredal
Neder Hvam
Skautrup
Morre
Hodsager
Vester Vistorp
Grove
Karup
Årestrup
Stovbæk
Hallundbæk
Helligkilden
Skræ
Varhede
Ommosegård
Neder Simmelkær
Kølvra
Thorning
Vinding Kirke
Lundby
Skærbæk
Vistorp
Over Uhre
Vallerbæk
Vejvad
Skjerk
Simmelkær
Skåphus Mark
Hestlund Hede
Nørre Knudstrup
Aulum
Tved
Grathestenen
Lille Gråskov
Kilde
Jersild
Kong Knaps Dige
Kompedal Plantage
Grathe Kirke
Vognstrup
Ljørring
Ovstrup
Røjen
Ilskov
Ilskov Kirke
Bøgelund
Gråmose
Romvig Gårde
Ørre
Nørre Linå
Vester Linå
Sønderos
Helleskov
Kroghøj
Munklinde
Rødding
Sinding
Remme
Sunds
Ruskær
Vildbjerg
Merrild
Nyby
Herning V.
Sikær
Trælund
Hollingholt
Skygge
Klode Mølle
Frederiksdal
Stubkær
Bording Mark
Najbjerg
Timring
Nøvling
Herning
Favrholt
Skibbild
Tjørring
Grøderis
Vrå
Skinderholm
Øster
Bording Kirkeby
Engesvang
Tvevad
Frølund
Hestlund
Smækbjerg
Birk-mose
Fonvad
Tamborg
H.Nord
Gjellerup-Lund
Tulstrup
9°20′
9°00′
Trøstrup Mark
Gjellerup
Busk
Bording
Over Julianehede
Moselund
C
D
Alle
Helstrup
235
Ikast

226
229
236
Aalestrup
Cykel-museum
Simested
Torup
Tollestrup
Skærshalle
Gammel Hvam
Hvam Stationsby
Klotrup
Bystrup
Gørup
Fjelsø
Ettrup
Store Torup
Lille Torup
Troelstrup
Tulstrup
Korsø
Boldrup
Stenild
Hvilsom
Snæbum
Hannerup
Jættestuer
Hobro N.
Hobro V.
Hobro
Hørby
Hørby Skoleby
Hald Ostrup
Høndrup
Døstrup
Tobberup
Doense
Redsø
Kielstrup
Valsgård
Houtved
Oue
Oueggård
Stines-minde
Kielstrup Sø
Staverslund
Krogen
Hegedal
Mariager
Alstrup
Hohøj
Tvillinghøje
Kloster-mark
Katbjerg
Fjelsted
Skjellerup
Fyrkat Mølle
Fyrkat
Nørre Onsild
Skalborg Huse
Den Italienske Have
Gunderup
Kjellerup Hovedgård
Glenstrup Sø
Gettrup
Svenstrup
True
Dyssehuse
Holmgård
Vester Tørslev
Randrup Kirke
Glenstrup
Sønder Onsild
Onsild
Handest
ROUTE 4
Kåtrup
Gassum
Sønder Onsild Stationsby
Ulstrup
Skinderup
Vester Tostrup
Tolstrup
Møldrup
Nørre Borup
Sønder Borup
Roum
Hørup
Hvolris Oldtidspark
Skringstrup
Låstrup
Bjerregrav
Troestrup
Neder Hvolris
Fristrup
Kjeltrup Sø
Skårup
Klejtrup
Hvornum
Verdenskort
Lillemølle Fuglepark
Ravnhøje
Brøndum
Øls
Hejring
Hærup
Erikstrup
Lindum
Skals
Skals Å
Ejstrup
Åstrup
Hersom
Jættestue
Sjørring
Gundestrup
Fårup
Ejstrup
Asferg
Hvidsten
Hastrup
Vorde
Havris
Løvel
Pederstrup
Rødsø
Tjele Langsø
Bigum
Fastrup
Vrå
Vammen
Vinge
Hvidding
Nørbæk
Ørrild
Purhus
Kølsen
Løgstrup
Rogenstrup
Kistrup
Navntoft
Sødal
Tjele
Formyre
Vorning
Rejstrup
Kousted
Råsted
Kondrup
Bjerregrav
Borup
Randers N.
Batum
Vanhøje
Rødding
Foulum
Sønder Ingstrup
Kvorning
Hammershøj
Sønderbæk
Sønderhede
Læsten
Svejstrup
Øster Bjerregrav
Helsted
Viborg
Overlund
Neder Kokholm
Thisted
Ørum
Mollerup
Velds
Over Viskum
Hulbæk
Tindbæk
Fussingø Avlsgård
Over Fussing
Fussing Sø
Svinding
Randers C
Kløvrup
Øby
Torsager
Skjern Hovedgård
Ålum
Venning
Tånum
Over Hornbæk
Vorup
Tapdrup
Nørreå
Vejrumbro
Viskum
Krog
Løvskal
Gammel Skjern
Vester Velling
Helstrup
Tebbestrup
Stevnstrup
Grensten
Randers Syd
Bruunshåb
Vinkel
Nørre Tulstrup
Lee
Terp
Lille Torup
Øster Velling
Dagsvad
Haslund
Værum
Mammen
Hjorthede
Tavlgårde
Sønder Vinge
Torup
Hollerup
Frisenvold
Væth
Jebjerg
Vinkel Hede
Rindsholm
Stenhuse
Dalsgårde
Hjermind
Bjerringbro
Rønge
Ulstrup
Langå
Lysnet
Birgittelyst
Tostrup
Sønder Rind
Middel-hede
Vindumstenen
Bjerring
Amstrup
Sankt Margrethes Kapel
Almind
Vindum
Danstrup
Vellev
Østergård Hovedgård
Brandstrup
Fårup
Skibelund
Hvorslev
Kongstrup
Laurbjerg
Vissing
Grundvad
Rødkærsbro
Tange
Elmuseet
Gullev
Tind
Enslev
Houlbjerg
Lerbjerg
Vandet
Aldrup
Bidstrup Hovedgård
Marsvinslund
Demstrup
Høbjerg
Tange Sø
Nøddelund
Tostrup
Knudstrup
Svejstrup
Vium
Sjørslev
Elsborg
Sahl
Borridsø
Vidstrup
Granslev
Volstrup
Balle
Aunsbjerg
Træholt
Borre
Astrup
Bøstrup
Lyngå
Levring
Midstrup
Ans
Brårup
Aidt
Vrangstrup
Vivild
Vejerslev
Tungelund
Haurum
Skjød
Ungstrup
Hindbjerg
Iller Huse
Iller
Kongensbro
Truust
Thorsø
Vitten
Vattrup
Kjellerup
Astrup
Grølsted
Brundt
Haldum
Grønbæk
Allinggård
Skorup
Futting
Sall
Frijsenborg Slot
Tinning
Brokhuse
Hinge
Nørskovlund
Nørskov
Fårvang
Nårup
Hammel
Solkær
Hauge
Vinderslev
Vinderslevholm
Serup
Tvilum
Horn
Vadsted
Foldby
Revl
Pederstrup
Tvilum Kirke
Gjern Bakker
Søbyvad
Ellerup
Svenstrup
Anbæk
Voldby
Frederiksdal
Mausing
Lemming
Resdal
Nisset
Grauballe
Gjern
Automobil-museum
Sporup
Fajstrup
Skjoldelev
Lading
Sønder Frederiksdal
Stenholt
Sinding
Skægkær
Sejling
Svostrup
Smingø
Farre
Holmstol
Lyngballegård
Refshale
Ebstrup
Bjørnholt
Skannerup
Klintrup
Røgen
Farre Hede
Herskind Hede
Skivholme
Balle Kirkeby
Øster Bording
Kragelund
Nørreskov Bakke
Resenbro
Voel
Sorring Låddenhøj
Sjelle
Borum
Buskhede
Gødvad
Skjørring
Tovstrup
Herskind
Engesvang
Hvinningdal
Skellerup
Sorring
Lading
Rohde
Hørslev
Funder Kirkeby
Funder
Lysbro
Silkeborg
Sindbjerg
Linå
Dallerup
Flensted
Låsby
Galten
Skovby
Hørslevbøl
Ingerslev
Århus Vest
Hatlev
Skovby
9°40'

227
1 cm = 3 km
5 km
© Reise Know-How 2019
Bornholm
Skagen
Nexø
Aalborg
Thisted
Viborg
Randers
Århus
KØBENHAVN
Esbjerg
Kolding
Odense
Flensburg
Nykøbing F
Assens
Vindblæs Kirke
Overgård
Fuglsøgård
Udbyneder
Truds-holm
Lyshøj Mølle
Sødringholm
Udbyhøj Vasehuse
Randers Fjord
Gjessing-gård
Spenstrup
Stenalt
Støvring-gård
Ørsted
Grund Fjord
Dronning-borg
DRONNINGBORG
Randers
Allingåbro
Gammel Estrup
Løvenholm
Løvenholm Skov
Jættestue
Fjellerup Strand
Køkken-mødding
Mejlgård
Bønnerup Strand
232
Krakamarken
Sjelle-brostenen
Clausholm
Auning
Fjeld Skov
Skafø-gård
Ryomgård
Kolind
Thorsager
Rosenholm
Midtjylland
Hadsten
Hornslet
Mørke
Rønde
Aarhus-Tirstrup
ROUTE 4
Bregnet Kirke
Kalø Slot
Løgten Bugt
Møllerup
Hinnerup
Grøttrup
Kalø Vig
Egens Vig
Ørnbjerg Mølle
Stubbe Sø
Agri Bavnehøj
Trehøje
Poskær Stenhus
Lystrup
Hjortshøj
Skødshoved
Knebel Vig
Fregatten Jylland
Ahl Hage
Ebeltoft
Universitet
Århus
Mols Hoved
Begtrup Vig
Ebeltoft Vig
Olaf Ryes Skanse
10°20'
10°40'
237

© Reise Know-How 2019
1 cm = 3 km
5 km
Bornholm
Skagen
Nexø
Aalborg
Thisted
Viborg
Randers
Århus
KØBENHAVN
Esbjerg
Kolding
Odense
Flensburg
Nykøbing F
E
G
S26
Gjerrild
Nordstrand
Emmedsbo
Bønnerup
22
Brond-
strup
Gjerrild
Klint
Glesborg
Kær
Stokkebro
Sostrup
Gjerrild
Gjerrild Bugt
Hemmed
53
Glesborg
Vegger-
slev
Hjembæk
Rimsø
Karlby
Sangstrup Klint
Emmelev
Anholt
Selkær
Kast-
bjerg
Dalstrup
Voldby
Sangstrup
28
Thorsø
S27
Stensmark
Fornæs Fyr
Mastrup
Skind-
bjerg
Villersø
Hammelev
Fornæs
231
Skærvad
Dolmer
Åstrup
Kni
Kinau
Ålbugt
Godthåb
Ensle
121
Kattegat-
centret
Varberg
Grenaa
Ginnerup
Næsby
Kolindsund
Ingvorstrup
Hovedgård
Fannerup
15
Grenaa Strand
46
Revn
Hesselager
Fævejle
131
Fuglsang
Allelev
Hessel
Fladstrup
Vejlby
Høbjerg
Lyngby
Homå
Alsø
Katholm
Hovedgård
54
Ravnhøj
Lund
Alsrode
Obdrup
Tirstrup
ROUTE 4
13
56°
26
Bjørnholm
Lykkesholm
Høegholm
Balle
Østerballe
36
Ørup
Glatved
Hoed
Rosmus
Glatved
Strand
Birkesig
Fuglslev
Rugård
Nørresø
20
Øksenmølle
Hyllested
132
Gravlev
Hyllested
Skovgårde
Jernhatten
Stubbe
49
Arnakke
Holme
Skærsø
Hovedgård
133
Dråby
Boeslum
Strand
Boeslum
61
123
Ebeltoft
Kobberhage
40'
J
11°00'
Øerne
238

228
241
6
7
56°00'N
55°40'
Søndervig
Holmsland
Ringkøbing
Gammelsogn Kirke
Hebeltoft
Tyvmose
Klegod
Nørre Lyngvig
Lyngvig Kirke
Sønder Lyngvig
Hvide Sande
Holmsland Klit
Årgab
Nørre Havrvig
Havrvig Kirke
Sønder Havrvig
ROUTE 2
Bjerregård
Klægbanke
Ringkøbing Fjord
Tipperne
Værnengene
Nymindegab
Lønne Klint
Lønne
Lønnestak
Løvebjerg
Lønne Hede
Houstrup
Blåbjerg Klitplantage
Henne
Henne Strand
Kirkeby
Filsø
Kærgård
Langsø
Børsmose
Grærup Strand
Grærup
Vejers Strand
Vejers
Øster Nordby
Kallesmærsk Hede
Oksbøl
Billum
Skødstrup
Mosevrå
Bordrup
Kjelst
Tarp
Hesselmed
Varde
Alslev
Vissel-bjerg
Sønder Hebo
Nørre Hebo
Janderup
Hyllerslev
Bandsby
Kloster
Øster Nørby
Bondergarde
Heager
Fladbjerg
Lybæk
Hover Å
Hover
Hammel-svang
Røjkum
Ølstrup
No
Øster No
Mejlby
Hjortmose
Sønder Borstrup
Røgind
Hede-gårdsmark
Attenagre
Spjald
Brejninggård
Brejning
Laugesens Have
Vægerskilde
Torhuse
Solsø Hede
Opsund
Videbæk
Vester Barde
Hestkær
Trøstrup
Herborg
Vorgod
Rindhuse
Fårborg
Kovstrup
Velling
Nørby
Højmark
Øster Lem
Finderup
Fiskbæk
Lille Fiskbæk
Sønderup
Venner
Lem
Landting
Skårup
Sædding
Hangaards Have
Hanning
Bundsbæk Mølle
Rækker Mølle
Fasterlund
Astrup
Ejstrup
Halby
Sandager
Dejbjerg
Lykkeby
Veteranflysamling
Leding
Stauning
Østerby
Bølling
Faster
Borris Nørreland
Hjoptarp
Nørre Vognbjerg
Hedeby
Øster Marup
Sønderby
Kjelstrup
Lundenæs
Langkær
Ganer
Ganer Å
Borris
Gjaldbæk
Strandby
Hedeby
Skjern
Ånum
Kodbøl
Borris Sønderland
Skjern Å
Stovstrup
Lønborg-gård
Nørre Bøel
Vostrup
Lønborg
Tarm
Præstbro
Skaven Strand
Hemmet Strand
Fjerbæk
Skuldbøl
Galgebjerg
Egvad Kirke
Bundsgård
Gundesbøl
Gråhede
Ådum
Bandsbøl
Lønborg Hede
Foersum
Vittarp
Barslund
Hemmet
Gundesbøl
Tøstrup
Bork Havn
Galgebjerg
Vallund
Krageris
Nørre Bork
Østergård
Havlund
Stejlund
Falen Å
Vester-lund
Obling
Sønder Bork
Vejrup
Sønder Vium
Nørhede
Lyne
Østtarp
Ølgod
Højlund
Lydum
Rærup
Strellev
Mejeri-museum
Sønderdiger
Glibstrup
Mosbøl
Adsbøl
Lindbjerg
Nørre Nebel
Sønder Tarp
Åsted
Bjalderup
Frøsig
Lunde
Hallum
Malle
Gårde
Klinting
Kolle
Lundager
Kvong
Asp
Frøstrup
Hauge
Hennebjerg
Lundtang
Snittrup
Gunderup
Stausø
Allerslev
Øster Debel
Bjerremose
Hornelund
Skovlund
Over Fidde
Outrup
Horne
Tønding
Vester Debel
Tistrup
Krarup
Henne Stationsby
Neder Fidde
Bækhuse
Søndersig
Stundsig
Olling
Skole-museum
Filsø
Søvig Sund
Søvig Bæk
Filso Ø
Vittarp
Jættestue
Yderik
Hodde
Hulvig
Nørholm
Jegum
Søvig Mark
Blaksmark
Thorstrup
Frisvad
Sig
Vesterbæk
Vester Vrøgum
Øster Vrøgum
Kærup
Orten
Tinghøj
Tange
Karlsgårde Sø
Borre
Hannevang
Lunderup
Skonager
Agervig
Nordenskov
Øse
Heager
Gellerup
Næsbjerg
Biltoft
Gelleruplund
Vestervang
Tranbjerg
Spangdale
Nørre Gunderup
Klægbanke
181
15
16
28
11
12
423
439
465
463
431
467
475
487

229
1 cm = 3 km
5 km
© REISE KNOW-HOW 2019
242
236
Herning
Ikast
Snejbjerg
Mørupstenen
Sig
Rind Kirke
Lind
Hammerum
Bjødstrup
Hauge
Birk
Christianshede Kirke
Ravnholt-lund
Guldfor-hoved
Kærshoved
Rom
Over Isen
Isenvad
ROUTE 2
Alle
Trøstrup Mark
Helstrup
Albæk
Havnstrup
Tovstrup
Frifelt
Abildtrup Barde
Rimmerhus
Jyllands mini Zoo
Tanderupkær
Studsgård
Vorgod
Vorgod Å
Egeris
Vorgod Østerby
Fjelstervang
Velhusted
Kibæk
Nørre Vium
Høgildgård Plantage
Nørre Kollund
Langelund
Slumstrup
Høgild
Holt
Rind Å
Søby
Søby Sø
Kølkær
Søbylund
Vovlund
Store Nørlund Mark
Nørlund Plantage
Gludsted Plantage
Store Nørlund
Gludsted
Bredlund
Hampen
Harreskov
Mosegård
Olling
Assing
Arnborg
Arnborg Kirke
Midtjylland
Oldtidsagre
Hallundbæk
Smedebæk
Ejstrup Sø
Vester Kejlstrup
Store Thorlund
Højby
Troldhede
Albæk Hede
Gåsdal
Hedeby
Bukkær
Skarrild Overby
Hjøllund
Skarrild
Skjern Å
Green
Skibbild
Fasterholt
Brande Nord
Dørslund
Ejstrupholm
Gejlbjerg
Nørrelandet
Overtarp
Gammelmark
Gårdsvig
Ahler Gårde
Sønder Felding
Ronnum
Nørre Grene
Kærhede
Karstoft
Kærby
Uhre
Borup
Brande
Arvad
Hedegård
Krej-bjerg
Ensø
Rønslunde
Kulsø
Nedersø
Grarup
Store Langkær
Pomphole
Kokborg
Vesterlund
Døvling
Karstoft Å
Sønderlandet
Sandet
Drantum
Sønder Askær
Thyregod
Thyregodlund
Torsbæk
Ilderhede Kirke
Stakroge
Barslund
Skærlund
Engebæk
Omvrå Nordby
Blåhøj
Risbjerg
Ullerup
Lønå
Sejrup
Øster Nykirke Kirke
Dørken
Hvidsballe
Kollemorten
Dyrvig
Knaplund
Kratbanke
Kirkeby Mark
Gammel Blåhøj
Bølund
Give
Okse-bjerge
Tyskland
Vester Grene
Ørbæk
Nørre Skovsende
Lundager
Hallundbæk
Store Vorslunde
Hoven
Bøvl
Blåhøj Kirkeby
Øgelund
Hedegård
Okslund
Skovsende
Sønder Omme
Omvra Søndermark
Vibjerg
Givskov
Give Vejle
Grimlund
Påbøl
Sønderkær Bæk
Klink
Omme Å
Filskov
Grønbjerg
Hedeby
Farre
Givskud
ROUTE 2
Simmelbæk
Filskov Mark
Langelund
Ringive Uhe
Skolding
Harreso
Bejsnap
Dyvelsrække
Urup
Nollund
Nørskov
Tofthøj
Krusbjerg
Urup Kirke
Lamborg
Stilbjerg
Kuldbjerg
Hungerbjerg Mark
Engebæk
Eg
Loft
Lindeballe
Gadbjerg
Grindsted Å
Jerrig
Grindsted
Zoologisk Museum
Terrarium
Silkeborg
Båstlund
Trollerup
Lund
Kærbæk
Horsbøl
Hinnum
Løvlund
Godsbøl
Førstballe
Mørup
Rostrup
Gammelby
Skovdal
Legoland
Billund
Ast
Kærbæk
Hoddeskov
Sønderby Mark
Fugdal
Grene Kirke
Grene
Grene Å
Engels-holm
Nørup
Gødding
Ny Nørup
Ansager
Kvie
Askær
Plougslund
Vandel
Randbøl
Store Lihme
Ravning
Stenderup
Vesterhede
Hejnsvig
Trøllund
Almstok
Skjoldbjerg
Randbøldal
Bindeballe
Abildgård
Smakær
Hodde Mark
Haltrup
Klink
Hostrup
Holme Å
Vestterp
Starup
Tofterup
Ansager Å
Donslund
Nebel
Randbøl Hede
Bindel Købmands
Bolhede
Hesselho
Risbøl
Vorbasse
Øster Vrenderup
Galstho
Fitting
Tågel
Vrenderup
Debel
Agerbæk
Hovborg
Holme Å
Vester Torsted
Rodebæk
Fåborg
Kærbjerg
Klelund
Ålunde
Skibssætning Klebæk Høje
Kragelund
Bornholm
Nexø
Skagen
Thisted
Ålborg
Viborg
Randers
Århus
KØBENHAVN
Esbjerg
Kolding
Odense
Flensburg
Nykøbing F

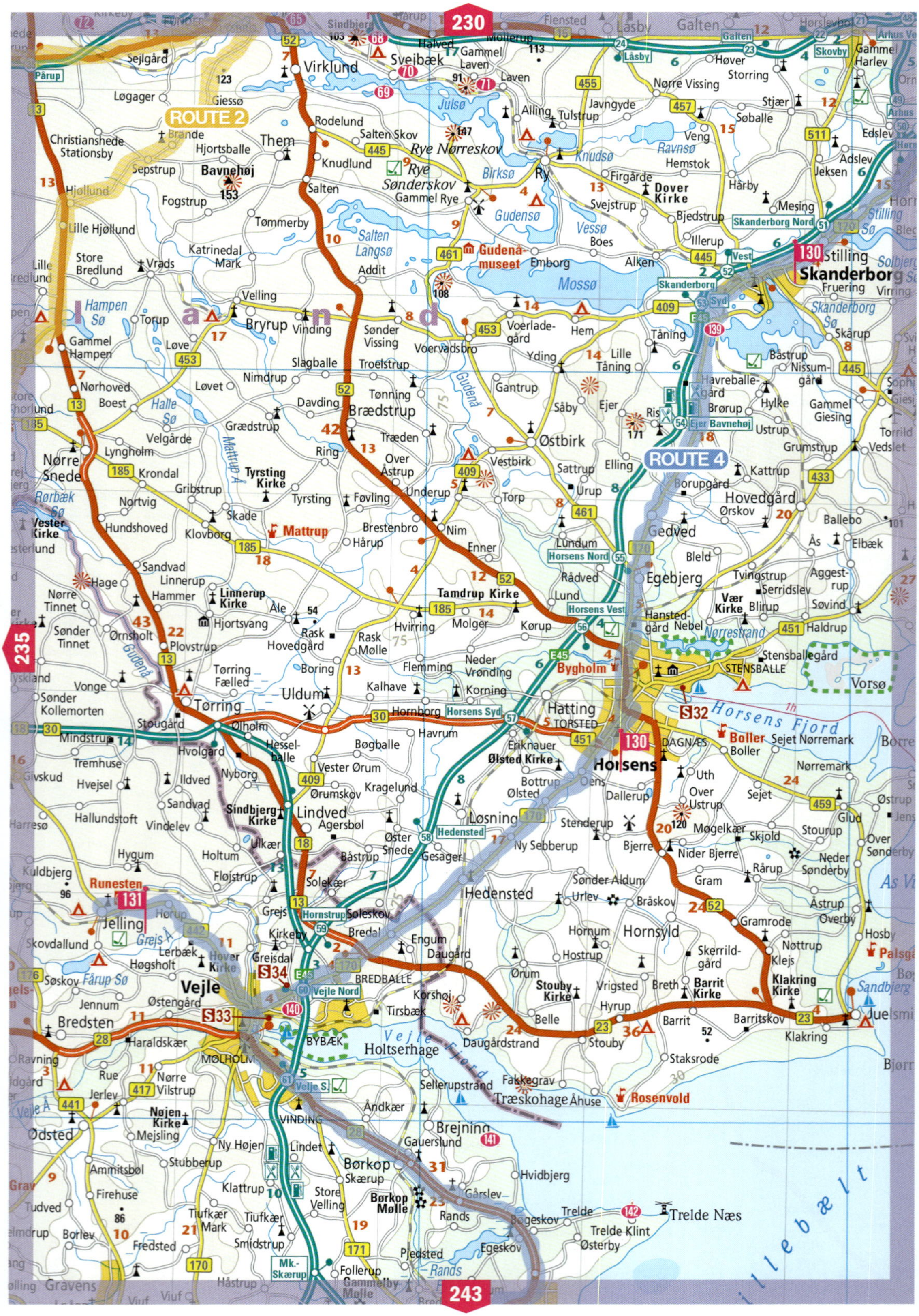

230
235
243
ROUTE 2
ROUTE 4
Sejlgård
Løgager
Christianshede Stationsby
Hjortsballe
Them
Bavnehøj
Sepstrup
Fogstrup
Hjøllund
Lille Hjøllund
Tømmerby
Store Bredlund
Vrads
Katrinedal Mark
Velling
Hampen Sø
Torup
Bryrup
Vinding
Gammel Hampen
Løve
Nørhoved
Boest
Halle Sø
Løvet
Nimdrup
Slagballe
Davding
Brædstrup
Grædstrup
Velgårde
Lyngholm
Nørre Snede
Krondal
Gribstrup
Mattrup Å
Tyrsting Kirke
Tyrsting
Ring
Nortvig
Hundshoved
Klovborg
Skade
Mattrup
Rørbæk Sø
Vester Kirke
Sandvad
Linnerup
Hammer
Linnerup Kirke
Hjortsvang
Åle
Hage
Nørre Tinnet
Sønder Tinnet
Ørnsholt
Plovstrup
Gudenå
Tørring Fælled
Hovedgård
Rask
Rask Mølle
Boring
Vonge
Sønder Kollemorten
Stougård
Tørring
Uldum
Ølholm
Mindstrup
Hvolgård
Tremhuse
Hesselballe
Givskud
Hvejsel
Ildved
Nyborg
Sandvad
Hallundstoft
Vindelev
Sindbjerg Kirke
Lindved
Agersbøl
Ulkær
Hygum
Holtum
Fløjstrup
Kuldbjerg
Runesten
Jelling
Grejs Å
Grejs
Solekær
Skovdallund
Lerbæk
Hover Kirke
Greisdal
Kirkeby
Hornstrup
Soleskov
Høgsholt
Søskov
Fårup Sø
Vejle
Jennum
Østengård
Bredsten
Haraldskær
Mølholm
Ravning
Rue
Nørre Vilstrup
Jerlev
Vejle Å
Ødsted
Nøjen Kirke
Mejsling
Vinding
Ny Højen
Stubberup
Ammitsbøl
Firehuse
Klattrup
Tudved
Borlev
Tiufkær Mark
Tiufkær
Smidstrup
Fredsted
Gravens
Håstrup
Virklund
Sveibæk
Gammel Laven
Laven
Halved
Møllerup
Julsø
Rodelund
Salten Skov
Rye Nørreskov
Knudlund
Rye Sønderskov
Gammel Rye
Birksø
Salten
Salten Langsø
Gudensø
Addit
Gudenå-museet
Emborg
Mossø
Sønder Vissing
Voervadsbro
Troelstrup
Tønning
Træden
Over Astrup
Underup
Føvling
Brestenbro
Hårup
Nim
Enner
Tamdrup Kirke
Hvirring
Molger
Kørup
Neder Vrønding
Flemming
Kalhave
Korning
Hornborg
Horsens Syd
Havrum
Bøgballe
Vester Ørum
Ørumskov
Kragelund
Løsning
Hedensted
Øster Snede
Gesager
Båstrup
Bredal
Engum
Daugård
BREDBALLE
Vejle Nord
Tirsbæk
BYBÆK
Korshøj
Holtserhage
Vejle Fjord
Sellerupstrand
Andkær
Brejning
Gauerslund
Lindet
Børkop
Skærup
Store Velling
Børkop Mølle
Gårslev
Rands
Bøgeskov
Egeskov
Pjedsted
Follerup
Gammelby Mølle
Mk.-Skærup
Trelde
Trelde Klint
Trelde Næs
Østerby
Hvidbjerg
Lillebælt
Fakkegrav
Trækohage
Åhuse
Rosenvold
Daugårdstrand
Belle
Stouby
Stouby Kirke
Ørum
Hostrup
Hornum
Hornsyld
Vrigsted
Hyrup
Barrit
Barrit Kirke
Breth
Skerrildgård
Barritskov
Staksrode
Klakring
Klakring Kirke
Klejs
Nottrup
Gramrode
Juelsminde
Sandbjerg
Hosby
Overby
Åstrup
Bråskov
Urlev
Sønder Aldum
Bjerre
Nider Bjerre
Gram
Rårup
Skjold
Møgelkær
Stenderup
Ny Sebberup
Ølsted
Bottrup
Ølsted Kirke
Eriknauer
Dallerup
Hatting
TORSTED
Horsens
DAGNÆS
Boller
Sejet
Nørremark
Uth
Over Ustrup
Horsens Fjord
Stouby
Stourup
Glud
Neder Sønderby
Over Sønderby
Stensballegård
STENSBALLE
Vorsø
Nørrestrand
Hansted-gård
Nebel
Bygholm
Egebjerg
Lund
Horsens Vest
Rådved
Horsens Nord
Lundum
Bleld
Gedved
Tvingstrup
Serridslev
Vær Kirke
Blirup
Søvind
Haldrup
Aggestrup
Ås
Elbæk
Ballebo
Hovedgård
Ørskov
Borupgård
Kattrup
Urup
Sattrup
Elling
Østbirk
Vestbirk
Torp
Såby
Ejer
Gantrup
Yding
Voerladegård
Hem
Lille Tåning
Tåning
Ejer Bavnehøj
Brørup
Havreballegård
Ris
Ustrup
Grumstrup
Gammel Giesing
Hylke
Båstrup
Nissumgård
Skårup
Torrild
Vedslet
Skanderborg Sø
Skanderborg
Stilling
Fruering
Virring
Stilling Sø
Illerup
Alken
Bjedstrup
Boes
Vessø
Svejstrup
Dover Kirke
Firgårde
Ry
Knudsø
Hemstok
Ravnsø
Veng
Høver
Storring
Nørre Vissing
Javngyde
Alling
Tulstrup
Søballe
Stjær
Edslev
Adslev
Jeksen
Hårby
Mesing
Skanderborg Nord
Lasby
Galten
Flensted
Horslevhøj
Gammel Harlev
Skovby
Sindbjerg
Pårup
Giessø
Brande

231
1 cm = 3 km
5 km
© Reise Know-How 2019
Århus
BRABRAND
FREDERIKSBJERG
HØJBJERG
SKÅDE BAKKER
Stavtrup
Ormslev
VIBY
HASSELAGER
HOLME
Århus Vest
Århus Syd
Hørning
Tranbjerg
Jelshøj
Moesgård
Hørretløkken
Langballe
Mårslet
Fulden
Tiset
Blegind
Over Fløjstrup
Beder
Tander
Solbjerg
Malling
Ajstrup Strand
Astrup
Onsted
Tulstrup
Storenor
Norsminde
Kysing Næs
Svinsager
Hvilsted
Bøgeskov
Rantzausgave
Synnedrup
Norsminde Fjord
Kysing
Tvenstrup
Sophienlund
Balle
Nølev
Giesing
Snærild
Odder
Rude
Saksild
Saksild Bugt
Torrild
Vedslet
Rørt
Bjerager
Fillerup
Rathlousdal
Ondrup
Dyngby
Hadrup
Morsholt
Over Randlev
Oldrup
Ørting
Spøttrup
Gosmer
Hundslund
Dybvad
Torup
Åkær
Hov
Hov Røn
Ålstrup
Falling
Fensten
Søby
Sondrup
Skablund
Amstrup
Gylling
Lerdrupskov
Alrø
Gyllingnæs
Alrø By
Sonderby
Kalsenakke
Borre
Hjarnø
Hjarnø By
Snaptun
Hundshage
Østrup
Jensgård
Over Sønderby
As Vig
Hosby
Palsgård
As Hoved
Bøgehoved
Juelsminde
Bjørnsknude
ÅRHUS BUGT
Kongsgårde
Borup
Fejrup
Esby
Ørby
Helgenæs
Ellemands-bjerg
Sletterhage
Gåsehager
Sjællands Odde
Kalundborg
Tunø Knob
Løkkegårde
Tunø
Tunø By
Svanegrund
Endelave
Øverste Ende
Møllegrund
Endelave Kloben
Endelave By
Lynger Hage
Issehoved
Ballebjerg
Nordby
Nordby Bugt
Mårup
Nordby Kirke
Asmindør Hage
Kyholm
Vester Hedekrog
Kanhave Kanal
Langør
Besser
Stavns
Samsø
Toftebjerg
Sælvig
Østerby
Onsbjerg
Langemark
Tanderup
Tranebjerg
Pillemark
Kolhøj Mølle
Ballen
Brundby
Kolby Kås
Kolby
Ørby
Nørreskifte
Brattingsborg
Hjalmarsgård
Lushage
Samsø Bælt
Æbelø
Æbelø Holm
Agernæs
Nørreby Hals
Egebjerggård
Lindø
Fyns Hoved
238
244
Bornholm
Skagen
Nexø
Aalborg
Thisted
Viborg
Randers
Århus
KØBENHAVN
Esbjerg
Kolding
Odense
Flensburg
Nykøbing F

232

Bornholm
Skagen
Nexø
Aalborg
Thisted
Viborg
Randers
Århus
KØBENHAVN
Esbjerg
Kolding
Odense
Flensburg
Nykøbing F
Sjællands Rev N
20
Ebeltoft
Århus
Gniben
16
Yderby Lyng
Yderby
Havneby
29
21
Sjælland
Lindholm Dyb
Vejrø
Bosserne
Lindholm
Besser Rev
Draget
Hatterrev
Hatter Barn
Skagelse Bjerg
29
Sejerø
Sejerby
Kongstrup
Mastrup
Sejerø Bugt
Ordrup Næs
Elmebjerg
41
Nekselø
Nekselø Bugt
Stold
Havnsø
Bælt
20
Røsnæs Puller
Nyby
Ulstrup
Ågerup
61
Røsnæs
Kongstrup
Nostrup
Vollerup
Saltbæk
Lille Vrøj
Kragéø
Saltbæk Vig
Alleshave
Alleshave Kirke
Kalundborg
Føllenslev
22
Favrbo
Eskebjerg
Kaldred
Kalundborg Fjord
Nyrup
Brokkebjerg
155
Kåstrup
Spangsbro
Ubberup
Bregninge Å
Bregninge
Løgtved
Godthåb
Kalundborg
Havnemark
Sortenstenen
Asnæs
Lerchenborg
Melby
Tømmerup
23
13
21
Viskinge
Kærby
ROUTE 5
Svebølle
Bjergsted
Voldsted
Værslev
Årby
Bastrup
Rørby
Klovby
Forsinge
81
Gammel Svebølle
Halleby Å
Østrup
Ugerløse
219
Ubby
Jerslev
Kelleklinte
Jorløse
Klattrup
Svallerup
16
Jammerland
Bjerge Nordstrand
Lille Fuglede
Buerup
10
225
8
6
22
37

237

245

1 cm = 3 km
5 km
© Reise Know-How 2019
670
6230
Hesselø
11°40′
Hesselø Bugt
Nyrup Bugt
Korshage
Knud Rasmussen
Hundested
Liseleje
Asserbo
Tisvildeleje
Tibirke Bakker
Hald
Melby
Nødebohuse
Kikhavn
Tømmerup
Torup
Vinderød
Enghave
Halsnæs
Hanehoved
Lynæs
Amager Huse
Solager
Kulhuse
Barakkerne
Grævlingehøj
Roskilde Fjord
Hornsved
Nordskoven
Skoven
Nyhuse
Neder Dråby
Jægerspris Slot
Jægerspris
Over Dråby
Jægerspris Bugt
Landerslev
Dalby Huse
Rosenhaven
Gerlev
Lyngerup
Tørslev
Kyndby Huse
Kyndby
Dalby
Rendebæk
Svanholm
Krogstrup
Skuldelev
Vejleby
Venslev
Ferslev
Skibby
Selsø
Vellerup
Nørre Hyllinge
Biltris
Gershøj
Kyndeløse
Sæby
Kirke Hyllinge
Store Karleby
Lyndby
Lejre Vig
Herslev
Kattinge
Ejby
Rye
Englerup
Torkilstrup
Gevninge
Korneerup
Svogerslev
Kirke Saaby
Vester Såby
Abbetved
Kongsgården
Lejre Forsøgscenter
Ledreborg
Gammel Lejre
Nørre Hvalsø
Kisserup
Lejre
Ørn
Rorup
Osager
Kirke
Havnebyen
Overby Lyng
Overby
Odsherred Odde
Lumsås
Troldstuerne
Klint
Nyrup
Tengslemark
Næsholm
Tengslemark Lyng
Stenstrup
Højby Lyng
Højby
Fundsted Solvognen
Stårup
Nykøbing S
Moseby
Nakke Lyng
Nørrevang
Skansehage
Rørvig
Nakke
Nakke Hage
Nykøbing Bugt
Isefjord
Nørre Asmindrup
Ellinge Kongepart
Svinninge
Strandhuse
Hønsinge
Rode
Unnerud
Veddinge Bakker
Høve Strand
Eskilstrup
Egebjerg
Vig
Vig N
Vig ø
Skamlebæk Strand
Jyderup
Høve
Bognæs
Abildøre
Sidinge Fjord
Holkerup
Ordrup
Veddinge
Fårevejle Kirkeby
Asnæs
Ostrup
Herrestrup
Atterup
Kongsøre Næbbe
Orø
Næsby
Nørre Stænge
Grevinge
Gundestrup
Lammefjord
Kisserup
Vesterløb
Østerløb
Vindekilde
Fårevejle Stationsby
Dragsholm
Bybjerg
Gurede
Udby
Gamløse
Snavhuse
Starreklinte
Hørve
Skippinge
Vallekilde
Sandby
Gislinge
Hagested
Tuse Næs
Hørby
Bognæs
Lindholm
Holbæk
Mårsø
Holbæk Fjord
30 min
Inderbredning
Svinninge
Ny Hagested
Holbæk-V.
Dragerup
Tjebberup
Snertinge
Hjembæk
Kundby
Trønninge
Tuse
Butterup
Andelslandsby
Marke
Løvenborg
Søstrup
Holbæk-C.
Holbæk-Ø.
Arnakke
Godthåb
Høed
Stigs Bjergby
Regstrup
Nørre Jernløse
Hellestrup
Tempelkrog
Stokkebjerg
Jyderup
Knabstrup
Vipperød
Tølløse
Kirke Sonnerup
Mørkøv
Tornved
Sønder Jernløse
Kvanløse
Skarresø
Krøjerup
Torbenfeldt
Akselholm
Mogenstrup
Nyby
Route 5
Holmstrup
Bennebo
Sønderstedt
Tjørnede
Tølløse
Brorfelde
Skamstrup
Ulkestrup
Undløse
Nørre Vallenderød
Klattrup
Brokøb
Vinskoven
Brændholt
Soderup
Sjælland
Åmose Å
Skellingsted
Åmose
Østrup
Ugerløse
Bukkerup
Route 5
246
240
168

Bornholm
Nexø
Skagen
Aalborg
Thisted
Viborg
Randers
Århus
KØBENHAVN
Esbjerg
Kolding
Odense
Flensburg
Nykøbing F
Gilleleje
Smidstrup
Munkerup
Fjellenstrup
Søborg Slot
Ølshøj
Villinge-bæk
Hornbæk
Dronningmølle
Søborg
Ruudolph Tegner
Villingerød Kirke
Villingerød
Sten-strup
Hellebæk
Blistrup
Alme
Dragstrup
Græsted
Saunte
Havreholm
Borsholm
Danmarks Tekniske Museum
Aggebo
Esrum
Bistrup
Nygård
Tisvilde
Valby
Dønnevælde
Esbønderup
Plejelt
Kronborg
Tisvilde Hegn
Laugo
Helsinge
Esrumkloster
Langeso
Trafikmuseum
Gurre
Helsingør
Bakker
Ågerup
Haregab
Skovhuse
Mårum
Tikøb
Nejlinge
Esrum Sø
Gurre Slot
Espergærde
Ramløse
Skærød
Ejlstrup
Gribskov
Jonstrup
Nyrup
Snekkersten
Helsingborg
Kagerup
Annisse Nord
Fredensborg Slot
Kvistgård
Tibberup
Auderød
Annisse
Arresø
Nødebo
Gadevang
Asminderød
Louisiana
Dronningholm
Alsønderup
Tulstrup
Søholm
Humlebæk
Frederiksværk
Nejede
Fredensborg
Dageløkke
Ebelholt Kloster
National-historisk Museum
Grønholt
Sletten
Kregme
Lille Lyngby
Lønholt
Vejenbrod
Nivå
Ven
Melose
Hesselrød
Ølsted
Store Lyngby
Frederiksborg
Kyrkbacken
Tuna
Lille Havelse
Skævinge
Harløse
Hillerød
Par force hunting landscape
Store Dyrehave
Karlebo
Kokkedal
Hørsholm
ROUTE 6
Borup
Freerslev
Gunderød
Stjerneborg
Nørre Herlev
Hammersholt
Kirkelte
Usserød
Strø
Kongedyssen
Grønnegade
Rungsted
Rungstedlund
Strø Bjerg
Gørløse
Lillerød
Blovstrød
Sjælsmark
Sigerslevøster
Isterød
Allerød
Ravnsnæs
Brådebæk
Sigerslevvester
Uvelse
Kollerød
Birkerød
Hovedstaden
Vedbæk
Græse Bakkeby
Græse
Hørup
Slangerup
Høsterkøb
Kajerød
Bregnerød
Uggeløse
Lynge
Trørød
Willumsen
Sundbylille
Nymølle
Gammel Holte
Skodsborg
Frederikssund
Jørlunde
Bastrup Stenhus
Farum
Bistrup
Øverød
Holte
Nærum
Myrestenen
Søllerød
Oppe Sundby
Slagslunde
Ganløse
Brede
Frilandsmuseum
Furesø
Store Rørbæk
Ølstykke
Kirke Værløse
Tårbæk
Klampenborg
Værløse
Mølleå
Svestrup
Skovshoved
Tangbjerg
Stenløse
Søsum
Knardrup
Charlottenlund
Jyllinge
Måløv
Hareskovby
Bagsværd
Ordrup
Gentofte
Danmarks Akvarium
Veksø
Smørumnedre
Hjortespring
Hellerup
Buddinge
Ølstykke
Ballerup
Herlev
Søborg
Malmö
Eskilsø
Gundsømagle
Østrup
Smørumovre
Skovlunde
Gladsaxe
Bispebjerg
KØBENH
Middelgrund
Roskilde Fjord
Herringløse
Ejby
Rosenborg Slot
Kastellet
Tågerup
Gundsølille
Hvedstrup
Nybølle
Ledøje
Risby
Herstedøster
Islev
Brønshøj
Vanløse
Christianshavn
Ågerup
Vridsløsemagle
Frederiksberg
Christiansborg
Tivoli
Store Valby
Søderup
Sengeløse
Herstedvester
Rødovre
Veddelev
Glostrup
Himmelev
Ølong
Marbjerg
Albertslund
Brøndbyøster
Valby
Ørestad
Valbyparken
Sundbyerne
Vikingeskibene
Domkirke
Brøndbyvester
Hvidovre
Kastrup
Roskilde
Hedehusene
Høje Taastrup
Taastrup
Vallensbæk
Avedøre
Tårnby
Københavns Lufthavn Kastrup
Svogerslev
Vindinge
Reerslev
Torslunde
Ishøj
Landsby
Store Magleby
Ishøj
Vallensbæk Strand
Avedøre Holme
Vestamager
Dragør
Darup
Vor Frue
Gjeddesdal
Kildebrønde
Arken
Ullerup
Sydstranden
Københavns Lufthavn Roskilde
Greve
Hundige
ROUTE 7
Gøderup
Tune
Greve Strand
Karlslunde
Øresund
Nordre
Sverige
239
247

234
1 cm = 3 km
5 km
© Reise Know-How 2019
Kallesmærsk Hede
Blåvands Huk
72
45
Blåvand
Oksby
Bredmose
Ho
ROUTE 2
Ho Bugt
Kravnsø
Hostrup
Myrtue
Vesterstrand
34
HJERTING
Guldager
Grenen
Skallingen
Hobo Dyb
Hjerting Løb
SÆDDING
GJESING
33
Esperance Bugt
FOVRFELD
Saltvandsakvariet
Fiskeri og Søfartsmuseet
Skalling Ende
Grådyb
Torrup
Forumlund
Forum
Alslev Å
Ny Lifstrup
Lifstrup
Balle
Vester Nebel
Bryndum
Tarp
Esbjerg Lufthavn
Esbj. N.
Andrup
JERNE
Esbj. Øst
Novrup
49
Måde
Esbjerg
ROUTE 1
Tjæreborg
Allerup
Lille Darum
Store Darum
32
Brandgårde
Spangsdal
Roustshøje
Gunderup
Arre
Roust
Jyllerup
Skærbæk
Schæfergårde
Omme
Grimstrup
Ravnsø
Skads
Sadderup
Nørre Vong
Bramming
Solbjerg
Ålbæk
Tømmerby
Tradsborg
Bramming
Kikkebjerg
S6
Nordby
Fanø Vesterhavsbad
36
37
35
Rindby
Rindby Strand
52
Fanø
Fanø Klitplantage
Albuen
21
Pælebjerg
19
Knudtoft Bjerg
Vadehavet
20
Sønderho
Mosedal Bjerg
Hannes Hus
Harwich
55°20′
8
9
Knudedyb
Sønder Farup
Vester Vedsted
Egebæk
Mandø Mølle
Mandø
39
Mandøhuset
Enderup
Gammel Hviding
Høgsbro
Vadehavet
Koresand
Rejsby
Juvre Dyb
Vester Åbolling
Havervad
Juvre Sand
Juvre
Brøns
Nørreland
Kommandørgården
ROUTE 1
Astrup
Høstbjerg
56
Rømø
41
Tvismark
Lakolk
Kongsmark
Sønderland
18
Østerby
S8
42
Mølby
Havneby
Havsand
Vesterende Ballum
Forballum
Ballum Enge
Husum-Ballum
Randerup
Listerdyb
Rømø Dyb
Buntje-Ballum
Rejsby-Ballum
Skast
Koldby
Mövenberg
248
242
N O R D - S E E
Bornholm
Skagen
Nexø
Aalborg
Thisted
Viborg
Randers
Århus
KØBENHAVN
Esbjerg
Kolding
Odense
Flensburg
Nykøbing F

235
249
241
ROUTE 1
Syddanmark
Bornholm
Skagen
Nexø
Aalborg
Thisted
Viborg
Randers
Århus
KØBENHAVN
Esbjerg
Kolding
Odense
Flensburg
Nykøbing F
Kærbjerg
Klelund
Skibssætning Klebæk Høje
Kragelund
Veerst Kirke
Skærsø
Husted
Bølling
Tvilho
Gettrup
Hyldelund
Lindknud
Vittrup
Bække
Veerst
Knudsbøl
Jordrup
Lintrup
Assersbølgård
Kjeldbjerg
Stavshede
Ravnholt
Fynslund
Sekær
Nyby
Gestenkær
Egholt
Uhre
Ferup
Nyvang
Favrskov
Surhave
Hundsbæk
Læborg
Gesten
Holsted
Gjerndrup
Drostrup
Vester Gesten
Lejrskov Kirke
Leirskov
Vrå
Gammelby
Revsing
Lunderskov
Vejen
Vejen Øst
Lund. Øst
Sønder Vejrup
Bjerndrup
Nørå
Terp
Bramming Hovedgård
Hessel-lund
Sønder Lovrup
Holsted Å
Eskelund
Tirslund-stenen
Brørup
Gamst
Store Andst
Gelballe
HOLSTED STATIONSBY
Askov
Malt
Lunderskov
Bramming
Ilsted
Gørding
Stårup
Nørbølling
Sønder Bøel
Tange
Føvling
Sønders-skovgård
Skibelund Krat
Roved
Lille Andst
Nagbøl
Pottehuse
Skan-derup
Klebæk
Kragelund
Stende-rup
Bobøl
Folding
Foldingbro
Dover
Jelshøj Huse
Skibelund
Skodborg-hus
Skudstrup
Holt
Vamdrup
Hjarup
Koldin-gegnen
Hunde-rup
Sejstrup
Jernved
Kongeå
Plovstrup
Tobøl
Lokes Høje
Københoved
Skodborg
Kongeåmuseet
Vimtrup
Lintrup
Skrave By
Gred-stedbro
Hjortlund
Villebøl
Bastrup Skov
Farris
Ødis-Bramdrup
Hjerting
Langetved
Skodborgskov
Jels Troldkær
Jedsted
Hedegård
Kalvslund Kirke
Tornum
Mikkelborg
Kalvslund
Hjortvad Å
Møgelmose
Over Lert
Kirkeby
Farris
Jels Voldsted
Planeta-rium
Rødding
Haslund
Brøstrup
Hellet
Højrup
Farup
Sønder Hygum
Grønnebæk
Tved Å
Jels
Ribe Å
Riberhus
Tved
Tved Huse
Fæsted
Hygumskov
Stenderup
Rangstrup
Ørsted
Stepping
Ribe
Obbekær
Harreby
Brændstrup
Birk
Stursbøl Plantage
Neder Lert
Kolstrup
Øster Vedsted
Seem
Fole
Mølby
Sommersted
Lustrup
Varming
Fladsa
Nybølgård
Øster Lindet
Oksenvad Hede
Kastvra
Favrlund
Gram Å
Gram Slot
Mojbøl
Nørreå
Kestrup
Hømvejle
Gram
Bæk
Jegerup
Maugstrup
Høm
Varming-lund
Enderup-skov
Sankt Thøgers Kirke
Lundsbæk
Ringtved
Lundsmark
Vesterbæk
Tiset
Nustrup
Fjersted
Kastrup
Ålkær
Gabøl
Vojens
Vojensgård
Styding
Roager
Øster Åbølling
Spandet
Arnum
Uldal
Hammelev
Voldsted
Rejsby Å
Hølleskov
SKRYDSTRUP
Vojens
Gammel Ladegård
Haved
Højrup
Gels Å
Åbøl
Birkelev
Vodder Kirke
Frifelt
Gånsager
Sønderhede
Stenderup
Ørderup
Tirslund
Bevtoft Plantage
Normsted
Over Jerstal
Birkelev Tuegrave
Allerup
Bevtoft
Vedsted
Åved
Gasse Hede
Toftlund
Neder Jerstal
Pothøj
Ullerup
Hyrup
Abkær
Skærbæk
Øster Gasse
Hønning
Neder Geestrup
Galsted
Strandel-hjørn
Nørre Hjarup
Haderslev Syd
Hjemsted
Vestergård
Arrild
Rurup
Gammelskov Mark
Hovs-lund
Ottersbøl
Tevring
Fiskbæk
Rangstrup
Brede Å
Vinum
Lovrup Skov
Roost
Branderup Kirke
Agerskov
Rugbjerg
Hovslund Stationsby
Mjolden
Døstrup
Kløjing
Rangstrup Gårde
Lunde
Lovrup
Løgum Bjerge
Nørre Løgum
Branderup
Mellerup
Vorbjerg
Horsbyg
Øster Løgum
Abterp Langdysser
Dreng-stend
Vester Terp
Vongshøj
Bjerndrup
Bovlund
Vellerup
Øbening
Nørre Hostrup
Vendersvold
Løjtved
Visbjerg
Hinderup
Lunderup Mark
And-holm
Abterp
Løgumgårde
Øster Terp
Kisbæk
Egvad Kirke
Harres
Bredebro
Kumled
Løgumkloster
Landeby
Hellevad
Rødekro
Aabenraa
Søgård
Bedsted
Rødå
Hydevad
Skast Mose
Borg
Trælborg
Kunstmuseum
Klovtoft
Nørre Ønlev
Voldsted
Ellum
Arndrup
Arnå
Korup
Alslev Kro
Kassø
Søst

236
1 cm = 3 km
5 km
© Reise Know-How 2019
Gravens
Ågård
Viuf
Vestermark
Hästrup
Gammelby Mølle
Bredstrup
Egum
Hyby Lund
Fredericia
Tragten
Herslev
Hannerup
Kongsted
Almind
Balle
Vester Nebel
Dons
Mosvrå
Sønder Vilstrup
Ferup
Nyvang
Solgårdsmark
Lilballe
Eltang Kirke
Taulov
Brovad
Sanddal
Strib
Røjleskov
Staurshoved
Fogense Pynt
Båring Vig
Søborg
Erritsø
Fredericia S.
Snoghøj
Hønborg
Bramdrupdam
Rådvad
Eltang
Gudsø
Gudsø Vig
Skærbæk
Nørre Bjert
Slotsbanke
Hindsgavl
Røjle
Middelfart
Vejlby
Båring Mark
Varbjerg
Skåstrup
Ørbæk
Skovs Højrup
Holse
Båring
Brenderup
Kærsgård
Harte
Kolding Vest
Strandhuse
Kolding
Kolding Fjord
Skarre
Fænøgård
Fæno
Roerslev
Svenstrup
Kauslunde
Nørre Aaby
Hylkehuse
Seest
Tved
Rebæk
Agtrupskov
Geografisk Have
Dalby
Sønder Bjert
Mørkholt
Gamborg Fjord
Gamborg
Viby
Bubel
Kærby
Harndrup
Køstrup
Gremmeløkke
Fjelsted
Kolding Syd
Vonsild
Sønder Stenderup
Frydenborg
Fønsskov
Ronæs
Udby
Båringvad
Mosegård
Ejby
Hønnerup
Kindstrup
Hjarup
Smuthøj
Fløjbjerg
Binderup
Bjert Strand
Sparretorn
Føns
Føns Vig
Balslev
Rørup
ROUTE 1
Fovslet
Ødis
Ødis Kroge
Åstrup
Sjølund
Grønninghoved Strand
Grønninghoved
Bredningen
Ålehoved
Rud
Tybring
Ørslev Bjerge
Ørslev
Gelsted
Søndergårde
Brænore
Tapsøre
Taps
Høkkelbjerg
Vejstrup-rød
Overby
Hejls
Tybrind Vig
Hygind
Lunge
Lunghøj
Aarup
Frørup
Frøruprød
Brødremenigheden
Brabæk
Trappendal
Hejlsminde
Wedellsborg Hoved
Wedellsborg
Husby
Håre
Hjorte
Kerte
Hjærup
Brændeå
Anderup
Christiansfeld
Aller
Stubbom
Gravenshoved
Brandsø
Sønder Åby
Tanderup
Emtekær
Ørsbjerg
Kolstrup
Hjerndrup
Favervå
Hvinderup
Lille Anslet
Store Anslet
Anslet Hage
Nakke
Billeskov
Kaslunde
Bjerndrup
Fjelstrup
Knud
Knudshoved
Egholm
Sandager Næs
Bårløse
Sandager
Kokær
Rørkær
Haderslev
Avnø Vig
Bågø By
Bågø
Østerklint
Tvingsbjerg
Holevad
Puge Mølleå
Blangstrup
244
Simmersted
Haderslev Nord
Rovstrup
Sillerup
Keldet
Ørby
Errested
Feldum
Bæk
Ørbyhage
Linderum
Lillebælt
ROUTE 5
Aborg
Turup
Sølleested
Moltrup
Ladegårds Parceller
Vonsbæk
Haderslev Fjord
Bastholm
Lundager
Gamtofte
Voldbro
Assens
Brahesborg
Øksnebjerg
Over Åstrup
Stevelt
Kvistrup
Årøsund
Årø
Årø Kalv
Årø Sund
Torø Vig
Kirke Søby
Oksbø
Vojens
Haderslev
Starup
Grarup
Øsby
Hajstrup
Flovt
Kærum
Ebberup
Fredsted
Haderslev Dam
Vandling
Hyrup
Råde Hoved
Flovt Strand
Torø Huse
Saltofte
Hagenskov
Voldsted
Langkær
De syv haver
Marstrup
Nørre Vilstrup
Hejsager
Banke Nor
Flenstofte
Snave
Åkrog Bugt
Brydegård
Ustrup
Vilstrup Kirke
Kelstrup Strand
Halk
Halk Hoved
Sønder Vilstrup
Kelstrup
Sandvig
Brunbjerg
Elmebjerg
Ungersbjerg
Hoptrup
Skovby
Diernæs
Diernæs Bugt
Helnæs
Knivsbjerg
Sønderballe
Sønderballe Hoved
Lindehoved
Genner
Genner Bugt
Barsø
Loddenhøj
Lerskov
Løjt Kirkeby
Bodum
Barsmark
Knudshoved
Tontoft Nakke
Rise-Hjarup
Augustenhof
Løjt Skovby
Pøl
Aabenraa Nord
Stollig
Nørreløkke
Nordborg Slot
Dyrhave
Aabenraa Fjord
Varnæs Hoved
Holm
Langesø
Avnsby
Holm Mark
Havnbjerg
Nordborg
Skarrev
Tranerodde
Aabenraa
250
Himmark

237
243
251
Syddanmark
ROUTE 5
Odense
Odense Fjord
Odense Å
Seden Strand
Bogense
Gyldensteen
Hasmark Strand
Hofmansgave
Langø Hoved
Jættestue
Scheelenborg
Dalby Bygt
Egense Dyb
Kerteminde
Munkebo
Ladbyskibet
Ladby Kerting Nor
Otterup
Skibssætning
Søndersø
Langesø
Fyns Akvarium
Morud
Næsbyhoved-Broby
Jernbanemuseum
H.C.Andersen
Dalum Kloster
Vissenbjerg
Terrarium
Erholm
Tommerup Stationsby
Frøbjerg Bavnehøj
Krengerup
Glamsbjerg
Carl Nielsen
Årslev
Langeskov
Hindemae
Ravnholt
Lindeskov
Langdysse
Magelund
Ørbæk
Rysling
Ringe
Gislev
Kværndrup
Egeskov
Veteranmus.
Arreskov Sø
Arreskov
Korinth
Brændegård Sø
Nørresø
Østrupgård
Stensgård
Horsehoved
Helnæs Bugt
Helnæs By
Helnæs Strand
Illum
Faaborg
Fynsk Malerkunst
Holstenshus
Faaborg Fjord
Lyø Krog
Lyø Havn
Bjørnø
Holmene
Nakkebølle Fjord
Svendborg
Ørkild
Voldsted
Stenstrup
Vejstrup Å
Haarby
Brobyværk
Nørre Broby
Vejle
Sønderhjørne
Knolden
Dyreborg
Bøjden

238
1 cm = 3 km
5 km
© Reise Know-How 2019
Lindsholm
Romsø Tue
Bøgebjerg
Romsø Sund
Romsø
Måle
Hverringe
Stavreshoved
Kerteminde Bugt
Kerteminde
Jomfruhøj
Risinge Hoved
Risinge
Langtved
Bovense
Nordenhuse
Skalkendrup
Aunslev
Regstrup
Skaboeshuse
Hjulby
Juelsberg
Lindemae
Nyborg Vest
Nyborg S
Nyborg Øst
Nyborg
Vester-renden
Storebæltbro
Toll
ROUTE 5
Knudshoved
Vindinge
Bynkel
Nyborg Fjord
Holckenhavn
Slipshavn
Kogsbølle
Refsvindinge
Ørbæk
Ørbæklunde
Frørup
Tårup
Tårup Strand
Kongshøj
Anhof
Øksendrup
Miklenborg
Revsøre
Glorup
Langå
Vormark
Bøsøre
Dammestenen
Ny Hesselager
Galdbjerg
Hesselagergård
Gudme
Lundeborg
Broholm
Langdysse
Oure
Vejstrup
Tiselholt
Skårup
Brohave
Åbyskov
Skårupøre Sund
Thurø
Svendborg
Vresen
Sprogø
Østerrenden
STOREBÆLT
Reersø
Musholm
Musholm Bugt
Bjerge Nordstrand
Bugt
Bjerge Sydstrand
Bjerge
Ørnum
Tystrup
Store Fuglede
Lille Fuglede
Tissø
Bakkendrup
Hallenslev
Buerup
Ougtved
Vedbygård
Sæby
Gørlev
Torpe
Vinde Helsinge
Dalby
Rye
Høng
Tjørnelunde
Kirke Helsinge
Rævehøj
Mullerup Havn
Vester Løve
Gierslev
Nyrup
Solbjerg
Mullerup
Venemose
Bøstrup
ROUTE 5
Drøsselbjerg
Bildsø
Årslev
Stillinge Strand
Kirke Stillinge
Havrebjerg
Store Kongsmark
Kelstrup
Valbygård
Slagelse
Almindkrog
Næsby ved Stranden
NY HOLMSTRUP
Hejninge
Trælleborg
Frølunde Fed
FRØLUNDE
Forlev
Svenstrup
Slots Bjergby
Halsskov
Korsør
Vemmelev
Tjæreby
VEMMELEV
Halseby
Hemmeshøj
Gerlev
Tårnholm
Korsør Nor
HALSSKOV
Stude
Lundforlund
Hulby
Erdrup
Batteri
Korsør
Gryderup
Bonderup
Boeslunde
Klarskov
Vester Bøgebjerg
Espe
Lyngbygård
Sønderupsønder
Gerdrup
Egerup
Tranderup
Noret
Kobæk Strand
Tystofte
Skælskør
Magleby
Borreby
Egholm Flak
Agersø Sund
Vengeancegrund
Agersø
Agersø Flak
Fedkrog
Omø Sund
Helleholm
45 min
Kirkehavn
Langelandsøre
Omø
Ørespids
Nordstrand
Hov
Lohals
Hov Kirke
Østerhuse
Langelandsbælt N
Udflyttere
Steensgård
ROUTE 5
Stoense
Snøde
Ennebølle
Tressebølle
Dageløkke
Fæbæk
Nedergård
Egeløkke
Bøstrup
Bøstrup E
Småland
252
246
Bornholm
Skagen
Nexø
Aalborg
Thisted
Viborg
Randers
Århus
KØBENHAVN
Esbjerg
Kolding
Odense
Flensburg
Nykøbing F

239
Sjælland
Åmose
Amose Å
Skellingsted
Sønderød
Kongsted
Verup
Østrup
Ugerløse
Skov Vallenderød
Kirke Eskilstrup
Bukkerup
Kirke Hvalsø
Osager
Assendløse
Reerslev
Tagerup
Niløse
Birkegårdens Haver
Stenlille
Assentorp
Stenmagle
Store Tåstrup
Store Merløse
Stestrup
Stestrup Bjerg
Gyldenløveshøj
Skjoldenæsholm
Sporvejsmuseet
Ny Tolstrup
Osted
Kirkebjerg
Søster
Birkede
Ruds Vedby
Skellebjerg
Vedde
Dianalund
Nyrup
Kyringe
Ordrup
Voldsted
Ny Jystrup
Stubberup
Jystrup
Gammerød
Hegnede
Tåderup
Tersløse
Holberg
Munke Bjergby
Kirke Flinterup
Gyrstinge Sø
Allindemagle
Knud Lavards Kapel
Skee
Valsølille
Næbs Mølle
Valsømagle
Egemose
Grønholt
Borup
Nordrup
Tudeå
Bromme
Døjringe
St Ebberup
Estrup
Gyrstinge
Haraldsted
Haraldsted Sø
Ortved
Vigersted
Nørre Dalby
Ørslev
Lille-Ebberup
Fulby
Ørslevvester
Benløse Runding
Benløse
Kværkeby
Bøgede
Næsbyskov
Krøjerup
Sorø
Bjernede
Fantasy World
Ringsted N
Ringsted Ø
Slimminge
Borup
Bjæverskov
Sønderup
Sorterup
Haverup
Tuelsø
Slaglille
E20
Bringstrup
Fjællebro
Gummersmarke
Gudum
Fjenneslev
Bedsted
Gørslev
Slagelse
Kindertofte
Borød
Kirke Fjenneslev
Sigersted
Ringsted
Balstrup
Giesegård
Vollerslev
Nyvang
Fløtterup
Vedbysønder
Grøfte
Frederiksberg
Broby
Fjenneslev-magle
Skellerød
Høm
Havbyrd
Mulstrup
Nordrup
Slagelse Ø.
Lynge
Overdlev
Alsted
Farendløse
Ottestrup
Lindebjerg
Vester Broby
Vrangstrup
Vetterslev
Sneslev
Ørslev
Årløse
Slagelse S.
Nykøbbel
Stenstrup
Lorup
Lynge-Eskilstrup
Suserup
Tyvelse
Sørup
Sneslev Kirke
Eskilstrup
Kagstrup
Terslev
Kværkeby
Rosted
Bøstrup
Harrested
Sørbymagle
Næsbyholm
Næsby
Vrå
Åsø
Glumsø
Sandby
Buske
Orup
Hjelmsølille
Almstofte
Simmendrup
Tjæreby
Sofiedal
Tollerup
Sludstrup
Skørpinge
Kirkerup
Ravnbjerg
Tystrup
Vinstrup
Næblerød
Regerup
Vinderup
Herlufslille
Tybjerg
Førslev
Levetofte
Haslev
Gyldenholm
Bjærup
Tystrup Sø
Bavelse
Assendrup
Averså
Katrineholm
Haldagerlille
Rejnstrup
Ravnstrup
Trælløse
Hægge-rup
Tybjerglille Bakker
Teestrup
Freerslev
Bregentved
Alkevad
Gimlinge
Kastrup
Højbjerg
Gunderslev-holm
Skelby
Herlufmagle
Svalebæk
Haslev
Flakkebjerg
Fuglebjerg
Gelsted
Spragelse
Broksø
Bråby
Bråby Stationsby
245
Ting Jellinge
Krummerup
Sneslev
Holløse
Rislev
Skuderløse
Gisselfeld
Nielstrup
Eggeslev-magle
Høve
Dalmose
Hyllested
Flemstofte
Førslev
Kyse
Lund
Vallensved
Náby
Hjulebæk
Holmegaard
Hesede
Bjerge Å
Hårslev
Arløse
Harrested-gård
Fensmark
Gødstrup
Rønnede
Eggeslevlille
Tystofte
Sønder Bjerge
Sandved
Hyllinge
Gangesbro
2016
Holme-Olstrup
Toksværd
Vester Egede
Venslev
Fyrendal
Kvislemark
Torne-mark
Jenstrup
Herlufsholm
Vognsamling
Sørup
Tjæreby
Bøgelunde
Tåstrup
Saltø By
Fodby
Fodbygård
Næstved
Nørre Tvede
Sparresholm
Eskilstrup
Ørslev
Rude
Nyrup
Marvede
Saltø
Bistrup
Lille Næstved
Dysted
Stubberup
Snedinge
Skafterup
Spjellerup
Saltø Å
Menstrup
Skraverup
Rønnebæk
Brandelev
Fiskebækgårds Mølle
Tågeskov
Basnæs
Holsteinborg
Bisserup
Stenstrup
Næstelsø
Bøgesø
Everdrup
Glænø
Bisserup Red
Klinteby
Karrebæk-storp
Gavnø
Appenæs
Grevensvænge
Pettestrup
Askov Huse
Brøderup
Glænø
Klinteby Klint
Karrebæksminde
Gavnø
Vejlø
Myrup
Mogenstrup
Lov
Åside
Karrebæksminde Bugt
Enø
Basnæs
Vester Egesborg
Hammer
Blangslev
Snesere
Tappernøje
Hammer-Torup
Bredeshave
Oldtidsvej
Ring
Dybsø Fjord
Dybsø
ROUTE 7
Lundbygård
Bårse
Engelholm
Thorvaldsen
Kostræde
Svinøvester
Øbjerggård
Lundby
Gammel Lundby
Grumløse
Bårse
Hastrup
Beldringe
Svinø
Svinø
Køng
Dyrlev
Avnøgård
Sallerup
Sværdborg
Snertinge
Neble
Udby
Skallerup
Knudshoved
Avnø Røn
Avnø Fjord
Skaverup
Klarskov
Grundtvig
Lekkende
Smålandsfarvandet
Knudshoved Odde
Næs
Snertingegård
Fæby
Ørslev
Egesborg
Stuby
Kastrup
Oreby
Ornebjerg
253
Bornholm
Nexø
Skagen
Ålborg
Thisted
Viborg
Randers
Århus
Esbjerg
Kolding
Odense
Flensburg
Nykøbing F
København

240
1 cm = 3 km
5 km
© Reise Know-How 2019
Greve Strand
Mosede Strand
Karlslunde Strand
Karlstrup Strand
Solrød Strand
Jersie Strand
Staunings Ø
Olsemagle Lyng
Ølby Lyng
Amager
Søvang
Aflandshage
Drogden
Sjælland
Køge Bugt
Gadstrup
Havdrup
Viby
Ørsted
Skensved Å
Lille Skensved
Store Ladager
Højelse
Olsemagle
Ølby
Ejby
Vemmedrup
Lille Salby
Køgegård
Køge
Bjæverskov
Ashøje
Hastrup
Billesborg
Lidemark
Strøby Egede
Strøby Ladeplads
Køge Sønakke
Druestrup
Juellund
Egøje
Vedskølle
Vallø
Valløby
Søllerup
Herfølge
Sædder
Gunderup
Tessebølle
Flojterup
Bjerrede
Algestrup
Kanderød
Sonnerup
St Tårnby
Himlingøje
Strøby
Strøbylille
Søholm
Magleby
Møllesø
Præsteskov
Stevns Terrarie
Gjorslev
Klippinge
Råby
Holtug
Kværrede
Skrosbjerg
Endeslev
Hestehave Huse
Vraby
Hårlev
Ammerup
Varpelev
Lille Linde
Tollerød
Turebyholm
Kæderup
Store Linde
Høsten
Hellested
Tåstrup
Sigerslev
Mandehoved
Stevns Klint
ROUTE 7
Dalby
Tågerup
Pebringe
Karise
Arnøje
Store Heddinge
Tommestrup
Viverup
Rode
Barup
Juellinge
Mariehøj
Renge
Store-mark
Olstrup
Frenderup
Tokkerup
Alsley
Smerup
Frøslev
Højerup gamle Kirke
Højerup
Jomfruens Egede
Øster Egede Kirke
Bonderød
Boestofte
Havnelev
Lille Heddinge
Lystrup
Rønnede
Faxe
Ebbeskov
Store Spjellerup
Lyderslev
Vemmetofte Kloster
Vivede
Stubberup
Højstrup
Rødvig
Kongsted
Kissendrup
Lille Torøje
Lund
Blåbæks Møller
Store Favrby
Vemmetofte Strand
Eskilstrup
Rosendal
Vallebo
Hyllede
Strandhoved
Faxe Ladeplads
Stavnstrup
Orup
Strandlodshuse
Leestrup
Roholte
Bækkeskov
Strandegård
Vindbyholt
Sankt Peders Kapel
Leestrup Strand
Østersøen
Fakse Bugt
Præstø Fjord
Oldtidsvej
Feddet
Nysø
Præstø
Ambæk
Bønsvig
Jungshoved
Lundegård
Skibinge
Stenstrup
Jungshoved
Stavreby
Tjørnehoved
Rekkende
Voldsted
Ægholm
Bøgestrøm
Allerslev
Kragevig
Mern Å
Oremandsgård
Sandvig
Nyord
Øster Egesborg
Mern
Kindvig
Ulvshale
Søhundehavn
Hovdingsgård
Nyord
Hølen
Brunhoved
Møn
Balle Strand
Hegnede
Nordfelt
Liliendal
Tolstrup
254

241
Bornholm
Nexø
Skagen
Aalborg
Thisted
Viborg
Randers
Århus
KØBENHAVN
Esbjerg
Kolding
Odense
Flensburg
Nykøbing F
Koldby
Skast
Jordsand
Hjerpsted
Vester Gammelby
Sønder Sejerslev
44
Emmerlev Kirke
Emmerlev
Daler
ROUTE 1
Højer
Højer Dyb
Listland
List
30
Süderheidetal
13
52
Kampen (Sylt)
Pandertief
Wenningstedt (Sylt)
Braderup
Marghete Kog
Ny Frederikskog
Gammel Frederikskog
Vidå
Westerland
St. Severin
3
Keitum
Altfriesisch. Haus
Markhauser
2
Rodenäs
Hindenburgdamm
Dikjen-Deel
Morsum
Archsum
23
Friedrich-Wilhelm-Lübke-Koog
Klanxbüll
Sylt
Rantum (Sylt)
10
Nationalpark
Schleswig-
Holsteinisches
Wattenmeer
Horsbüll
Emmelsbüll
18
Puan Klent
Südwesthörn
Eidumtief
Hörnumtief
29
Neu-galmsbüll
Galmsbüll-koog
Hörnum (Sylt)
Ackerum
Dunsum
Oldsum
Osterland
Föhr
Süderende
Westerland
Utersum
Midlum
Dagebüll Hafen
Witsum
13
Friesenmus.
Goting
Nieblum
Wyk auf Föhr
Halligbahn
54°40'N
Norddorf
32
Amrum
Nebel
Norderaue
Nordmarsch-Langeneß
Oland
Hunnenswarf
Bandixwarf
Kirchwarf
Gröde-Appellan
Süddorf
Steenodde
Mayenswarf
Tadenswarf
Wittdün
27
Langeneß
Gröde
Hilligenley
11
Halli
Süderaue
Ipkenswarft
Backenswarft
Japsand
Sandshöm
Hooge
Ockenswarft
Pellworm
Hoogeloch
A
B
8°20'E
8°40'

242
1 cm = 3 km
5 km
© Reise Know-How 2019
Voldsted
Trøjborg
Nørre Sejerslev
Visby
Øster Gammelby
Ellum Mark
Draved
Draved Skov
Tyvse
Sølsted
Høgslund
Vennemose
Abild
ROUTE 1
Daler
Østerby
Gallehus
Voldsted
Store Emmerske
Adelvad
Solderup
Lund
Søvang
Holme
Hvidå
Hynding
Øster Højst
Hessel
Store Knivsig
Ravsted
Fogderup
Hjolderup
Havsted
Vollerup
Bjolderup
Bolderslev
Hjordkær
Årslev
Sønder Ønlev
Kassø
Aabenraa S.
Torp
Årtoft
Plantage
Kliplev
Uge
Lovtrup
Todsbøl
Rebbøl
Smedager
Gåskær
Bredevad
Heds
Terkelsbøl
Tinglev
Sottrup
Bylderup-Bov
Slogs Å
Schackenborg
Tønder
Lille Emmerske
Bønderby
Møgeltønder
Møgeltønder Kog
Dyrhus
Ved Gaden
Rørkær
Gest Kog
Sæd
Ubjerg
Jejsing
Stemmild
Burkal Kirke
Nolde
Burkal
Grønå
Hajstrup
Frestrup
Uge Bæk
Bjerndrup
Perbøl
Kravlund
Stade
Rens
Store Jyndevad
Lille Jyndevad
Gårdeby
Bajstrup
Gejlå
Gejlå
Vejbæk
Kruså-Padborg
Kragelund
Sofiedal
Fårhus
Frøslev
Frøslevlejren
Padborg
Plantage
Padborg
FRØSLEV
Gammelå
Lydersholm
Ellhöft
Aventoft
Nolde-Museum
Neukirchen
Süderlügum
Westrefeld
Pebersmark
Humtrup
Westre
Bramstedtfeld
Bramstedt
Ladelund
Weesby
Böxlund
Jardelund
Uphusum
Braderup
Bosbüll
Karlum
Tinningstedt
Nordergottes-koog
Langstoft
Niebüll
Klixbüll
Leckfeld
Boverstedt
Holt
Medelby
Lundtop
Lütjenhorn
Osterby
Achtrup
Sprakebüll
Ellund
Gottrupel-feld
Harrislee
Flensburg/Harrislee
Wallsbühl
Klockries
Leck
Schafflund
Meyn
Meynau
Timmersiek
Handewitt
Bökingharde
Lindholm
Oster-schnatebüll
Klintum
Stadum
Risum
Maasbüll
Herrenkoog
Juliane-Marienkoog
Stedesand
Sande
Rantzau-höhe
Hörup
Holzacker
Nordhackstedt
Hande-wittfeld
Hüllerupfeld
Hüllerup
Haurup
Barderup
Karrharde
Soholmer-Au-Kanal
Enge
Fahretoft
Efkebüll
Neuhörup
Knorburg
Rodau
Kleinwiehe
Großenwiehe
Bargum
Linnau
Lüngerau
Wiehekrug
Riesbriek
Lindewitt
Soholm
Bongsieler Kan.
Bongsiel
Loheide
Lütjenholm
Goldelund
Goldebek
Sillerup
Schobüll
Oxlund
Wanderup
Grünberg
Oland
Langenhorn
Hogelund
DEUTSCH
Tarp
Ockholm
Büttjebüll
Dörpum
Süderland
Seeland
Jerrisbek
Gröde-Appelland
Habel
Gröde
Stollberg
Ebüll
Högel
Joldelund
Süderzollhaus
Gravelund
Bordelum
Nordergoesharde
Vollstedt
Ostenau
Stieglund
Großjörlfeld
Janneby
Eggebek
Sandhörn
Hamburger Hallig
Bredstedt
Breklum
Drelsdorf
Kolkerheide
Löwenstedt
Großjörl
Kollund
Pobüll
Sollwitt
Süderhackstedt
Kleinjörl
Struckum
Almdorf
Bohmstedt
Brook
Spinkebüll
Haselund
Sollerup
Der Strand
Boxlund
Viöl
Moorsteert
Goesharde
Ahrenshöft
Hoxtrup
Behrendorf
Sollbrück
Neuwarft
Altendeich
Arlewattfeld
Bondelum
Jübek
250

243
249
Aabenraa
Als
Nørreskov
Gammel Østerholm
Østerholm Slot
ROUTE 1
Traneroddе
Himmark
Svenstrup
Oksbøl
Mjels
Broballe
Brandsbøl
Stevning
Hardeshøj
Sandvig
Guderup
Elstrup
Helved
Fynshav
Hundslev
Almsted
Højebjerg
Kettingskov
Ertebjerg
Tandslet
Stegsvig
Als Fjord
Varnæs
Hoved
Holm Mark
Skarrev
Styrtom
Hostrupskov
Felstedskov
Gammel Skovbøl
Over Blåkrod
Ballegård
Blans
Tastebjerg
Skovbølgård
Bovrup
Bradeborg
Sundeved
Ullerup
Øster Snogbæk
Stolbro Løkke
Stolbro
Egen
Ketting
Augustenborg
Augustenborg Fjord
Augustenborg Slot
Bro
Vold
Asserballe
Vertemine
Majbøl
Sebbelev
Sønderborg
Sandbjerg
Sottrup-skov
Øster Sottrup
Vester Sottrup
Rupgård
Rollum
Stubbæk
Felsted
Ensted Kirke
Sønder Hostrup
Hostrup
Svejrup
Tråsbøl
Tumbøl
Kiding
Avnbøl
Bøjskov
Kliplev
Ladegård
Snur-om
Fiskbæk
Gråsten
Nybøl
Søgård
Kværs
Gråsten Slot
Rinkenæs Skov
Stenderup
Dybbøl
Ragebøl
Ormstoft
Kær
Ulkebøl
Sundsmark
Kirke Hørup
Hørup
Høruphav
Lebøl
Lysabild
Vilsbæk
Egernsund
Nybøl Nor
Barsstenen
Klinting
Klinting Høj
Vibæk Mølle
Vibøge
Skovby
Skovby balle
Skovmose
Holbøl
Hokkerup
Rinkenæs
Skodsbøl
Rendbjerg
Broager
Skanser
Vemmingbund
Torsthoved
Hørup Hav
Kongshoved
Øster Gejl
Sandager
Kramnark
Dynt
Sønderby
Østerby
Kegnæs
Kegnæshøj
Kegborg
Hønsnap
Kiskelund
Rønshoved
Holnis
Brunsnæs
Gammelgab
Skelde
Sønderborg Bugt
Kollund Østerskov
Store Okseø
Kruså
Kollund
Padborg
Glücksburg
Borreshoved
Sandwig
Kobbermølle Bugt
Flensburger Förde
Rüde
Langballigau
Westerholz
Mürwik
Wees
Ulstrup
Ringsberg
Langballig
Neukirchen
Habernis
Flensburg
Munkbrarup
Gremmerup
Dollerup
Kalleby
Norgaardholz
Geltinger Bucht
Nieby
Falshöft
Tarup
Maasbüll
Husby
Grundhof
Scheersberg
Steinberghaff
Pommerby
Tastrup
Wesby
Husbyholz
Schwensby
Quern
Steinberg
Steinbergkirche
Niesgrau
Gelting
Hornholz
Hürup
Ausacker
Dinholz
Kronsgaard
Munkwolstrup
Winderatt
Flatzby
Sterup
Birzhalt
Rundhof
Rabenholz
Hasselberg
Juhlschau
Freienwill
Südensee
Sörup
Esgrus
Esgrusschauby
Stangheck
Schwackendorf
Oehe
Großsoltbrück
Oeversee
Großsolt
Obdrup
Ahneby
Sörupholz
Stoltebüll
Wormshöft
Treßsee
Satrup
Rüde
Rügge
Gulde
Stutebüll
Rabel
Kraghöh
Maasholm
Großsoltholz
Esmark
Mohrkirch
Oersberg
Schlei
Tarp
Süderschmedeby
Hostrup
Havetoftloit
Köhnholz
Saustrup
Wagersrott
Norderbrarup
Kappeln
Olpenitz
Ellenberg
Dammholt
Thumby
Böel
Rabenkirchen
Keelbek
Sieverstedt
Schnarup-
Brebel
Dollrottfeld
Faulück
Grödersby
Brodersby
Jalm
Stenderupau
Ülsbyholz
Struxdorf
Süderbrarup
Kiesby
Ekenis
Langstedt
Poppholz
Ülsby
Nottfeld
Karby
Klappholz
Buschau
Loit
Boren
Ketelsby
Winnemark
Bollingstedt
Stolk
Böklund
Steinfeld
Lindaunis
Bienebek
Schuby
Idstedt
Süderfahrenstedt
Wellspang
Twedt
Lindaumühlenholz
Sieseby
Thumby
Hegenholz
Gammelund
Tolk
Kius
Maasleben
Dorotheental
Brekling
Haarnholm
Ulsnis
Stubbe
Krieseby
Friedrichsau
Nübel
Taarstedt
Pommerby
Schwasturm
Jübek
Berend
Neuberend
Schaalby
Hestoft
Holzdorf
Söby
Großwaabs
Booknis
Flensburg
Stubbæk
Søgard
Felsted
Gråsten
Nybøl
Dybbøl
Kruså
Tarp

244
1 cm = 3 km
5 km
© Reise Know-How 2019
Lyø By
Lyø
Avernakø Hoved
Avernak By
Munke
Avernakø
Korshavn
Lille Svelmø
Store Svelmø
Nakkeodde
Revtrille
Mejlhoved Odde
Næbbesodde
Drejø By
Drejø
Rantzausminde
Lehnskov
Skarø Odde
Skarø
Skarø By
Svendborg Sund
Vindeby
Sydfyn
Strammelse
Thurø By
Troense
Valdemars Sl
145
Tåsinge
Bregninge
Lundby
Landet
Lunke-bugten
Kalveodde
Græsholm
Hjelms-hoved
Gesinge
Søby
Bjerreby
Hjortø By
Hjortø
Odden
Vårø
Stjovl
Stjovl Knude
Vemmenæs
Siø Sund
Knudedyb
Vårø Knude
Sandhoved
Vogterholm
Strynø
Strynø By
Bredholm
Strynø Kalv
Lindelse Nor
Alsenbelt
Blomeskobbel
Mommark
Sarup
Lysabildskov
15
Skovby-balle
Pølshuk
Skovmose
Næbbet
Skjoldnæs
Haven
Søby
Vestermølle
Langevrætte
Vitsø Mølle
Søby Volde
Skovby
Leby
68
Bregninge
Revkrog
Borgnæs Nakke
Strandhuse
Urehoved
ROUTE 5
Birkholm
Store Egholm
Nyland
Dejro
Lille Egholm
Ommelshoved
Ærøskøbing
Halmø
Ommel
Vindeballe
145
Voderup
Ærø
Stokkeby
Kragnæs
Lille Rise
Ærø
Olde
Store Rise
Bro
Rolpe-sted
Marstal
Ærøs Hale
ROUTE 5
Storeholm
Kædeby Haved
Kædeby Kirke
Vestergård
Helsned
Harnbjerg
41
Ristinge
Rise Mark
Dunkær Mark
Vejsnæs Nakke
Marstal Bugt (Vejsnæs Bugt)
20
Ormstrup
Nordenbro Vesteregn
252
2h 45min
Kiel
Bagenkop
Søgård
Gulstav
20
Lotseninsel
Weidefeld
Schönhagen
Damp
G
10°20'
H
Bornholm
Skagen
Nexø
Aalborg
Thisted
Viborg
Randers
Århus
KØBENHAVN
Esbjerg
Kolding
Odense
Flensburg
Nykøbing F

245
251
ROUTE 5
ROUTE 7
Thurø
Egeløkke
Bøstrup
Bøstrup E
Lejbølle
Helletofte
Korsebølle
Slotsmølle
Åsø
Tranekær Slot
Tranekær
Botofte
Stenodde
Vemmenæs
Færgeodde
Pæregård
Næshoved
Klavsebølle
Frellesvig
Jesbjerg
Bjerreby Mølle
Kassebølle
Stengade
Langeland
145
Tullebølle
Oldenbjerg
Spodsbjerg
Gammel Skrøbelev
Nørre Longelse
Søvertorp
Henninge
Torpe
Fuglsbølle
Skovsbo
Herslev
Illebølle
Højbjerg
Lindelse Mølle
Lindelse
Hennetved
Skovsgård
Kong Humbles Grav
Humble
Hjortholm
Fodslette
Langelandsbælt S
Lykkesholm
Tryggelev
Bukkemose
Sædballe
Broløkke
Vognsbjerg
Fakkebjerg
Dovnsklint
Langelandsbælt
Albuen
Enehøje
Nakskov Fjord
Vindeby Havmøllepark
Rågø Kalv
Rågø
Rågø Sund
Bjælkehoved
Onsevig
Nøjsomheds Odde
Vensholm
Torslunde
Utterslev
Ravnsholt
Kastager
Tjørneby
Nybølle
Urne
Købelevskov
Vindeby
Nøbbet
Svinsbjerg
Torrig
Frederiksdal
Vesterbo
Roløkke
Lille Utterslev
Horslunde
Kong Svends Høj
Lille Købelev
Reventlow
Stensgård
Højsmarke
Købelev
Lille Løjtofte
Magletving
Lindet
Tårs
Asserstrup
Sandby
Vester Nordlunde
Skelstofte
Kragemose
Jysted
Vester Karleby
Øster Karleby
Vesterborg
Nakskov Ladegård
Branderslev
Halsted
Hellinge
Lindelse
Hellenæs
Nakskov
Halsted-kloster
Lille Avnede
Abed
Store Avnede
Skovlænge
Søllestedgård
Søllested
Langø
Fredsholm
Gurreby
Rårup
Holleby
Torpe
Ore
Højreby
Bjergeskov
Vestenskov
Arninge
Øllingesøgård
Toreby
Jordbjerg
Peter Hausens Have
Kappel
Læsø
Rudbjerggård
Græshave
Ålstrup
Næsby
Tillitse
Landet
Knubbeløkke
Gloslunde
Vejlebyskov
Riddertofte
Majbølle
Dannemare
Alminde
Munkeby
Næsby Strand
Hoby
Hobyskov
Glukse
Vejleby
Holle
Maglenøj Strand
Langholm
Hummingen
Rødbyfjord
Kramnitse
198
Lolland
Bredfjed
Rødbyhavn
Femern Bælt
Puttgarden 45min Zug-, Autofähre
J
K
11°00'
Bornholm
Skagen
Nexø
Aalborg
Thisted
Viborg
Randers
Århus
KØBENHAVN
Esbjerg
Kolding
Odense
Flensburg
Nykøbing F

246
1 cm = 3 km
5 km
© Reise Know-How 2019
Vejrø
Vindnæs Horn
Femø
Nørreby
Issemose Bjerg
Andemose Nakke
Sønderby
Sletteren
Femø Sund
Nebberne
Skovnakke
Skoven
Østerby
Vesterby
Dybvig
Fejø
Avernakke Hage
Kragenæs
Askø
Askø By
Østerhoved
Lindholm Dyb
Ravnsborg
Hejringe
Saltvig
Keldernæs
Blans
Knuthenlund
Reersnæs
Havløkkegård
Bandholm
Knuthenborg
Havløkke
Sørup
Nørreballe
Stibanken
Eriksvolde
Erikstrup
Maribo Ladegård
Kristianssæde
Vester Skørringe
Øster Skørringe
Hillested
Maribo
Frilands-museum
Søndersø
Engestofte
Voldsted
Søholt
Holeby
Krønge
Hillestolpe
Fuglse
Rødby
Lolland Falster
Torslunde
Ringsebølle
Tågerup
Lungholm
Hyldtofte
Errindlev
Bjernæs
Sjælstofte
Bjernæs Husby
Errindlev Havn
Saksfjed Inddæmning
Hyldtofte Østersøbad
Storeager
Hyllekrog
Rødsand
Sakskøbing Fjord
Orebygård
Rodsnæs Nakke
Rommes Nakke
Tårs Vig
Vestermark
Vigsnæs
Vigsø
Guldborg Sund
Kallø
Tårs
Oreby
Sakskøbing
Krårup
Nielstrup
Hunseby
Våbensted
Anderstrup
Agerupgård
Radsted
Krenkerup
Kartofte
Udstolpe
Slemminge
Rykkerup
Bursø
Godsted
Lille Musse
Store Musse
Grønnegade
Døllefjelde
Krattet
Nørre Flejlev
Bramsløkke
Røgbølle Sø
Alsø
Slosse
Voldsted
Øster Ulslev
Vester Ulslev
Flårup
Flårup-mølle
Høvænge-stenen
Herritslev
Ålholm
Bilmuseum
Nysted
Stubberup
Lindholm
Tjørneholm
Kettinge
Frejlev
Roden Skov
Vantore
Tågense
Ørsodde
Fugleholm
ROUTE 7
Krungerup
Pogemosetofte
Middelalder-center
Grænge
Toreby
Flintinge
Nagelsti
Priorskov
Fuglsang
Kalvø
Bredningen
Frejlev Enghave
Marrebæk
Stavreby
Gedser-gård
Skelby
Nygårds Huse
Gedesby
Gedser
Kroghage
Kroghage Dyb
Rostock
Bøtø Nor
Vordingborg
Gåsetårnet
Nyråd
Marienlyst
Neder Vindinge
Ornebjerg
Masnedsund
Storstrømmen
Storstrømsbroen
Bakkebølle Strand
Orenæs
Orehoved
Vålse Vig
Gyldenbjerg Kirke
Gåbense
Havnsø Næb
Valnæsgård
Vålse
Nørre Vedby
Nørre Vedby Kirke
Vester Kippinge
Øster Kippinge
Alstrup
Guldborg
Skovby
Soesmarke
Storskov
Egelev
Brarup
Nørre Alslev
Nørre Kirkeby
Stadager Kirke
Lundby
Sundby
Vennerslund
Hjelms Nakke
Majbølle
Berritsgård
Hjelm
Eskilstrup
Ovstrup
Sørup
Byskov
Stubberup
Klodskov
Møllehave
Bangsebro
Ny Kirstineberg
Systofte Skovby
Systofte
Tingsted
Listrup
Nørre Ørslev
Nykøbing F
Hasselø Plantage
Hasselø By
Idestrup
Vægger løse
Sildestrup
Højet
Sønder Vedby
Orupgård
Gundslev
Tårup
Torkilstrup
Lillebrænde
Motorcykel-museum
Skørringe
Nyby
Virket
Falsters Virke
Skovby
Sommerland
254
L
M
11°20'
11°40'

247
253
Møn
Falster
OST-
SEE
Hjelmbugt
Stege Bugt
Stege Nor
Ulvsund
Kalve Strøm
Grønsund
Tolkedyb
Møns Klint
Hellehavns Nakke
Nyord
Hegnede
Brunhoved
Tolstrup
Liliendal
Balle Strand
Balle
Petersgård
Viemose
Skovhuse
Vordingborg
Kalvehave
S49
Stensved
Langebæk
Gammel Kalvehave
Stensby
Peters-kirken
Petersværft
Langø
Kong Asgers Høj
Koster
Tjørnemarke
Lindholm
Udby
Spejlsby
Nordfelt
Ullemarke
Østermark
Liselund
Ålebæk
Voldsted
Børre
Elmelunde
Keldby
Stege
Keldbylille
Råbymagle
Magleby
Klintholm
Svensmarke
Busemarke
Mandemarke
Råbylille Strand
Klintholm Havn
S50
Kraneled
Neble
Ebelnæs
Bissinge
Tøvelde
Store Lind
Røddinge
Marienborg
Klekkendehøj
Damsholte
Farø
Tærø
S51
Bogø By
Bogø
Tostenæs
Sønder Frenderup
Hjelm
Lille Damme
Store Damme
Liseby
Hjelm Kobbel
Gundernæs
Fanefjord Kirke
Hårbølle
Vindebæk
Hårbøllebro
Madses Klint
Blæsebjerg
Stubbekøbing
Næs
Vestergård
Maglebrænde
Åstrup
Moseby
Nørre Tåstrup
Falkerslev
Hestehoved
Horbelev
Bønnet
Bregninge
Hesnæs
Bønnet Slot
Horreby
Meelse
Eget
Halskov
Tunderup
Korselitse
Ørslev
Ulslev
Sildestrup Strand
Marielyst
Sommerland Falster
N
O
12°20′
12°40′E
54°4
Bornholm
Skagen
Nexø
Thisted
Aalborg
Viborg
Randers
Århus
KØBENHAVN
Esbjerg
Kolding
Odense
Flensburg
Nykøbing F

1 cm = 3 km
5 km
© Reise Know-How 2019
Ertholmene
Tat
Græsholm
Frederiksø
Christiansø
Hovedstaden
Bornholm
Hammer Odde
Sandvig
Allinge
Hammershus
Sandkås
Tein
Vang
Olsker
Stammershalle
Bådstedt
Kås
Bymølle
Sankt Ols Kirke
Teglkås
Ruts Kirke
Humledal
Salene Bugt
Gudheim
Helligpeder
Rutsker
Rø
Røbro
Melsted
Krummeled
Krashave
Spydelund
Lensgård
Hasle
Brogårdsstenen
Splitsgård Huse
Klemensker
Krækket
Gamlevælde
Saltuna
Øster Lars Kirke
Randkløve Skår
Randkløve
Tofte
Ypnasted
Bølshavn
Mæby
Asseregårds Huse
Gildesbo
Østerlars
Muleby
Glappe
Stagge-huse
Listed
Svaneke Stubmølle
Sorthat
Nyker
Årsballe
Studeby
Ålose
Østermarie
Svaneke
ROUTE 7
Skarpeskade
Gøngeherred
Runesten
Louisenlund
Tingsted
Bjergebakke
Lilleborg
Grisby
Næbbe Bugt
Almindingen
Gadeby
Lyrsby
Møllevangen
Ringeby
Sankt Ibs Kirke
Årsdale
Rønne
Vestermarie
Rytterknægten
Gamleborg
Dalslunde
Årsdale Mølle
Åker Plantage
Rokkestenen
Kanondalen
Grisby
Blemmelyng
Smørege
Myreby
Pedersker Plantage
Malkværn
Lobbæk
Gryet
Samrehuse
Bornholm
Nylars
Aakirkeby
Nexø
Sommerfuglefarm
Lundesten
Nyby
Myreagre Mølle
Stroby
Gadeby
Bodilsker
Arnager
Sose
Hundshale
Smålyngen
Langedeby
Stenseby
Balka
Grødby
Holsmyrediget
Salthammer Odde
Snogebæk
Boderne
Pedersker
Rispebjerg
Sankt Povls Kirke
Broens Odde
Vester Sømarken
Øster Sømarken
Slusegårdens Mølle
Dueodde
Bornholm
Skagen
Nexø
Aalborg
Thisted
Viborg
Randers
Århus
KØBENHAVN
Esbjerg
Kolding
Odense
Flensburg
Nykøbing F

LEGENDE DER IM ROUTENATLAS VERWENDETEN SYMBOLE

E60 218 23	Straßennummern Road numbers
	Autobahn mit Anschlussstelle / im Bau Highway with junction / under construction
	Autobahn in Planung / Tunnel Highway projected / Tunnel
	Schnellstr. mit Anschlussstelle / im Bau / Tunnel Expressway with junction / under construction / Tunnel
	Fernstraße / im Bau / Tunnel Major route / under construction / Tunnel
	Nebenstraße Secondary road
	Sonstige Straße Other road
	Fahrweg / Fußweg Track / Path
	Fernwanderwege Hiking route
	Im Winter gesperrt Closed during winter
10 / 10	Entfernung in Kilometern Distance in kilometres
	Eisenbahn / Eisenbahntunnel Railway / Railway tunnel
	Autofähre Carferry
	Fluss / Wasserfall River / Waterfall
	Kanal Canal
	Binnengewässer Inshore waters
	Gletscher Glacier
• 2072	Höhenpunkt (Höhe in m) Spot elevation (height in m)
▲ 1244 Stipok	Berg (Höhe in m) Mountain (height in m)
	Besiedeltes Gebiet Populated area
	Staatsgrenze mit Grenzübergang Int. boundary with border crossing
300	Höhenlinie (Höhe in m) Contour (heights in m)

Verwaltungsgrenze County boundary	
Naturschutzgebiet Nature reserve	
Sperrgebiet Restricted area	
Flugplatz Airfield	
Flughafen Airport	
Internationaler Flughafen International Airport	
Hafen Harbour	
Wintersportort Winter sports resort	
Zoo Zoo	
Leuchtturm Lighthouse	
Bergwerk Mine	
Höhle / Campingplatz Cave / Campingsite	
Aussichtspunkt Viewpoint	
Archäologischer Fundort Archeological site	
Museum Museum	
Kirche sehenswert Church of interest	
Kloster sehenswert Monastery of interest	
Schloss, Burg sehenswert Palace, castle of interest	
UNESCO Welterbe UNESCO world heritage	
Sonstige Sehenswürdigkeit Other place of interest	
Besuch empfohlen von Reise Know-How Recommended by Reise Know-How	Mandal
Tiefenschichtzahl (Tiefe in m) Bathymetric tints number (depths in m)	200

> 1800 m
1500-1800 m
1200-1500 m
900-1200 m
600-900 m
300-600 m
150-300 m
0-150 m
0-200 m
200-300 m
300-500 m
500-1000 m
1000-1500 m
1500-2000 m
> 2000 m

Der in diesem Buch abgedruckte Routenatlas beruht auf dem Faltplan „Dänemark" im Maßstab 1 : 300.000 aus dem world mapping project™, herausgegeben vom Reise Know-How Verlag. Er ist auf reiß- und wetterfestem Material gedruckt, GPS-tauglich und verfügt über einen ausführlichen Ortsindex. Erhältlich für 9,95 € in allen Buchhandlungen.